Inhalt

Gerd von Haßler · Rätselhaftes Wissen

Konrad Dietrich zum Gedenken

Rätselhaftes Wissen

Gerd von Haßler berichtet von geheimnisvollen Kenntnissen alter Völker

Fackel träger

Das Umschlagfoto zeigt eine Inka-Grabbeigabe, Peru um 1000 nC.

Fotos im Tafelteil: Anderson (1), Camera Press Ltd. (1), Hirmer (8), Robert Laffont (1), Paturi (4), Piper Verlag (1), Ullstein (1).
Umschlagfoto: Giesel/Hoffmann

 · Herstellung: Irmhild Harder · Gesamtproduktion: Hildesheimer Druck- und Verlagsgesellschaft mbH, Hildesheim · Printed in W. Germany 1977
ISBN 3 7716 1393 0

Vorwort

Das Strickmuster der Vor- und Frühgeschichte, das die abendländische Wissenschaft vor etwa hundert Jahren entworfen hat, stimmt nicht. Die Wirklichkeit neuer Erkenntnisse hat einige Fäden reißen lassen, einige Maschen sind gefallen. Systematiker, die Herbert Wendt als die »Bürokraten der Naturwissenschaft« bezeichnete, versuchen mühsam, immer wieder neue Knoten zu knüpfen, um die seit Darwin zum Dogma erhobene reine Lehre der Entwicklung zu erhalten.

Aber selbst der als Kompromiß angebotene Hinweis auf gelegentliche Sprünge, Mutationen, reicht nicht aus. Die Menschheit hat sich nicht – einer angenommenen Logik der Natur gehorchend – stetig fortentwickelt. Sie hat nur eines getan: Sie hat sich vermehrt. Und aus dem Druck der Summierung heraus entstanden Zwänge. Wo für eine Sippe genug freilebendes Wild im bejagbaren Umkreis lebte, mußten hundert Sippen, in den gleichen Raum gedrängt, damit beginnen, Fleisch zu züchten. Die Waldbeeren, Wildfrüchte und Insekten, die für hundert Menschen reichten, waren für tausend zu wenig. Die Mühsal des Säens und Erntens wurde notwendig.

Das war keine positive Entwicklung, sondern negativer Zwang. Es lebte sich mit weniger körperlichem, geistigem und seelischem Aufwand vordem über Hunderttausende von Jahren hinweg bequemer. Bequemlichkeit aber ist neben den Trieben zur Nahrungsaufnahme und zur Fortpflanzung einer der beherrschenden Triebe. Er wird nur dort zurückgestellt, wo einer der beiden anderen übermächtig wird.

Es war weder in bezug auf die Gesundheit noch auf die Individualität des Menschen ein Fortschritt, vom Pferd auf die Eisenbahn umzusteigen. Aber es war bequemer. Heute – angesichts rettungslos überfüllter Straßen – beklagen Städteplaner und Verkehrsexperten den »Rückschritt« zum Individualverkehr. Aber es ist nun mal bequemer, das Auto vor der Haustür stehen zu haben, als pünktlich auf einem zugigen Bahnsteig stehen zu müssen.

Ich bezweifle auch, daß man es wirklich einen Fortschritt nennen kann, wenn ein Mensch, statt seinen Nächsten mit einem Stein totzuschlagen, das gleiche jetzt auf einige Kilometer Entfernung mit einem Stück Eisen besorgt. Da nun aber – offensichtlich – getötet werden muß, entwickelte das Abendland nach dem 30jährigen Krieg eine beachtenswert »friedliche« Art von Kriegführung: Mehr oder weniger freiwillig rekrutierte Soldaten kämpften ihre Schlachten aus, ohne Zivilisten, mehr als nach Umständen unvermeidbar, damit zu behelligen. Es war das zweifelhafte »Verdienst« der dem Fortschritt huldigenden Französischen Revolution, Europa wieder Volksheere und in der Folge die Massenschlachten des Ersten und die »ausradierten« Städte des Zweiten Weltkriegs zu bescheren.

Das 18. Jahrhundert trennte sich von Folter und Martern und vom religiös-ideologischen Wahn der Hexenverbrennungen. Der Fortschritt unserer Zeit besteht darin, daß seit 1917 zwischen Moskau und Madrid wieder offiziell und beispielgebend gefoltert und gemartert wurde, daß heute eine Handvoll ideologischer Fanatiker und ihre Heerschar gut bezahlter Helfershelfer wieder um menschheitsbeglückender Ideen willen ihre Mitbürger mit Feuer und Bomben in den Himmel schicken.

Dieses Buch hat nichts mit Politik zu tun. Aber so wahr jede Politik Teil menschlichen Lebens ist, so wahr ist es auch der ewig wiederkehrende Rückschritt. Es wird Zeit, daß wir in Studierstuben und Hörsälen aus dem Traum erwachen, in dem wir glauben, vom hohen Turm der Gegenwart auf die Niederungen des langsam emporkriechenden Affenmenschen herunterblicken zu können. Je mehr wir über Adam erfahren, über den Menschen der ersten Stunde, desto deutlicher erkennen wir, daß er sich nicht wesentlich von uns unterschieden hat.

Es gab Steinzeitkulturen, deren gesellschaftlichen Formen »moderne« kollektive Dorfgemeinschaften wohl kaum etwas voraus haben. Und es muß – viele Spuren deuten darauf hin – vor etwa zehntausend Jahren auch eine Hochkultur gegeben haben, die im wissenschaftlich-technischen Bereich

Erkenntnisse und Daten überlieferte, die heute als »die großen Rätsel« in Veröffentlichungen über Vor- und Frühgeschichte zu Hause sind.

Was Forscher in mühevoller Kleinarbeit über Jahrzehnte hinweg ausgegraben haben und publizierten, ist inzwischen so reichhaltig und vielschichtig, daß sich für uns ein neues Bild der Vor- und Frühgeschichte ergibt. Da es unmöglich ist, in einem einzigen Buch das gesamte Material der verschiedenen Forschungszweige auszubreiten, habe ich mich darauf beschränkt, zu sammeln, zu sichten und zu sortieren, was die neuere Literatur der Vorgeschichtsforschung als Wissensstand und Technik der alten Völker nachweisen konnte. Den Anspruch auf Vollständigkeit des Materials kann ich zweifellos auch hierfür nicht erheben, aber allein was auf den folgenden Seiten zusammengestellt wurde, berechtigt schon zu der Forderung, die Lehre von der »Entwicklung« der Menschheit, vom »steten Fortschritt« und der »positiven Auslese« gründlich zu überdenken.

Lütjensee
Mai 1977

G. v. Haßler

Das Feld weitet sich

Der Fortschritt und die Vergeßlichkeit

1808 veröffentlichte Johann Wolfgang von Goethe seinen »Faust«. Goethe war damals unbestritten einer jener Menschen, deren Bildung und universelles Wissen als beispielhaft galten. Dennoch hatte er keine Ahnung von jenem großen Epos, das – bis heute – als erstes der Menschheit gilt, und das Ivar Lissner 1966 als »das größte dichterische Kunstwerk, das je entstand« bezeichnete. Goethe konnte es nicht kennen, denn die Menschheit hatte das Gilgamesch-Epos vergessen. Und mit ihm das Volk, das dieses Epos überlieferte: die Sumerer.

Als 1789 die französischen Revolutionäre die Bastille stürmten und ein knappes Jahrhundert später auch die Frauen die Prinzipien von Freiheit, Gleichheit und Brüderlichkeit auf sich angewandt wissen wollten und als Sufragetten auf die Straße zogen, kämpften sie für ein Ideal, das keine 3000 Jahre zuvor für die Frauen Etruriens Selbstverständlichkeit war. Aber woher sollten die Sufragetten etwas von den Etruskerinnen und ihrer Gleichberechtigung wissen? Das Volk der Etrusker, überdunkelt vom Schatten des späteren Rom, war vergessen.

1900 – Glanzzeit der großen Zirkusunternehmen, die durch Europa und Amerika zogen. Aber was waren sie alle zusammen gegen Roms Circus Maximus, der 200 000 Menschen faßte. Im Jahre 549 nach der Zeitenwende (in der Folge abgekürzt: nC) wurde dort das letzte Pferderennen veranstaltet. Von Totila, dem König der Goten.

Wir sind so stolz auf alle unsere »modernen« Errungenschaften, Erfindungen und Entdeckungen, doch dieser Stolz ist in weiten Bereichen nur eine Folge der Vergeßlichkeit.

Wer weiß denn noch, daß Moltkes Erfindung des »getrennt marschieren, vereint schlagen« genauso wenig eine militärische Errungenschaft der letzten hundert Jahre (und ein paar mehr) ist wie die Kesselschlachten des Zweiten Weltkriegs? Nicht nur wegen Hannibals genialem Sieg bei Cannae, sondern weil schon mehr als tausend Jahre vor der Zeitenwende (in der Folge abgekürzt: vC) hethitische Könige beides vorexerzierten.

Wer wußte überhaupt noch etwas von den Hethitern, jener Großmacht, die fast ein Jahrtausend lang im Nahen Osten von Kleinasien bis Ägypten eine beherrschende Stellung einnahm? Nicht einmal aus der Bibel konnten wir das entnehmen, obwohl ihren Autoren die Hethiter noch als Streitmacht ein Begriff waren. Entdeckt aber wurde das Großreich von Hattusas erst 1878 durch den englischen Archäologen Archibald Henry Sayce.

Götz von Berlichingen, der in viele Fehden ritt, 1504 seine rechte Hand verlor und dann die berühmte »eiserne Faust« konstruieren ließ, hätte wahrscheinlich wie alle seine Zeitgenossen höchst verwundert den Kopf geschüttelt, wenn ihm jemand verraten hätte, daß sein ganzer Pferdeverstand wie blanke Stümperei anmute im Verhältnis zu dem 3000 Jahre vor seiner Zeit von den Hethitern geschriebenen ersten hippologischen Handbuch der Weltgeschichte.

Auch der Nürnberger Hartmann Schedel, der 1493 eine mit 2000 Holzschnitten ausgestattete Weltchronik verfaßte, wußte nichts von dem Volk der Hethiter. Er wußte auch nichts von den Sumerern, denn deren Hochkultur wurde praktisch erst zwischen den beiden Weltkriegen ausgegraben, nachdem sie 1850 von dem französischen Assyrologen Jules Oppert als Vorgängerin Babylons aufgrund logischer Schlußfolgerungen am Schreibtisch entdeckt worden war.

Vergessen war auch das große Reitervolk der Skythen, das bis 350 vC jahrhundertelang in der südrussischen Steppe nördlich des Schwarzen Meeres seine Heimat hatte. Vergessen auch das Volk der Thraker, das schon

5000 vC als nachweisbare ethnische Einheit auf dem Balkan siedelte und nur ganz allmählich bis zum 7. Jahrhundert vC in den Griechen, Mazedoniern und anderen Balkanvölkern aufging.

1530 gab der Bergbauingenieur und Arzt Georg Bauer, genannt Agricola, eine umfassende Beschreibung der Berg- und Hüttenarbeit heraus. Sie enthielt die Darstellung von Wasser- und Kehrrädern, Wasserhaltungs- und Belüftungsmaschinen, Pochwerken und Schmelzöfen. Agricola hatte keine Ahnung von den Hüttenwerken der Etrusker und von denen des König Salomon, die den von ihm beschriebenen in technischer Hinsicht nicht nachstanden, obwohl sie zweieinhalb Jahrtausende älter waren.

Nikolaus Kopernikus erregte 1534 das Aufsehen seiner Zeitgenossen, weil er die Sonne in den Mittelpunkt unserer Planetenbewegung stellte und eine neue Planetentheorie entwickelte, die dann durch Johannes Kepler knapp hundert Jahre später verbessert und ergänzt wurde. Wer von den Zeitgenossen des Kopernikus aber wußte von den antiken Überlieferungen, auf die dieser bei seiner »revolutionierenden Idee« sich stützen konnte? Die überragenden astronomischen Kenntnisse der Babylonier und Ägypter waren verschollen, der bis auf minimale Bruchteile genaue Kalender der mittelamerikanischen Maya-Völker noch nicht entdeckt.

Als Martin Beheim 1490 den ersten Globus fertigte, hatten die Spanier von den Kanarischen Inseln gerade erst zwei Generationen lang Besitz ergriffen (1402). Noch 1344 hatte sie Papst Clemens VI. als »rätselhafte Inseln im Westen« bezeichnet. Auch ihm war nicht mehr bekannt, daß Phönizier, Griechen und zuletzt Araber (999 nC) immer wieder die Inseln besucht hatten. Irgendwann waren sie plötzlich aus der Erinnerung der Völker verschwunden. So wie heute ihre Urbevölkerung, das Volk der Guanchen, verschwunden ist, das angeblich keine Schiffe kannte.

Purpur, Handelsgut der Phönizier, Königsfarbe der alten Völker, gab es schon nicht mehr zur Zeit von Mercator (gestorben 1594), der als erster Karten zeichnete, auf denen die Gradnetze des Erdkreises auf die Fläche projiziert waren. Der letzte Purpur war noch in Konstantinopel gewonnen worden, bis es 1453 durch die Mohammedaner erobert wurde.

Während in Nürnberg und Augsburg Radschloßflinte, Taschenuhr, Drehbank und Schraubstock erfunden wurden, verfielen in ganz Mitteleuropa die römischen Heerstraßen und gerieten in Vergessenheit. Kolumbus segelte nach Amerika (1492), Geronimo Cardano erfand die cardanische Aufhängung (für Kompasse), 1676 wurde der Sextant erfunden. Die Schiffskörper wurden soweit verbessert, daß Segeln bei seitlichem Wind möglich wurde. Aber niemand erinnerte sich der Seevölker, die knapp 3000 Jahre zuvor eine nur erahnbare Fülle von nautischem Wissen und schiffsbautechnischem Können in die späteren Seemächte der Phönizier, der Griechen und der Karthager einbrachten.

Mit Schiffen, die von einem modernen Segelschulschiff in Bauart und Ausstattung so weit entfernt sind wie die erste Eisenbahn von einem TEE-Schnellzug, segelten Vasco da Gama um das Kap der Guten Hoffnung (1498), Magalhaes um die ganze Erde (1519–1522), entdeckten Holländer Australien (1605) und erforschte der Engländer Cook (bis 1779) den Pazifik vom Südpolarmeer bis zur Beringstraße. Während dieser ganzen Zeit aber ruhte in der Erde die Überlieferung der Sumerer, deren mythische Vorfahren auf sechzig Meter langen Schiffen mit sechzig Meter hohen Masten den Stürmen der Sintflut trotzten. Und niemand dachte daran, Noahs 126 Meter lange Arche als Fünfmastvollschifff zu sehen, denn so etwas gab es ja erst im Europa des ausgehenden 19. Jahrhunderts.

So ist unsere Geschichte der Erfindungen und Entdeckungen gleichzeitig eine Geschichte der Vergeßlichkeit und der Versäumnisse.

Erst wenige Jahre ist es her, daß ernstzunehmende Wissenschaftler sich zu der Erkenntnis durchgerungen haben, daß etwas, was bisher nicht gefunden wurde, kein Beweis für die Nichtexistenz einer Sache sein kann. An einem Felsen von Stonehenge, dem berühmten steinzeitlichen Heiligtum Altenglands, fand ein Forscher die Spuren von Kupfer. Kannte man damals also vielleicht doch schon Metallwerkzeuge? Bei den Pyramiden wurden keine Hebekräne gefunden. Ist das ein Beweis, daß es keine gab?

Es wurde behauptet, daß Einrichtungen wie Rollen und Winden die Kenntnis und Bearbeitung von Metall voraussetzen würden. Wer sagt, die alten Ägypter hätten kein Metall gekannt und bearbeitet? Eisen kann sich unter günstigen klimatischen Voraussetzungen zwar mehr als 5000 Jahre in der Erde nachweisen lassen. Kommt jedoch Wasser und Luft hinzu – wie bei den jährlichen Nilüberschwemmungen – kann es auch schon in 50 Jahren verrottet sein. Und Feuchtigkeit vertilgt auch die letzten Spuren davon.

Viel wichtiger aber ist der Hinweis von Burney/Lang, die bei ihrer Untersuchung der »Bergvölker Vorderasiens« feststellten, was inzwischen auch andere Forscher bemerkten: Metall gab es schon in der Steinzeit. Aber – wer auch immer ein Stück hatte oder fand, hütete es als Kostbarkeit. Es wurde immer wieder umgeschmiedet, neu gegossen, neu geformt. Und immer wieder verwendet. Solange es keinen regulären Erzbergbau gab, waren Bronze und Eisen kostbarer als Gold.

Das ist es, was Hans Jürgen Eggers veranlaßt, von »tendenziösen Bodenfunden« zu sprechen. Was Archäologen im Boden finden, ist immer nur das, was der Boden übrig ließ (und das sind oft nicht einmal die Knochen, die, der Witterung, Luft oder Grundwasser ausgesetzt, keine 500 Jahre halten). Gräber zeigen nur die Auslese dessen, was die Überlebenden ihrer Vorstellung vom Jenseits gemäß für wichtig hielten. Sparsamkeit, Not und Raub beeinflußten diese Auslese zusätzlich. Verlassene Siedlungen bieten dagegen die negative Auslese dessen, was für unwichtig gehalten und zurückgelassen wurde. Ein abgerundetes Bild des Lebens findet der Archäologe nur dort, wo ein Vesuv in wenigen Stunden ein Pompeji unter Staub, Asche und Lava begrub. Und das geschah weder mit den ägyptischen noch den mesopotamischen Frühkulturen, von Nord- und Osteuropa gar nicht zu reden.

Wir können also nicht hoffen, die Spuren einer Hochkultur zu finden, die möglicherweise vor mehr als zehntausend Jahren existierte. Wir können nur prüfen, ob die Hinweise so stichhaltig sind, daß uns die logische Schlußfolgerung – »es muß eine solche Hochkultur gegeben haben« – zwingend erscheint.

Hans Leo Mikoletzky formuliert es betont vorsichtig, wenn er schreibt: *Die schon in der Eisenzeit, etwa im 6. Jahrhundert vC eintretende Verlang-*

samung technischer Entwicklung ist ein Rätsel, das noch nicht ganz gelöst ist.

Und an anderer Stelle:

Die kleinasiatischen Spinner und Weber des Altertums kannten das bis heut noch nicht wiedergefundene Verfahren, die in ein Gewebe eingeschlossenen Silberfäden vor dem Oxydieren zu schützen. Auch andere Entdeckungen gingen verloren, weil sie, ohne jemals niedergeschrieben worden zu sein, als Geheimnis des Meisters nur dem Sohne oder Lehrling vermittelt oder ganz einfach vergessen wurden.

Ivar Lissner spricht in einem Buchtitel vom »Rätsel der großen Kulturen« und sagt dazu:

Ein großes Geheimnis der Menschheit ist eben die Tatsache, daß nicht nur alle Kulturen, sondern auch alle Götter miteinander verwandt sind.

Otto H. Muck verweist auf »eine scharfe Zäsur in der Qualität der Funde« und erklärt, daß der Kulturrückschlag zwischen der späteren Altsteinzeit und der Mittelsteinzeit (also etwa zwischen 9000 vC und 8000 vC)

kaum anders, denn als Folge einer sich auch im Fundinventar manifestierenden Lebensstörung gedeutet werden kann. Die archäologischen Dokumente bestätigen nicht die Hypothese des ungestörten Kulturanstiegs, sondern das Gegenteil: Die Nachwirkung einer tiefgreifenden Lebensstörung gleichzeitig mit dem Übergang von der eiszeitlichen zur nacheiszeitlichen Klimatik.

Und er sagt auch:

Ähnlich irrig wäre es, anzunehmen, die primitiven europäischen Bodenfunde des späten Quartärs seien maßgeblich für die ganze übrige Welt. Sie bilden keinen ernsthaften Beweis gegen die Möglichkeit, daß der Kulturzustand des Landes, aus dem die Cromagnards nach Europa kamen, erheblich höher gewesen sein könnte.

Aus all dem könnte sich folgendes Bild ergeben: Eine Kultur hatte einen ungewöhnlich hohen Stand an Wissenschaft und Technik erreicht. Allein am Beispiel der Segelschiffe ließe sie sich mit der Kultur Europas Mitte des 19. Jahrhunderts vergleichen. Diese Kultur fällt dem, was Muck »Lebensstörung« nennt (er erläutert das an anderer Stelle als einen Planetoideneinschlag mit Folgen, die einer alles vernichtenden Sintflut entsprechen) zum Opfer. Wenige Überlebende bewahren dieses Kulturerbe als heiliges Vermächtnis und nutzen es als geheimnisvolle Macht.

Die im Schatten dieser Überlebenden und ihrer Nachkommen langsam wieder heranwachsenden Völker partizipieren in begrenztem Maße an dem Kulturerbe, ohne es ausschöpfen zu können. Die eigentlichen Erben – mit großer Wahrscheinlichkeit die Könige und Priester zukünftiger Geschlechter – bewahren die Geheimnisse ihres Wissens und später ihrer Überlieferung in den eigenen Familien und Sippen. Nun aber geschieht zwangsläufig exakt das, was Mikoletzky andeutete: Wissen und Technik entwickeln sich rückschrittlich, denn wie bei jeder Erbschaft geht immer ein Teil verloren. Die Völker selbst aber waren zu jener Zeit noch nicht in der Lage, das ihnen bruchstückhaft übermittelte Wissen von sich aus voll zu werten und auszubauen.

So geriet Überliefertes in Vergessenheit, um nach einem Jahrtausende währenden Reifeprozeß im gemäßigten Klima Europas neu geschaffen zu werden.

Nehmen wir dies als Hypothese. In der Folge werden wir sehen, wieviel Wissen und wieviel Technik in etwa acht Jahrtausenden vor der Zeitenwende nachweisbar sind und welche Schlußfolgerungen sich daraus ergeben. Denn – wie gesagt – das was Archäologen bis heute gefunden haben, ist immer nur ein Ausschnitt des Lebens, den wir teilweise nach eigenem Wissenstand ergänzen müssen.

Die Einheit der Geschichte

Es ist nicht lange her, da bestand Geschichtsschreibung in Europa vornehmlich in einer Genealogie der Herrscherhäuser. Wie zum Beispiel ein 1722 von Hilmar Curas verfaßter

Historischer Auszug der fürnehmsten Begebenheiten und Geschichten, derer, von denen Burggrafen zu Nürnberg, aus dem Hause Hohenzollern entsprossenen Mark-Grafen und Chur-Fürsten zu Brandenburg, und von denselben herstammenden Königen in Preussen.

Da wird getreulich vermeldet, wer mit wem vermählet, welche Kinder gezeuget und welcher Taten zu rühmen sei. Nicht viel anders verhält sich die biblische Geschichte, soweit sie sich Historie zu sein bemüht. Gleich nach Adams Sündenfall macht sie uns mit seinen Nachkommen einschließlich des vielgenannten Methusalem bekannt, dessen Enkel Noah war. Noah überlebte dann, wie wir wissen, die Sintflut. Und seine Söhne zeugten neue Geschlechter, die uns die Bibel alle aufzählt (1. Mose 10,32):

Das sind nun die Nachkommen der Kinder Noahs in ihren Geschlechtern und Leuten. Von denen sind ausgebreitet die Leute auf Erden nach der Sintflut.

Bei Adam und Eva aber und den Kindern Gottes endet jahrhundertelang die Geschichte. Bis es Jean-François Champollion Anfang des 19. Jahrhunderts gelang, die ägyptischen Hieroglyphen zu übersetzen. Danach fand die Wissenschaft auch unmittelbaren Zugang zur ägyptischen Geschichte. Und was war es? Eine Geschichte der Könige, der Pharaonen. Dann wurde Sumer entdeckt und schließlich auch die Keilschrift der Sumerer entziffert. Und wiederum war die Geschichte nichts anderes als die Aufzählung der Könige von Sumer und Akkad.

Den getreuen Historiker Hilmar Curas trennten vom ersten Buch Mose runde 3000 Jahre. Und Mose war vom Beginn der ägyptischen und mesopotamischen Geschichte weitere 2000 Jahre entfernt. 5000 Jahre Menschheitsgeschichte also, aber kaum etwas hatte sich geändert: Ob in einem Steinzeitdorf ein mythischer großer Jäger oder eine Fruchtbarkeit spendende Urmutter gefeiert wurde, ob es heute Politiker, Feldherren oder Revolutionäre sind, die schon wenige Jahre nach ihrem Tode zu Legenden werden, der Unterschied ist nicht wesentlich. Ob diese Legenden nun mündlich weitergegeben oder aufgeschrieben werden, sagt noch nichts über ihren Wert.

Homers Odyssee und die Lieder der Edda bekommen ihr Gewicht nicht dadurch, daß wir sie heute nachlesen können.

Es trifft auch nicht zu, daß Eisen und Stein etwas über die Fähigkeiten und Kultur eines Menschen aussagen könnten. Niemand wird je daran zweifeln, daß derjenige, der aus Stein ein Kunstwerk formt, höher einzuschätzen sei, als derjenige, der mit einem Stück Eisen nicht mehr anzufangen weiß, als damit einem Huhn den Kopf abzuschlagen. Der Gebrauch und die Kunstfertigkeit im Umgang mit einem Material sagen uns etwas über die Kultur und Entwicklungsfähigkeit des Menschen, nicht das Material an sich.

Als Kupfer und Bronze in Europa längst bekannt waren, gab es immer noch Tausende von Siedlungen zwischen Atlantik und Ural, zwischen Nordkap und Sizilien, die diesen Werkstoff für entbehrlich hielten und mit ihren hervorragend geschliffenen Steinmessern und Steinbeilen alles bewerkstelligen konnten, was sie wollten. Die ersten Europäer, die im 16. Jahrhundert in das südliche Afrika eindrangen, fanden dort bei den Bantuvölkern der Ostküste den Gebrauch des Eisens. Die Hottentotten im Südwesten begnügten sich mit Kupfer und Bronze, die nomadisierenden Buschmänner dagegen kamen nach wie vor mit ihren alten Steinwaffen aus. So lebten zu allen Zeiten – wie auch heute noch – Menschen der verschiedensten Lebensformen nebeneinander. Lebensformen aber müssen nicht unbedingt Kulturstufen im Sinne einer Höherentwicklung sein. Es gab genug Völker, die Eisen schmiedeten und Barbaren blieben. Und es gab andere, die mit Stein und Lehm himmelragende Tempel und Pyramiden bauten.

Wir brauchen uns nur umzusehen, wie einige von der Zivilisation wenig beleckte Völker heute noch leben, um einen Eindruck vom Alltag unserer eigenen Vorfahren zu gewinnen. Ivar Lissner bezeichnet in seinem Buch »So lebten die Völker der Urzeit« aus diesem Grund mit Recht die Völkerkunde als einen Schlüssel zur Vorzeit. Und auch John Eric Sidney Thompson, einer der profiliertesten Forscher mittelamerikanischer Kulturen, erinnert daran, daß die heute lebenden Nachkommen der alten Maya am besten zum Verständnis der vorkolumbischen Verhältnisse beitragen.

Wir finden den Zugang zur Frühgeschichte also über zwei Erkenntnisse: die mögliche Gleichzeitigkeit völlig verschiedener Lebensformen und die ins Unendliche reichende Kontinuität menschlicher Denk- und Verhaltensweisen. Geschichte war und ist nie etwas anderes als das vergangene Heute.

Der amerikanische Historiker Will Durant nennt es schlicht den »Provinzialismus überlieferter Geschichtsschreibung, der Europa mit Griechenland anfangen läßt«. Und wahrhaftig, wenn wir die Felsmalereien in französischen und spanischen Höhlen sehen, wenn wir an Stonehenge und die phantastischen Leistungen der Menschen der Megalithzeit denken, erkennen wir, daß Europa sehr viel älter ist. Ja, daß es – wie Felix R. Paturi sagt – ein »vereintes Europa« der Steinzeit gab. Über die Verehrung ähnlicher Götter, über die Kunst und die in Felsmalereien und Gravierungen festgehaltenen Symbole läßt sich heute in bezug auf Geisteshaltung und Kultur der Menschen in dem Europa vor der Metallzeit eine geistige Einheit rekonstruieren, die sich in den Jahrtausenden danach immer mehr verlor.

Und was das Leben in der Steinzeit anbelangt, so meint Thor Heyerdahl, der es mit seinem Schilfboot »Ra« erprobte, daß es nicht unbedingt zu verachten sei. Er preist den Schlaf im warmen Fellsack nach vorangegangenen Anstrengungen, weil man danach »mit kräftigem Appetit« und »von angenehmen Gefühlen erfüllt« aufwacht:
Man soll nicht glauben, daß es unseren Vorfahren, die wirklich noch von ihrer Hände Arbeit lebten, nur schlecht ging und daß sie nicht ihren Teil an den Freuden des Lebens hatten.

Auch was manchem von uns schrecklich erscheinen mag, daß zu den Hauptnahrungsmitteln jener Zeit weniger Fleisch als wildwachsende Pflanzen, Samen, Heuschrecken und andere Insekten gehörten, sieht der

Betreffende vielleicht mit anderen Augen, wenn er in der neuesten Ausgabe der Vierteljahresschrift »Gourmet« das Rezept für eine Maikäfer-Suppe findet:

Zu einem Teller Suppe rechnet man je 30 Maikäfer; dieselben werden des Morgens frisch gesammelt, kommen dann in ein dichtes Sieb, wo sie mehrere Male schnell mit kochendem Wasser übergossen und auf diese Weise getötet und vom Staub gesäubert werden. Nun läßt man sie abtrocknen, entfernt die Flügeldecken, brät die Käfer in heißer Butter härtlich ab . . .

Und so weiter. Was verschlägt's, daß dieses Rezept nur als Kuriosum aus dem Jahr 1884 überliefert wird. Vor hundert Jahren wurden also auch bei uns noch Insekten gegessen. Und manch einer hätte sicher geglaubt, das sei zehntausend Jahre her. Oder 100 000. Oder 600 000. Diese Zeit spielt für den Menschen keine Rolle.

Gewiß, sein Gehirnvolumen hat im Verlauf der Jahrtausende etwas zugenommen. Der 1856 von Dr. Fuhlrott im Neandertal zwischen Düsseldorf und Elberfeld entdeckte knapp 80 000 Jahre alte Typ Mensch besaß ein Gehirnvolumen von 1200 bis 1600 Kubikzentimeter. Das hat sich, wie in Steins Kultur-Fahrplan nachzulesen, zwischen 10 000 und 5000 vC auf das heutige Volumen von durchschnittlich 1500 bis maximal 2000 Kubikzentimeter erweitert. Aber sehr groß ist der Unterschied der Durchschnittswerte, wie wir sehen, nicht!

Auch für Hoimar v. Ditfurth vollzog sich – wenn ich sein Buch »Der Geist fiel nicht vom Himmel« richtig verstanden habe – der Weg zum Menschen nicht über Halbmenschen, sondern war mit einem »Big Bang« in jenem Augenblick schon beschritten und gegangen, da sich ein »Zwischenhirnwesen« zum »Großhirnbesitzer« mauserte. Das eine ist das Tier (ohne Zweifel und Skrupel), das andere der Mensch (mit dem »Zwang zu individueller Entscheidung« und der »Möglichkeit des Irrtums«). Und auf die Frage, wie es zu verstehen sein könnte, daß sich ein solcher Schritt an die bisherige Entwicklung anschloß, sagt Ditfurth:

Unsere Mythen geben darauf die Antwort, daß es die Fähigkeit zur Erkenntnis gewesen sei, zur individuellen Freiheit im Umgang mit der Umwelt und der damit verbundenen Möglichkeit von Irrtum und Schuld, die uns aus dem Paradies einer solchen Übereinstimmung mit der übrigen Na-

tur (wie sie das »Zwischenhirnwesen« besitzt) *vertrieben hätte. Diese Auskunft gehört für mich zu den eindrucksvollsten Beispielen für die Bedeutung mythologischer Aussagen als außerwissenschaftlicher Erkenntnisquelle. Denn heute, Jahrtausende nach der Zeit, in der diese Antwort formuliert wurde, beginnen wir zu entdecken, daß es genau so gewesen ist.*

Heute, Jahrtausende nach der Zeit, in der solche Antworten formuliert wurden! Was müssen das für Menschen gewesen sein, die Antworten auf Fragen fanden, die unsere Wissenschaftler heute erst, mit dem Wissensstand des 20. Jahrhunderts, zu bewältigen beginnen? Wilde? Halbmenschen? Halbaffen?

Mit Sicherheit nicht. Wie kommt es aber, daß ausgerechnet jener Wissenschaftszweig, der sich mit den Menschen jener mythischen Vergangenheit beschäftigt, uns ihre wahren Fähigkeiten, ihr wirkliches Sein so lange unterschlagen hat? Ganz einfach: Weil der Philosoph einer jahrtausendealten Hochkultur nicht in das Weltbild der Entwicklungslehre paßte. Weil Schematiker sich immer unschuldig schuldig durch ihre vorgefaßten Meinungen selbst in die Irre führen.

Und es ist ja auch keineswegs so, daß sie nun plötzlich in allem unrecht gehabt hätten. Natürlich gab es und gibt es unter den Völkern immer primitive Mehrheiten. Und wer eine Vorzeitsiedlung ausgräbt, findet nun mal mehr Spuren der Primitiven als Hinweise auf einen Diogenes. Dessen Wirken läßt sich nämlich ohnehin nur schwer durch Bodenfunde nachweisen.

Manchmal aber verraten Bodenfunde doch eine Menge mehr, als daß hier Menschen lebten und sich an einem Feuer ihr Steak rösteten. So fanden die Forscher zum Beispiel 1952 in Iztapan in Mexiko, in einer Bodenschicht, die eine Datierung der gefundenen Gegenstände auf 7000 bis 8000 vC ergab, die Überreste eines jungen Mammuts mit einer Feuersteinspitze zwischen zwei Rippen. Trockener Kommentar: Damit wurde ein weiteres Mal der Nachweis erbracht, daß Steinzeitmenschen erfolgreich das Mammut jagten.

Ich meine, daß dieser und ähnliche Funde etwas mehr aussagen: Da sind eine Handvoll Menschen mit nichts als ihren Messern und Speeren in der Hand gegen das riesenhafte Mammut, das gewaltigste Ungetüm der Vorzeit, auf Jagd gegangen. Gewiß, sie haben das Tier in Sumpflöcher, in zähen Boden getrieben, wo es in seiner Bewegungsfreiheit eingeschränkt war, sie haben jüngere Tiere von der Herde abgesondert, um sie dann zu erlegen. Dennoch! Wieviel menschliche List und Überlegung, wieviel Entschlossenheit des Willens und Tapferkeit des Herzens offenbaren sich hier? Wieviel Mut gepaart mit Einsicht? Wieviel Selbst- und wieviel Gottvertrauen?

Spezifisch menschliche Eigenschaften also, damals so bewundernswert wie heute. Und als ob er die über die Jahrtausende reichende enge menschliche Verwandtschaft bestätigen wollte, erwähnt Thompson einen zweiten Fund, nur eineinhalb Kilometer von jenem Mammutfund entfernt und in die gleiche Tiefe der Vergangenheit führend: Schädel und Knochen einer jungen Frau.
Ihre Knochen unterschieden sich nicht merklich von jenen des Durchschnitts der heutigen Indianer Mexikos; es war nichts Primitives an ihr, obwohl sie begraben wurde, als das Mammut noch das Land durchstreifte.

Die berühmte kleine Skulptur der Venus von Willendorf könnte von einem modernen Künstler geschaffen sein. Die elf Zentimeter hohe, reichlich dickliche Dame entspricht mehr einer impressionistischen Vorstellung des Weiblichen als der realistischen Darstellung einer Frau. Aber das Kalksteinfigürchen ist nicht modern, es wurde vor Tausenden von Jahren von einem Künstler der Altsteinzeit geschaffen.

Seine Sinne und Triebe, seine Intelligenz, Erfindungsgabe und Organisationsfähigkeit, seine Neugierde und Dynamik, seine Sehnsucht und sein Geschmack stellen den Menschen des Altertums mit dem Menschen von heute gleich, sagt ähnlich wie andere Forscher auch Thor Heyerdahl.

Kontinuität des Lebens

Es ist keine hundert Jahre her, da ließ die damals noch junge Generation der neuen archäologischen Wissenschaft gleich hinter jeder Topfscherbe ganze Völker herwandern. Wurde eine bestimmte Art von Streitaxt im Böhmischen gefunden, später in Mitteldeutschland und schließlich in Skandinavien, gleich hieß es: Die »Streitaxtleute« zogen, sie eroberten, sie brachen ein. Beim einen hießen sie noch kühne Krieger, beim zweiten waren sie schon ein Herrenvolk. Und in Wirklichkeit – hat es sie nie gegeben.

Die Gelehrten von damals, die sich in einen Jahrzehnte währenden Streit verbissen – ob die Herrenmenschen nun von Böhmen nach Skandinavien oder von Skandinavien nach Böhmen zogen –, wußten nämlich noch nicht, daß es nicht erst zur Zeit der bronzenen Streitäxte, sondern sogar schon in der Steinzeit blühende Werkzeug-Industrien gab, daß Steinmesser und Beile, irdene Töpfe wie später bronzene Äxte durch ganz Europa, Vorderasien und den Nahen Osten gehandelt wurden. Dieses Thema wird noch ein eigenes Kapitel füllen, denn es ist einfach unglaublich, welche Wege zum Beispiel Bernstein von der Ostsee zurücklegte, oder Erzeugnisse sumerischer Goldschmiedekunst, die sich heute bis in das rumänische Siebenbürgen nachweisen lassen.

Es dauerte bis in die fünfziger Jahre hinein, bis es sich in einer neuen Archäologen-Generation allmählich herumsprach, daß Kulturerzeugnisse wandern, obwohl Völker seßhaft bleiben, und umgekehrt. 1959 sprach es Hans Jürgen Eggers, Professor für Vor- und Frühgeschichte an der Universität Hamburg, deutlich aus, daß es keine Einheit von Rasse, Sprache, Volk, Staat und Kultur gibt, die sich allein aus einer Handvoll Bodenfunde beweisen ließe.

So wissen wir heute zum Beispiel, daß die handeltreibenden und seefahrenden Phönizier nicht an der Küste Kanaans als fertiges Volk einwanderten, sondern dort in den Städten von Byblos bis Tyros aus drei Komponenten heranwuchsen: 1. Der Fischfang treibenden und in den Wäldern des Libanon jagenden Küstenbevölkerung. 2. Den aus dem Landesinneren zugewanderten Nomaden. 3. Den Raubrittern des Meeres, den aus dem Norden kommenden Seevölkern, die sich teilweise in den Küstenstädten niederließen und hier integrierten.

Hier also die Mischung eines Volkes, das dann durch seine Dynamik (und den Handel) jahrhundertelang die Kulturen weit über den Mittelmeerraum beeinflußte. Dagegen das fast kontrapunktisch anmutende Beispiel eines kleinen Alpenvolkes, dessen Geschichte sich bis 5000 vC zurückverfolgen läßt. Zu dieser Zeit entwickelte das Volk der Camuni den Brauch, sich und sein Alltagsleben in regelmäßigen Abständen durch Felszeichnungen darzustellen.

An diesen Felsbildern läßt sich nun wie in einem Buch ablesen, wie das kleine, seßhafte Völkchen über die Jahrtausende hinweg unverändert blieb, aber sich immer wieder, wenn auch vielleicht zögernd, langsam und bedächtig (wie das in Alpentälern so die Art ist) neuen Kultureinflüssen ergab. So tauchen an den Felswänden gegen 3000 vC Zeichen der Metallbearbeitung und damit neue Waffen und Geräte auf. 2000 vC erscheinen Hakenpflug und Hellebarde. 1600 vC macht sich das mykenische Handelsimperium bemerkbar: Waffen und Wagen haben mykenische Formen, Bernstein aus dem Norden wird gehandelt. 700 vC erscheinen Sitten und Bräuche der Etrusker in den bildlichen Darstellungen. Auch Waffen, Mode und Schrift werden übernommen. Danach finden wir hier noch den keltischen La-Tene-Stil, und dann endet der alte Brauch, als die Römer kommen – nun wirklich einmal Eroberer – und die Camuni sich Rom unterwerfen und anschließen.

Wohlgemerkt, die Geschichte der Camuni ist hier zu Ende, aber nicht das Volk. Das lebt mit an Sicherheit grenzender Wahrscheinlichkeit noch heute in seinem Alpental. Nur daß es nicht mehr Camuni heißt und wohl auch im Lauf der letzten Jahrhunderte durch einige Ab- und Zuwanderungen die zur Erhaltung notwendige Blutauffrischung erfuhr.

Ein drittes Beispiel zeigt uns, wie umgekehrt ein einziger Ort immer wieder anziehend auf neue Völker wirken kann und so tatsächlich die Einwohnerschaft wechselt:

Da ist die Höhle bei Mas-d'Azil am Nordrand der Pyrenäen. Ein ungeheurer Felsendom von 60 Meter Höhe, 470 Meter lang und bis zu 50 Meter breit. Seit 50 Jahrtausenden ist diese Höhle fast ununterbrochen bewohnt. Hier fanden sich Spuren des Neandertalers und des Cro-Magnon-Menschen. Die Gallier bauten sich hier eine Befestigung, und zur Zeit der französischen Glaubenskriege verschanzten sich hier 200 Hugenotten. Es war ein Ort, an dem die Menschen Sicherheit suchten, den sie aber auch zu anderen, friedlichen Zeiten gern wieder verließen.

Auch im Raum der Thraker läßt sich die Kontinuität der Steinzeit- und späteren Völker nachweisen. 200 000 Jahre alte Funde bestätigen, daß die Menschen in diesem Raum bei relativ gleichbleibendem Lebensstil über jene Perioden hinweg, die nach entsprechenden Fundplätzen von den Archäologen als Acheuléen, Moustérien, Aurignacien, Solutréen und Magdalenien bezeichnet werden, eine Entwicklung durchmachten, die jener im übrigen Europa – soweit es zu dieser Zeit eisfrei war – entspricht. Höhlenfunde aus Bulgarien, Rumänien, Griechenland und Jugoslawien erweisen die kontinuierliche Verbindung zum europäischen Paläolithikum (Altsteinzeit) auch für die Zeit zwischen 100 000 und 40 000 vC. Nur für die Zeit zwischen Paläolithikum und Neolithikum (Jungsteinzeit), also etwa zwischen 9000 und 5000 vC, sind die Funde spärlich und deuten – was Mucks These von der Lebensstörung in dieser Zeit zu bestätigen scheint – merkbare Veränderungen an.

Durch die jüngsten archäologischen Ergebnisse aus diesem Raum wird möglicherweise sogar eine These auf den Kopf gestellt, die bisher als unerschütterlich galt: Daß erste bewußte Anpflanzungen und damit Ackerbau und Kulturpflanzen aus einer Zeit um 4000 vC aus dem Nahen Osten mit seinen ersten Hochkulturen stammen. Jetzt zeigen Grabungsfunde aus dem thrakisch-europäischen Raum, daß hier schon in einer sehr viel früheren Zeit im Umkreis von Siedlungen Feldbau betrieben wurde, wenn auch sehr viel primitiver als später bei den Sumerern und Ägyptern. Diese frühen Kulturpflanzen bedeuten für viele Archäologen eine Sensation, die möglicherweise wieder einmal eine ganze Generation zum Umdenken zwingt. Jetzt sind es nämlich die Forscher aus dem Balkan, die mit einer gewissen Berechtigung die Frage aufwerfen, ob nicht eventuell eine kulturelle Beeinflussung aus ihrem Raum nach Westasien erfolgte, anstatt, wie bisher angenommen, umgekehrt.

Immerhin bemerkenswert, wie schnell heute manche Thesen durch neue Tatsachen auf den Kopf gestellt werden. Vor hundert Jahren war der Rhythmus des Forschens wie der des Lebens noch sehr viel betulicher. Die Höhlenmalereien der Steinzeit zum Beispiel wurden jahrzehntelang nicht als echt anerkannt. Einfach weil das Denkschema damals auf einen Typ von Steinzeitmenschen programmiert war, der zu solchen Kulturleistungen unfähig sein mußte. Unter vielen anderen prominenten Wissenschaftlern und Kunstkennern lehnte auch der Direktor des Pariser Louvre 1865 die Steinzeitgemälde einfach als »unglaubwürdig« ab. Und auch 1878, als einige von ihnen aufgrund privater Initiative von wissenschaftlichen Laien bei der Weltausstellung in aufregenden Fotos gezeigt wurden, galten sie in der offiziellen Wissenschaft noch als Fälschungen.

Später, nachdem dieses Urteil revidiert werden mußte, identifizierte man die ganze Steinzeit und den Steinzeitmenschen insgesamt mit diesen Bildern. Und das ist natürlich genauso unsinnig, als wollte man heute einen Eingeborenenstamm vom Amazonas mit den Flußdampfern identifizieren, die regelmäßig auf dem Strom verkehren. Es gab eben auch in der Steinzeit schon Hochkulturen und regelrechte Malschulen (letzteres ist inzwischen nachgewiesen), wie es ganz sicher in den Steppen und Urwäldern des flachen Landes auch primitive Stämme gegeben hat.

Ein Afrikareisender, der irgendwo im Busch in einem verlassenen Negerkral neben einer Handvoll Knochen und primitiven Steinwerkzeugen das Wrack eines Uraltautomobils findet, das ein merkwürdiger Zufall dort im Jahre 1910 verunglücken und liegenblieben ließ, wird deshalb ja auch nicht gleich behaupten, einen Eingeborenenstamm entdeckt zu haben, der das Auto erfunden hat.

Zugegeben, dieser Afrikareisende hat dem normalen Archäologen etwas Wesentliches voraus: Er weiß, daß es außer den ehemaligen Bewohnern des verlassenen Negerkrals im Jahr 1910 auch in Europa und Amerika eine Zivilisation gab, die solche Autos baute und in die Welt verfrachtete. Der Archäologe, der irgendwo in Europa das Lagerfeuer einer Steinzeitsippe ausbuddelt, weiß aus jener Zeit nichts Derartiges. Und trotz Höhlenmalereien und anderer Indizien wird er sich jeden Gedanken an eine gleichzeitige Hochkultur verwehren, solange er nicht unmittelbar darüber stolpert. Was sein gutes Recht und wissenschaftlich unanfechtbar ist.

Andererseits wissen wir inzwischen, wie schnell gerade die hochwertigeren Kulturgüter aus der Kombination von Holz und Metall – nehmen wir nur zum Beispiel einmal Schaufel oder Spaten – in der freien Natur verrotten und damit für ewige Zeiten unauffindbar bleiben. Was über Jahrtausende hinweg wirklich erhalten bleibt, sind letztlich nur Mythen und Bräuche. Die allerdings haben ein wahrhaft erstaunlich zähes Leben, zumindest sobald sie in den Bereich des Königlich-Göttlich-Religiösen einmünden. Einige nachprüfbare Beispiele mögen es demonstrieren:

Wir alle kennen den Krummstab, den die ägyptischen Pharaonen als Zeichen ihrer Würde in Händen hielten. Er ging über viele verschiedene Formen als Begleitinstrument von Herrschern und Würdenträgern seinen kontinuierlichen Weg bis in die Hände der katholischen Bischöfe. Und die tragen ihn heute noch bei feierlichen Anlässen. Das sind vier bis fünf Jahrtausende, die uns dieses Symbol einer Hochkultur die Treue gehalten hat.

Jeder von uns kennt die Tummelplätze der Finanzmakler in allen wichtigen Städten der Welt unter dem Namen Börse. Nun, schon die alten Karthager haben in ähnlicher Weise Waren und Nachrichten gehandelt, und dem Brauch der Zeit gemäß geschah das in einem ihrer Haupttempel. Der Hügel, auf dem dieser Tempel stand, hieß Byrsa. Zeit bis heute: zweieinhalb Jahrtausende.

Die Etrusker brachten aus ihrer kleinasiatischen Heimat nicht nur ihre Götter mit nach Italien, sondern auch ihre Dämonen. Die aber geisterten nicht nur bei den Mystikern des Mittelalters durch die Köpfe, sondern finden sich heute noch in vielfältigen grimmigen Wandmalereien in den Kirchen der Toskana. Und damit haben sie bald drei Jahrtausende überdauert.

Da graben Forscher seit einiger Zeit eine 9000 Jahre alte Stadtsiedlung aus dem Boden des anatolischen Hochlands nördlich des Taurusgebirges. Schon wieder müssen Archäologen und Frühgeschichtler umlernen: Die ältesten Entwicklungen zu Stadtkulturen sind also nicht im Flachland, in Flußtälern zu finden, sondern im Bergland auf Hochebenen. Die Häuser dieser Stadt Catal Hüyük (gesprochen: Tschatal Hüjük) sind gebaut wie die der Pueblo-Indianer im Südwesten Nordamerikas. Mit einem Unterschied: Die Lehmwände sind zwischen tragenden Holzpfeilern und Holzverstrebungen errichtet worden. Dann brannte die Stadt nieder, und als sie wieder aufgebaut wurde, machten die Einwohner von Catal Hüyük ihre Ziegelwände so kräftig, daß sie auch ohne Holzbalkenwerk hielten. Aber – die Balken wurden trotzdem eingezogen. Und das, solange in Catal Hüyük gebaut wurde, mehr als zweitausend Jahre lang

Dieser weder technisch-statisch noch architektonisch zu begründende Brauch, der Überlieferung gemäß Holzbalken selbst dort aufzurichten und einzuziehen, wo sie absolut überflüssig sind, ist auch noch 1200 vC auf Kreta im Steinmauerwerk des Palastes von Knossos zu finden. Die Zeitdifferenz vom Wiederaufbau in Catal Hüyük bis zum Bau auf Kreta: runde 5000 Jahre.

Da wir gerade bei Kleinasien sind: Wie stolz war um die Jahrhundertwende jede kleinere deutsche Stadt, wenn sie einen eigenen Zoo vorweisen konnte. Auch das ist keine neue Errungenschaft, sondern wird uns bereits von König Anitta von Kuschschara berichtet, der um 1750 vC einen Zoo einrichten ließ. Vor mehr als dreieinhalbtausend Jahren also.

Soweit die Beispiele für gegenständliche Überlieferungen. Sehen wir uns die Mythen an, so finden wir Adams berühmte Rippe schon bei den alten Sumerern. Da fragt Ninhursanga ihren Götterbruder Enki, wo es ihm weh tut. Und auf seine Erwiderung, es sei die Rippe, tröstet sie ihn, sie habe die Göttin Ninti für ihn geboren. Ninti aber heißt »Göttin der Rippe« und ist geschaffen, den kranken Enki wieder zu heilen. Das also ist die Geschichte mit der Rippe, die wir in veränderter Form heute noch erzählen, wenn wir die Dame unseres Herzens darauf aufmerksam machen, daß sie nur ein Teil von uns sei. Ein so liebwerter Teil wie Eva, geschaffen aus Adams Rippe, oder – frei nach Sumer – wie Ninti, geschaffen aus der Götterrippe Enkis.

Lord Raglan, elitebewußter englischer Peer, hat recht und unrecht in einem, wenn er auf die Unzuverlässigkeit von Mythen verweist: weil das gemeine Volk ja auch nichts dabei fände, in einer Ballade Napoleon mit St. Georg zusammentreffen zu lassen. Soweit richtig. Der edle Lord übersieht nur, daß dieser Volksmund, der Mythen über Jahrtausende hinweg bewahrt, zwar in einer gewissen dichterischen Freiheit bei seinem Beispiel eine aus Zeitgründen unmögliche Begegnung konstruiert, im übrigen aber sowohl das Erscheinungsbild des St. Georg wie das des Napoleon möglicherweise korrekt überliefert hätte.

Und wie sehr wir auf solche Überlieferungen angewiesen sind, erkannte schon der Grieche Thukydides, athenischer Geschichtsschreiber im fünften Jahrhundert vC. Im Vergleich Athens zu der dörflichen Hauptstadt der Lakedämonier stellt er fest, daß spätere Nachkommen, die ohne Nachricht vor den Resten der beiden Städte stehen würden, nicht in der Lage wären, zu erkennen, welche Größe und Macht in der dörflichen Siedlung der Lakedämonier ihren Mittelpunkt hatte. Während umgekehrt die stolzen Bauten Athens zweifellos dazu verführen würden, der Stadt eine Machtfülle zuzuerkennen, mindestens »noch einmal so mächtig, als sie wirklich ist«.

Umgekehrt sind die ewigen Raglans natürlich mit Mythen und Überlieferungen allein nie zu überzeugen. Mit berechtigter Ironie weist Thor Heyerdahl an einer Stelle seines Buches »Expedition Ra« darauf hin, daß kein Mensch heute die wahrhaft gigantischen Dimensionen der ägyptischen Pyramiden glauben würde, wenn es darüber nur schriftliche, gezeichnete oder gar mündliche Hinweise gäbe.

Aber es ging uns ja nicht um die Glaubwürdigkeit, sondern um den Nachweis der Kontinuität von Überlieferungen. Dazu – auch aus dem Bereich des Mythisch-Religiösen – noch ein weiteres Beispiel: Da berichtet Sargon, der mächtige König von Akkad, um 2600 vC von sich, er sei von seiner Göttermutter im geheimen empfangen und dann in einem Kästchen aus Schilf dem Flusse übergeben worden. Akki der Bewässerer zog das Kästchen heraus, nahm den Knaben liebevoll auf und machte ihn später zum Gärtner. Mehr als 1000 Jahre danach wurde Moses geboren. Und noch heute lesen wir in der Bibel:

Da gebot Pharao allem seinem Volk und sprach: Alle Söhne, die geboren werden, werft ins Wasser, und alle Töchter laßt leben (2. Mose 1,22). Und es ging hin ein Mann vom Hause Levi und nahm eine Tochter Levi (die Schwester seines Vaters, 1. Mose 6,20). Und das Weib ward schwanger und gebar einen Sohn. Und da sie sah, daß es ein feines Kind war, verbarg sie ihn drei Monate. Und da sie ihn nicht länger verbergen konnte, machte sie ein Kästlein von Rohr und verklebte es mit Erdharz und Pech und legte das Kind darein und legte ihn in das Schilf am Ufer des Wassers.

Der Rest ist Geschichte: Mose wurde von einer Tochter des Pharao »gefunden«, an Sohnes Statt angenommen und so mit allem Wissen und allen Kenntnissen der ägyptischen Könige und Priester aufgezogen. Ob er nun wirklich eine Weile im Nil lag oder ob hier nur ein uralter Mythos übernommen und unter seinem Namen weitergereicht wurde – wer weiß es? Jedenfalls hat sich die Erzählung Sargons auf diese Weise und ohne, daß wir noch etwas von ihm wußten, über viereinhalb Jahrtausende in der Menschheit erhalten.

Lassen Sie mich noch ein abschließendes Beispiel anfügen, das fast wie eine Anekdote anmutet: Hanno, ein karthagischer Admiral, brachte gegen Ende des fünften Jahrhunderts vC 30 000 Siedler in die karthagischen Kolonien an der Westküste Afrikas. Weitere Siedlungen und Stützpunkte gründend, stieß er nach Süden vor und – um es kurz zu machen – sah eines Tages Menschenwesen, die seine Begleiter (vermutlich dolmetschende Eingeborene) Gorillas nannten. Seinen Leuten gelang es, drei Gorillafrauen einzufangen, weil sie aber allzu ungebärdig waren, ließ er sie töten und ihnen die Häute abziehen, die er dann mit nach Karthago nahm. Mehr als zwei Jahrtausende wirkte diese Erzählung nach. Als nämlich die europäischen Zoologen die Tierwelt Afrikas in ihr System eingliederten, gaben sie dem größten Menschenaffen den Namen Gorilla. So wurde, amüsiert sich Gerhard Herm in seinem Buch »Die Phönizier«, »ein Punier sozusagen zum Patenonkel des Gorillas«.

Der Knick in der Pyramide

Berge und Katastrophen

Rund um den Atlantik herum verehrten die Menschen der Steinzeit oder Nachsteinzeit ihre Götter auf Bergen. Und wo keine Berge waren, bauten sie welche. Zum Beispiel die Pyramiden. Über die ist schon so viel geschrieben worden: Allein 20 000 Monographien und Zeitschriften-Veröffentlichungen der Ägyptologen. Trotzdem war es erst 1974 der Naturwissenschaftler Kurt Mendelssohn, der den Nachweis erbrachte, daß die Annahme, die Pyramiden seien als Königsgräber gebaut worden, ein logischer Irrtum ist.

Richtig ist nur, daß die Pyramiden – auch – Königsgräber enthielten. In Ägypten wie in Mittelamerika. Im übrigen aber haben die Ägypter zuvor und danach ihre Pharaonen einfacher und teilweise sicherer bestattet als in dem Jahrhundert des rauschhaften Pyramidenbaus, den Mendelssohn als »das größte technische Abenteuer an der Schwelle der Vorgeschichte zur Geschichte« bezeichnet:
. . . daß nichts von allem, was seither in unserem gesamten Kulturkreis auf baulichem Gebiet unternommen wurde, ihnen auch nur entfernt gleichkommt.

Überhaupt haben die Ägypter einiges auf die Beine gestellt, was aus unserer Sicht genausowenig in ihre frühgeschichtliche Zeit paßt wie die Höhlenmalereien vor 10 000 Jahren in die Altsteinzeit. Ivar Lissner versuchte einmal aufzuzählen, was alles die Ägypter uns hinterlassen haben:
Schmiedehandwerk, Architektur, die Säule, die monumentale Steinbaukunst, Wagen- und Schiffsbau, Sarkophage und Bestattungsbräuche, Mönchstum, große Teile der religiösen Vorstellungen des Abendlands, Klo-

sterwesen, Schule, Staatsorganisation, Beamtenwesen, die Erfindung von Glas, Kalender und Uhr, Geometrie, die feinsten Kleider, die die Welt je sah, Schmuck, Möbel und Häuser, Post, Astronomie und Medizin.

Das ist eine faszinierende Liste, und man kann gut verstehen, daß diese Entdeckungen die Forscher im vergangenen Jahrhundert nahezu umgeworfen haben. Heute wirft uns viel eher die Tatsache um, daß immer mehr dieser Dinge in viel älteren Kulturen gefunden werden; das heißt also: entdecken zu müssen, daß auch die Ägypter weitgehend von einem Kulturerbe zehrten, dessen Ursprung wir nicht kennen.

Walther Wolf (»Das alte Ägypten«) schildert die Ausgrabungsergebnisse der spärlichen und steinzeitlichen Siedlungen in Unterägypten, die in das fünfte Jahrtausend vC datiert werden konnten. Dem schloß sich dann im vierten Jahrtausend die Besiedlung Oberägyptens an. Und bei diesen – ansonsten noch primitiven – Ausgrabungsplätzen fanden die Archäologen schon Kupfer. Und jetzt erzählt Professor Dr. Walther Wolf, Ägyptologe und Archäologe, plötzlich von dem Ort Djarmo im irakischen Kurdistan als einem Beispiel für die vielen Plätze im Bergland vor dem Kaukasus, wo durch neueste Forschungen der Übergang von der Sammler- und Jägerwirtschaft zur Bauernkultur schon zwischen Mittelsteinzeit und Jungsteinzeit (etwa 8000 bis 5000 vC) nachgewiesen wurde.

Weil aber jeder Wissenschaftler heute weiß, daß eine Hochkultur, die ja einen gewissen Überschuß an Nahrung erfordert (Hochkulturen sind Luxusformen, sagt Muck), nur auf gezielter Agrarwirtschaft basieren kann, bietet sich der Schluß an, daß die mesopotamischen und ägyptischen Hochkulturen erst durch die Einflüsse aus dem Bergland entstehen konnten. Wolf geht sogar noch weiter:
Demnach sind die Deltakulturen (Ägypten) *das Ergebnis der Einwanderung einer vorderasiatischen Bevölkerung.*

Lassen wir dahingestellt, ob eine ganze Bevölkerung oder nur einzelne Menschen ihr Kulturerbe an den Nil brachten (Wolf glaubt aufgrund sprachlicher und rassischer Merkmale der späteren ägyptischen Bevölkerung eine stärkere Zuwanderung annehmen zu müssen), für uns bleibt ent-

scheidend: Die Kultur kam aus den Bergen. Und das vermutete Ceram in seinem Buch »Götter, Gräber und Gelehrte« schon für die Sumerer, die in das Zweistromland nachweislich »eine überlegene, in ihren entscheidenden Teilen fertig ausgebildete Kultur« mitbrachten:
Ihre Sprache ist dem alten Türkisch (Turanisch) ähnlich. Ihrer Konstitution nach gehören sie zum indoeuropäischen Stamm.

Ceram erwähnt zwar korrekt, daß an der Herkunft der Sumerer aus dem Bergland zwischen Schwarzem Meer und Kaspischem Meer von manchen Seiten noch Zweifel geäußert werden, aber die Sumerer selbst weisen in ihren Mythen wiederholt auf ihre Verwandschaft zu den Völkern der Berge hin. Da heißt es an einer Stelle von Enmerkar, dem sagenhaften König von Erech (Uruk), Sohn des Sonnengottes Utu und Bruder der Liebesgöttin Inanna:

Der Widder voll fürstlicher Macht
im umwallten Hochland,
geboren von der treuen Kuh
im Herzen des Hochlands . . .

Deutlicher als in diesem Epos »Enmerkar und der Herr von Aratta« kann wohl kaum gesagt werden, daß die Könige und Götter der Sumerer aus dem Bergland stammen. Und nachdem wir jetzt wissen, woher die Götter kommen, wundern wir uns auch keine Sekunde mehr länger, daß sie von den Sumerern auf künstlichen Stufenbergen, den Ziggurats, von den Ägyptern durch den Bau der Pyramiden, von den Israeliten auf dem Berg Zion und von den Griechen auf dem Olymp verehrt wurden. Und ebenso von den peruanischen Völkern, den Maya und den Azteken.

Was bei dieser Aufzählung meistens vergessen wird: Auch die Germanen und die nordamerikanischen Indianer schütteten Berge und Hügel auf und bauten Türme. Jürgen Spanuth (»Atlantis«) verweist in diesem Zusammenhang auf den »gläsernen Turm von Basileia«; germanischer Sage zufolge soll auf dem versunkenen Eiland Basileia ein dreistufiger Turm aus Bernstein mit einem großen Weltenbaum gestanden haben.

Feststellbar aber ist, daß die indianischen Völker Nordamerikas in der vorkolumbischen Zeit gewaltige Erdberge aufschütteten. Allein im nördlichen Lousiana wurden für diese sogenannten Mounds etwa 405 000 Kubikmeter Erde bewegt. Drei Millionen Arbeitsstunden soll, neuesten Berechnungen zufolge, die Errichtung eines solchen Mounds erfordert haben. Insgesamt liegt der Arbeitsaufwand für alle diese Mounds, die ja weit zahlreicher sind als die ägyptischen Pyramiden, hoch über dem Arbeitsaufwand des Nilvolks. Und die gleichen Erdberge wie die Indianer schütteten auch die nordeuropäischen Völker der Jungstein- und Bronzezeit auf.

Wenn aber all diese gewaltigen Anstrengungen, für die zum Beispiel allein in Ägypten in den hundert Jahren des Pyramidenbaus mehr als 25 Millionen Tonnen Kalkstein bewegt wurden, der Erinnerung an eine »göttliche« Kultur, an eine Hochkultur im Bergland dienten, warum ist zwischen Taurusgebirge und Kaukasus, zwischen Zagrosgebirge und Hindukusch bis heute keine Spur einer solchen Kultur gefunden worden? Oder war ursprünglich etwa ein anderes Bergland das Reich der Götter?

Wenn wir jetzt an Plato denken, der für uns die ägyptische Überlieferung vom Untergang eines atlantischen Kontinents notierte, begeben wir uns auf den schwankenden Boden von Mutmaßungen, die sich nie exakt beweisen lassen werden. Bewiesen ist heute lediglich die Tatsache einer die gesamte Erde erfassenden Katastrophe, das Kippen der Erdachse und Folgeerscheinungen, die vor einigen Jahren von Diplom-Ingenieur Otto H. Muck mit einer ebenso eindrucksvollen wie überzeugenden Präzision berechnet wurden.

Diese Erdkatastrophe, die sich nach Mucks Feststellung am 5. Juni 8498 vC ereignete, ging als Sintflut in die Überlieferung nahezu aller Völker dieser Erde ein. Allerdings ist sie noch nicht überall unter so genauem Datum akzeptiert. Allgemein spricht man noch von einer »Katastrophe vor 8000 bis 10 000 Jahren« (Lissner). Bedeutsam ist jedoch etwas ganz anderes: Die uns schriftlich überlieferten Sintflut-Nachrichten der Sumerer, Babylonier und Israeliten lassen die Überlebenden der Weltkatastrophe in den Bergen vor dem Kaukasus anlanden.

Sie kennen nun schon meine Überlegung, daß wir hier die Spur jener

Kulturerben vor uns haben könnten, die mit ihren Nachkommen Jahrtausende später in die großen Flußtäler zogen. Nur eine gewaltige Barriere stellt sich diesen Überlegungen in den Weg: die Zahl der Jahrtausende. Zwischen jener Zeit, da die Ägypter und die Sumerer erstmalig von sich reden machen (etwa 3000 vC), und der Sintflut liegen fünfeinhalb Jahrtausende.

Nun haben die Statistiker inzwischen ausgerechnet, daß es noch 7000 vC tatsächlich viereinhalb Jahrtausende dauerte, bis eine Bevölkerung sich auch nur vervierfachte. Wenn aber die Ägypter – und ebenso die Sumerer – erst gegen 3000 vC durch ausreichende Bevölkerung und entsprechende Agrarproduktion in der Lage waren, überliefertes Kulturerbe plastisch umzusetzen, dann ist es nur logisch, daß die Bevölkerungszahl noch 1000 Jahre zuvor dafür einfach zu gering war. Und um 8500 vC muß sie dann so gering gewesen sein, daß wir schon von der statistischen Berechnung her an eine menschheitsvertilgende Sintflut denken müßten, selbst wenn die Mythen und Religionen nichts mehr davon wüßten. Wir dürfen ja nicht vergessen, daß immerhin mindestens 600 000 Jahre Bevölkerungsentwicklung vorangegangen waren!

Unterwerfen wir uns nun jedoch der Mathematik der Bevölkerungsstatistiker, so bleibt immer noch die Frage, ob es denn wirklich bewiesen ist, daß eine »ausgedünnte« Bevölkerung, das heißt also eine geringe Zahl von Menschen auf großem Raum verteilt, zu kulturellen Hochleistungen unfähig oder unwillig ist. Unwillig? Nun, daran zweifle ich keine Sekunde. Über den beherrschenden Trieb zur Bequemlichkeit haben wir uns ja schon unterhalten. Aber unfähig?

Was verraten uns denn die Beispiele aus der Geschichte?

Bei Werner Keller (»Denn sie entzündeten das Licht«) fand ich den Hinweis auf den Einfall der Seevölker und Dorer in der Ägäis. Danach war Stille, absoluter Rückfall in die Primitivität. Nichts war gerettet, nichts bewahrt von der hochentwickelten Zivilisation der mykenischen Zeit. Und es dauerte nahezu ein halbes Jahrtausend, bis »nach dem Zerfall von Tiryns und Mykene . . . Griechenland erblühte« (Ceram).

Lissner berichtet über den Mongolensturm, der die Kulturblüte der Abbasiden-Zeit vernichtete. 1258 fiel Hulage, ein Enkel des Dschingis Khan, mit seinen Steppenreitern im Irak ein. Bagdad wurde völlig zerstört, ganz Mesopotamien eine Wüstenei. Das uralte Kanalsystem, das seit Jahrtausenden die Fruchtbarkeit des Zweistromlandes garantierte, zerfiel. Es gab nicht mehr genug Arbeitskräfte, die Kanäle zu pflegen und zu erhalten. Die Folge waren Dürre und Hungersnöte, die auch noch die Überlebenden hinwegrafften. Die Bevölkerung hat sich bis heute – mehr als 700 Jahre danach – nicht von diesem Schlag erholt. Damals lebten im Irak 40 Millionen Menschen, heute erst knapp sieben Millionen. Syrien hatte damals etwa 30 Millionen Einwohner. Bis heute sind es gerade erst 4,5 Millionen. Muß ich noch hinzufügen, daß die Hochkultur der Abbasiden-Zeit in diesen Ländern nie wieder erreicht wurde?

Wenn aber allein Völkerstürme und kriegerische Auseinandersetzungen schon solche Folgen zeitigen konnten, wie muß es dann erst bei einer welterschütternden Naturkatastrophe ausgesehen haben?

Geoffrey Bibby, Direktor des Prähistorischen Museums in Aarhus, Dänemark, sieht und findet in ganz Europa bis zum fünften Jahrtausend vC nur höchst ärmliches Steinzeitleben. Speziell in Dänemark nur etwas Schmuck, aber ansonsten kunstlose Steinwerkzeuge und Keramiken der »Kjökkenmöddinger«. Auch er stellt fest: »Kein Vergleich zu den kunstvollen Arbeiten des Magdalénien 7000 Jahre zuvor.«

Und nicht anders bietet sich uns das Bild in Mittel- und Südamerika, wo eine Handvoll Spanier Millionenvölker dezimierte und Hochkulturen vernichtete, die nie wieder erstanden.

Vielleicht sind die fünfeinhalb Jahrtausende zwischen Sintflut und Sumer oder Ägypten demzufolge gar keine Barriere, sondern ein absolut realistisches Zeitmaß, das uns nur zusätzliche Auskunft geben kann über das Ausmaß der Katastrophe.

Zwischen Kaukasus und Kordilleren

Nehmen wir aber einmal an, es wären wirklich fünfeinhalb Jahrtausende zwischen dem Untergang der einen und dem Aufblühen der folgenden Hochkultur vergangen. Kann Wissen solange bewahrt werden? Und auch noch als Geheimnis? – Fragen, auf die es bis heute keine direkten Antworten gibt.

Wir wissen nur, daß zum Beispiel der Koran in der Sure 18,65 ausdrücklich die Geheimwissenschaft erwähnt, die Gott nur wenige Eingeweihte gelehrt hat. Wir wissen auch, daß zum Beispiel die Seidenherstellung in China ein jahrhundertelang ebenso streng wie erfolgreich gehütetes Geheimnis war. Und wir werden in der Folge noch von zahlreichen Techniken erfahren, die uns heute rätselhaft erscheinen, weil sie über Jahrhunderte und Jahrtausende als Geheimnis bewahrt wurden – und verlorengingen.

Und wir finden auf der anderen Seite heute soviel angewandte Technik bei frühen Völkern, die uns absolut unsinnig erscheint, weil sie keine praktische Nutzanwendung erkennen läßt. So bestaunen wir heute in Peru die großen Pyramiden aus Lehmziegeln und Quadersteinen. Pyramiden der Vorinkazeit. Gebaut für wen? Wozu?

Die Maya bauten gewaltige Straßen durch den Urwald, aber sie nutzten – obwohl sie es kannten – nie das Rad, um ihre Lasten zu befördern. Die schleppten sie am Stirnband über Trampelpfade. Sie fertigten hervorragende Keramik, aber sie konstruierten sich keine Töpferscheibe. Sie kartographierten den Himmel und zählten in Millionen, aber sie lernten nie, einen Sack Getreide zu wiegen. Thompson bezeichnet das alles zusammenfassend einmal als die »sinnlose Kultur der Maya«.

Weniger sinnlos allerdings, wenn wir uns einmal vor Augen halten, daß es eben nicht die Maya insgesamt waren, die solchen Aufwand trieben. Das Volk schleppte zwar Steine für den Bau der Straßen und Pyramiden, verstand aber genausowenig von den Zahlenspielen der Priester und Könige wie jenseits des Atlantik das Volk der Ägypter.

Auch am Nil war es nur eine kleine Schicht von Herrschern und »Technokraten« (Mendelssohn), wie zum Beispiel der Hohepriester Imhotep, die Wissen und Willen als religiösen Impuls aufnahm und weitergab, ohne die Geheimnisse zu lüften, ja oft sogar ohne sie selbst ganz zu durchschauen.

So kam es zum Beispiel zum Einsturz der Pyramide von Meidum. 250 000 Tonnen Baumaterial stürzten in die Tiefe, den Baumeistern dieses gigantischen Unternehmens die erste technische Lektion im Umgang mit »heiligen Zahlen« – hier die Verhältniszahl Seitenlänge zu Höhe – erteilend. Die bisherige Stufenpyramide sollte als rein geometrische Pyramide umgebaut und damit in ein abstraktes Symbol des Sonnengottes Re abgewandelt werden.

Aber »heilige Zahlen« haben ihre Tücken. Während das von Mendelssohn nachgewiesene Unglück geschah, war die Pyramide von Dahschur bereits in Bau und etwa bis zur halben Höhe fertiggestellt. Schnell wurde nun nach dem Debakel von Meidum der Bau in Dahschur gestoppt, ein neuer – sicherer – Winkel berechnet und der Rest der Pyramide in dieser neuen Winkelstellung in die Höhe weitergebaut. So kam die Pyramide von Dahschur zu ihrem Knick, aber – die »heilige Zahl« nicht aus der Mode.

Und eines Tages war es zur Selbstverständlichkeit geworden, daß Imhoteps Nachfolger, darunter Hemon, der Erbauer der Cheopspyramide (übrigens Prinz und Vetter des Pharao), versuchen mußten, die »heilige Zahl« in steinerne Realität zu verwandeln. Was ihnen ja dann auch durch verschiedene technische Kunstgriffe – sie verwendeten für die nächsten Pyramiden größere Quader und setzten diese außen mit einer leichten Einwärts-Schrägung übereinander – so gut gelang, daß ihre Pyramiden heute nach viereinhalb Jahrtausenden immer noch stehen.

Nebenbei interessant: Mendelssohn stellte fest, daß keineswegs eine Pyramide nach der anderen gebaut wurde; sondern während eine der Fertigstellung entgegenging, war die nächste schon in Arbeit. Der Bau war zum Selbstzweck geworden, das 100 000-Mann-Heer der Hilfs- und Facharbeiter mußte in Lohn und Brot erhalten werden. Solange, bis – nach knapp hundert Jahren – die Begeisterung verebbte. Was danach gebaut wurde, war nur noch ein schwacher Abklatsch des Geschaffenen. Aber was zählt, sagt Mendelssohn, sind gar nicht so sehr die Pyramiden, sondern die Zusammenfassung der Menschen eines ganzen Volkes auf ein Ziel hin. Für Mendelssohn sind die Pyramiden heute die Stelle, wo der Mensch den Staat erfand, »Denkmäler einer neuen Gesellschaftsordnung«.

Für mich aber sind es gleichzeitig Denkmäler uralter Menschheitsüberlieferung. Weil sie geschaffen wurden den Göttern einer mythischen Welt zu Ehren. Und – so setzt Thor Heyerdahl hinzu – geschaffen in Ägypten ebenso wie in Peru und auf den Osterinseln.

Auf den folgenden Seiten werden wir noch einiges mehr kennenlernen, was sich an technischem Wissen vor der Zeitenwende zwischen dem Kaukasus und den Kordilleren offenbarte. Es wird vielleicht immer ein Rätsel bleiben, wie diese oder jene Technik über Zeiten und Weltmeere hinweg ihre Verbreitung fand, um dann doch verlorenzugehen. Daß viele dieser Dinge zufällig und unabhängig voneinander an verschiedenen Orten entstanden sind, ist unwahrscheinlich. Nicht nur, weil es wissenschaftlich nicht korrekt wäre, zu viele Zufälle zu akzeptieren, sondern weil es einfach auch nicht den Tatsachen entspricht. Es wurden nunmal der Wagen und die Töpferscheibe in Amerika nie erfunden, kein Europäer dachte in vorkolumbischen Tagen je daran, eine Zigarre zu rauchen, und Winnetou hat nie einen Bumerang geworfen, obwohl er es zweifellos auch darin zur Meisterschaft gebracht hätte.

Wir aber lassen das Rätsel der Kulturübertragungen für dieses Mal im Raume stehen, um uns erst einmal die Bestandsaufnahme dessen anzusehen, was an technischem Wissen vor der Zeitenwende in der Welt rund um den Atlantik zu finden ist.

Siedlungen und Städte

Wie sie bauten

Um es in einem Satz zu sagen: Sie bauten überhaupt nicht. Nämlich bis zehntausend Jahre vor unserer Zeit. In all den Hunderttausenden von Jahren der Menschheitsgeschichte wurde kein Stein auf den anderen gelegt, kein Ziegel geformt und gebrannt, keine Mauer errichtet, kein Turm gegen den Himmel gestellt. Die Völker der Steinzeit lebten in Lagern, wobei ihre Behausungen aus Fellhütten oder Zelten aus Häuten bestanden. Sie ließen sich an tälerüberblickenden Hängen nieder, und einzelne Stämme oder Sippen siedelten sich auch gern vor Höhleneingängen an.

Das ist bis heute das Bild des nomadisierenden Jägers der Steinzeit, das uns die Archäologen als Ergebnis ihrer über einhundertjährigen intensiven Forschung vorstellen. Und geforscht wurde inzwischen in allen uns bekannten Ländern der Erde. Ein paar von der Norm abweichende Nachrichten übermittelten uns allerdings in den letzten Jahren Wissenschaftler aus Österreich und aus der Sowjetunion. Im russischen Steppenland wie in der Alpenregion fanden sich Spuren eines Menschen, der offensichtlich auch schon vor zehntausend Jahren das Nomadendasein aufgegeben und den Bau fester Siedlungen dem Umherstreifen vorgezogen hat. Er errichtete sich Holzbauten von etwa 40 Meter Länge, unterteilt in viele Einzelräume, jeder mit einer eigenen Herdstelle ausgestattet (v. Natzmer).

Eines Tages aber geschah das, was Muck die »Lebensstörung« und die Bibel »Sintflut« nennt, und über Europa senkte sich Düsternis. Jahrzehntelang wurde sogar die Auffassung vertreten, Europa sei zwischen 8000 vC und 4000 vC menschenleer gewesen und erst wieder durch Einwanderungen aus Afrika und Asien besiedelt worden. Archäologen der Universität Bonn unter Professor Kleemann entdeckten jedoch in den vergangenen Jahren menschliche Spuren der Zwischenzeit, und damit ist die Kontinuität des Lebens auch in Mitteleuropa nachgewiesen.

Aber einiges hatte sich verändert. Die Mammuts zum Beispiel gab es nicht mehr. Die Höhlenbären konnten längst nicht mehr zu Dutzenden gefangen und erschlagen werden. Die Zeit der Großtiere war vorbei. Die Jagd auf das schnelle Kleinwild aber war mühsam und nicht immer erfolgreich. Die Menschen mußten sich etwas einfallen lassen, wenn sie nicht allzuoft Hunger leiden wollten.

Mag sein, daß die Menge an Körnern, Beeren und Insekten, die wohl meist von den Frauen und Kindern gesammelt wurden (zumindest ist das bei vielen Naturvölkern heute noch so), in den ersten Jahrhunderten nach der Katastrophe für die wenigen Menschen ausreichte. Wir wissen ja heute, daß damals nicht mehr als maximal 10 Millionen Menschen der Weltbevölkerung die Katastrophe überlebt hatten. Gesamteuropa, das 1970 rund 647 Millionen Einwohner hatte, wurde etwa um 8500 vC zwischen Atlantik und Ural, zwischen Eisgrenze und Kaspischem Meer bis auf knapp 630 000 Menschen entvölkert. Es überlebte also weniger als ein Tausendstel der heutigen Bevölkerungszahl. Mit anderen Worten, hätte es damals schon das Millionendorf München gegeben, es wäre wirklich nur ein Dorf mit etwas mehr als 1000 Einwohnern übriggeblieben. Und auf den 70 550 Quadratkilometern des Bundeslandes Bayern gingen danach keine zehntausend Menschen mehr auf Jagd und Beerensuche.

Soweit die Skizze der Nachkatastrophenzeit, wenn wir uns allein an die Zahlen der Bevölkerungsstatistik halten. Die Wirklichkeit aber sah mit Sicherheit noch anders, grausamer aus. Mich wundert eigentlich nicht, daß zwischen 8000 und 4000 vC so wenig menschliche Spuren in Mittel- und Nordeuropa zu finden sind. Manches deutet nämlich darauf hin, daß die Menschen in Hochgebirgsregionen bessere Überlebenschancen hatten als die im Flachland. Denken wir zum Beispiel nur an die Kontinuität der Kulturnachweise im Karpatenbogen, in den Alpen und den Pyrenäen. Denken wir aber vor allem daran, woher der Aufbruch zu einem neuen Kapitel der Menschheitsgeschichte kam: aus dem Bergland und den Hochebenen.

Es muß etwa 500 Jahre nach der Katastrophe gewesen sein, daß die ersten Menschen wieder auf Landsuche von den Bergen in das flache Land herunterstiegen. So verließen gegen 8000 vC auch einige Sippen das 160 Kilometer lange Gebirge des Libanon, das diesen Namen durch die Bezeichnung »Weißer Berg« (arabisch: Dschebel Libnan) bekam. Über 3000 Meter hoch ragen die höchsten Spitzen dieses Gebirges, das damals in seinen schneefreien Regionen von dichten Zedernwaldungen bedeckt war.

Sie waren inzwischen keine Nomaden mehr, die Menschen, die solange in den Bergen ausgeharrt hatten. Sie verteilten sich auch nicht über das ganze Land, sondern blieben zusammen, zogen in zwei Jahrhunderten das Tal des Jordan abwärts und begannen um 7800 vC mit dem Bau der ältesten Stadt der Erde: Jericho!

Nachdem sie mit Hütten aus Holz, Haut und Lehm angefangen hatten, gingen diese Menschen bald dazu über, sich hier – wenige Kilometer vom Einfluß des Jordan in das Tote Meer – endgültig niederzulassen und feste Häuser zu bauen.

Häuser ähnlich dem Iglu eines Eskimo: rund und kuppelförmig, aber – aufgebaut mit Ziegelsteinen. Wer hat diese Menschen gelehrt, Stein auf Stein zu schichten? Wer hat ihnen beigebracht, wie man aus Lehmklumpen Ziegelsteine formt, länglich-oval mit gewölbtem Profil über flacher Unterseite?

Rundhäuser, wie sie noch Jahrtausende später (3000 vC) von den Menschen der früh-transkaukasischen Kultur am Urmia-See südlich des Kaukasus gebaut wurden!

Und dann bauten diese Menschen eine Mauer um ihre Stadt. Das hat es in der uns bekannten Welt bis dahin noch nicht gegeben. Fünf Meter hoch wurde diese Mauer, angebaut an einen Turm, der aus Natursteinen aufgerichtet neun Meter im Durchmesser mißt und – wenn seine Datierung auf etwa 7000 vC richtig ist – das bis heute älteste Bauwerk dieser Art darstellt. Steinplatten bilden die Treppe auf seine obere Plattform. Steinquadern bilden am Fuß des Turmes einen Gang.

Um 1300 vC wurde Jericho durch Josua und seine Männer erobert. Bis dahin war die Stadt sechseinhalb Jahrtausende – mit Unterbrechungen – bewohnt.

Wieder folgten Menschen dem Lauf eines Flusses, als sie von den Bergen herunterstiegen. Diesmal kamen sie aus dem Taurusgebirge, jener waldreichen Randgebirgskette Kleinasiens, die steil aus dem Mittelmeer emporsteigend ebenfalls Höhen über 3000 Meter erreicht. Nach dem inneren Hochland zu sinkt das Gelände sanft ab. Und dort, etwa 50 Kilometer südöstlich der türkischen Stadt Konja, siedelten sich nach 7000 vC einige hundert Menschen an. Gegen 6500 vC bauten sie ihre Häuser zu einer Stadt aus, die an die Siedlungen der Pueblo-Indianer im Südwesten Nordamerikas erinnert. Haus an Haus mit Lichtöffnungen, Rauchabzügen und Zugängen nur über die Dächer. Nichts, aber auch wirklich nichts war bei dieser Bauweise mit jener der ersten Häuser in Jericho vergleichbar.

Hier gab es keine Steine, aber jede Menge Lehm.

Es sieht fast so aus, als hätten die Erbauer der Stadt Catal Hüyük genau diesen Boden und dieses Umland für den Bau ihrer Häuser gesucht. Da ist nämlich kein Übergang, kein tastendes Versuchen mit lehmbeworfenen Hütten. Nein, diese Menschen wußten, was sie wollten: Sie mischten Lehm mit Stroh, formten daraus glatte Ziegel, gaben ihnen die erstaunlichen Normmaße von 32 Zentimeter Länge, 16 Zentimeter Breite und 8 Zentimeter Höhe, kippten sie dann aus den hölzernen Formen auf glattgestrichene Flächen, wo sie – ohne gebrannt zu werden – in der heißen anatolischen Sonne trocknen konnten.

Die auf diese Weise gehärteten Ziegel wurden dann handwerksgerecht mit versetzten Fugen hochgemauert. Dem bindenden Mörtel waren als Ersatz für den fehlenden Kalk Asche und Knochenreste beigemengt. Gestützt wurden die Mauern – wie schon berichtet – durch Holzbalken, die in Form eines Fachwerks eingezogen waren. Besser könnte sich auch heute der Enkel eines Maurermeisters nicht helfen, wenn er gezwungen wäre, irgendwo in einer Wildnis, die ihm nichts als Holz und Lehm bietet, für sich und die Seinen ein schützendes Haus zu bauen.

Älteste Hausformen: Felsmalereien aus Valcamonika, etwa 2500 vC.

Übrigens müßte unser Maurerenkel Äxte und Hobel haben, wenn er die Fachwerkbalken so genau und glatt vierkantig zuschneiden wollte, wie es die Erbauer von Catal Hüyük machten. Aber natürlich fand James Mellaart, englischer Ägyptologe und Archäologe, genausowenig solche Werkzeuge in den Überresten der etwa fünfhundert Meter langen und 275 Meter breiten Steinzeit-Stadt Catal Hüyük wie seine Kollegen aus Österreich, Deutschland und England bei den jahrelangen Ausgrabungen in Jericho, bei denen ihnen nur auffiel, daß außer Schabemessern aus Stein und ähnlichem Kleingerät überhaupt kein größeres Werkzeug (also auch nicht aus Stein) zu finden war.

Noch etwas konnten die Bewohner von Catal Hüyük, als sie ihre ersten Häuser bauten: Sie wußten, daß sie ihre Lehmwände vor Witterungseinflüssen durch das Auftragen von Farbe oder Putz aus zähem, weißem Ton schützen müssen. Und sie machten das vom ersten Haus an jedes Jahr einmal. Wer mag ihnen nur alle diese Fertigkeiten beigebracht haben? Halbwilde, nomadisierende Steinzeitjäger?

Mit Catal Hüyük ist ein Fixpunkt gesetzt, bei dem wir unbekanntes Kulturerbe akzeptieren müssen, das in der Folge – ohne wesentliche eigene Entwicklung – auch an anderen Stellen zwischen Taurusgebirge und Kaukasus in Erscheinung tritt. Bei dem Ort Hacilar zum Beispiel (gesprochen Hatschilar) wurde ebenfalls eine Steinzeit-Stadt gefunden. Die Häuser zusammengebaut wie in Catal Hüyük, die gleichen Lehmziegelmauern, inzwischen allerdings bis zu einem Meter dick und auf Steinfundament gesetzt. Stein bietet sich nordwestlich des Taurusgebirges bei Burdur am Burdursee jedoch an. Wände und Böden sind auch hier mit weißem Gips überzogen, aber die Bewohner von Hacilar kannten bereits Stockwerke. Sie bauten ihre ersten Häuser um 5700 vC.

Noch weitere Städte (Mersin, Tarsus, Can Hasan) entstanden in diesem Raum in der folgenden Zeit und wurden teilweise auch wieder aufgegeben. So Catal Hüyük und Hacilar gegen 5000 vC.

Es sind in Anatolien und dem Kaukasus-Vorland noch zahlreiche uralte Siedlungen zu vermuten, darunter vielleicht sogar einige, die aus älterer

Zeit stammen als Catal Hüyük und Hacilar. Da die meisten von ihnen jedoch nur unter immensem zeitlichen und finanziellen Aufwand gefunden und ausgegraben werden könnten, dürfte nur ein geringer Teil je entdeckt werden. In ihrem Buch »Die Bergvölker Vorderasiens« weisen Burney/Lang bereits darauf hin, daß Catal Hüyük nicht die älteste Siedlung auf dem anatolischen Hochplateau sein muß:

Die Siedlungen von Suberde am Sugla-See, etwa hundert Kilometer westsüdwestlich von Catal Hüyük, und das noch nicht ausgegrabene Asikli Hüyük am Salzsee dürften etwas älter sein.

Auch das spätere phönizische Byblos entstand vermutlich schon um 4500 vC als kleine Siedlung an der Mittelmeerküste. Und von dem an der marokkanischen Westküste gelegenen phönizischen Atlantikhafen, den die Römer später überbaut haben und Lixus nannten, der jedoch fünf Meter unter dem Niveau der Römerstadt die gewaltigen Steinquader einer megalithischen Bauweise birgt, weiß bis heute niemand, in welches Jahrtausend unserer Früh- oder Vorgeschichte seine Entstehung zu datieren ist.

Bevor wir uns jedoch den nächsten Städtegründungen im Nahen Osten zuwenden, wollen wir einen kurzen Blick auf das damals feuchtwarme, von Nebeln verhangene Europa werfen. Da werden seit 4000 vC überall an den Küsten gewaltige Steine aufgerichtet – wir werden im einzelnen noch darauf kommen –, und die Bevölkerung hat sich seit der Katastrophe etwa vervierfacht. Das blieb bisher ohne große Bedeutung, denn der Raum nördlich der Alpen war, wie wir gesehen haben, zwischen 8500 vC und 4000 vC fast menschenleer, so daß nicht nur das jagdbare Wild, sondern auch der Mensch sich über viel freie Landschaft hinweg ausbreiten konnte.

In gewaltigen Schüben wich in dieser Zeit auch noch das letzte Eis der gewaltigen Eiszeitgletscher auf den heutigen Stand zurück, und unsere Vorfahren konnten sich, dem Eise folgend, bis nach Skandinavien hinein auf Fischfang und Jagd begeben. Sie hatten offensichtlich wenig Mühe, die Ostsee und Nordsee zu überqueren und regelmäßig zu befahren, denn von der Biskaya bis zum Finnischen Meerbusen restaurierte sich eine Seefahrertradition, die den Mittelmeervölkern einige Jahrtausende später böse Überraschungen bescherte.

Insgesamt schien zwischen dem sechsten und fünften Jahrtausend vC sowohl im Karpatenbogen wie nördlich der Alpen und beiderseits der Pyrenäen das goldene Zeitalter des späten Paläolithikums zurückzukehren. Die Unruhe, die wenig später über die europäischen, speziell die nordeuropäischen Völker kommen sollte, zeichnet sich noch nirgends ab. Kehren wir also dorthin zurück, wo jetzt im vierten Jahrtausend vC aus dem Bergland vor dem Kaukasus heraus ganze Volksstämme auf Weisung oder zu Ehren ihrer Götter in Bewegung geraten.

An der Mittelmeerküste des Libanon und südlich davon wachsen Fischerdörfer zu Stadtsiedlungen wie das 600 Meter vor der Küste auf einer Insel gelegene Tyros heran, das im Jahrtausend vor der Zeitenwende bis zu 25 000 Einwohner hatte. Am mittleren Euphrat entsteht die Stadt Mari.

Etwa tausend Jahre später, gegen 2000 vC, wird ihr Königspalast gebaut, 300 Zimmer, Höfe, Gänge, eine architektonische Wunderleistung auf einem Hektar Grundfläche. Zur gleichen Zeit, zu der Mari entsteht, gründen auch die Sumerer ihre Städte im Zweistromland. Um nur die bekanntesten zu nennen: Ur und Uruk, Eridu und Lagasch, Larsa und Kisch.

Theben wird die große heilige Stadt Ägyptens. 3000 Jahre später, nach dem Tod Kleopatras, der letzten ägyptischen Königin, sinkt es zum Steinbruch für Mühlsteine und Kalkbrenner herab. Aber noch immer ist Theben das größte Beispiel monumentaler Ruinen, das aus alten Zeiten übriggeblieben ist (Velikovsky). Monumental ist allgemein der Stil der Städte, die im dritten Jahrtausend vC entstehen.

Selbst auf dem fernen Malta gingen Menschen zu dieser Zeit mit Riesensteinen um, »als seien sie Titanen« (Lissner). Mit Ziegeln hatte man nicht mehr viel im Sinn, Steinquader mußten es sein: Megalithbauten (griechisch: Megalithen = große, meist zu Kultbauten verwendete Steinblöcke), wie sie zum Beispiel drei Kilometer südlich von Valletta ausgegraben wurden. Daneben entstanden unterirdische Gewölbe, mit nahezu unglaublicher Meisterschaft aus dem Fels gearbeitet.

Die Sumerer, die nach Ansicht von Helmut Uhlig den Aufbau der Stadt

Mari beeinflußt haben, wirkten möglicherweise auch beim Aufbau der Induskultur mit ihren 2500 Städten mit. Darunter Harappa und Mohenjodaro, die absolut eindeutig am Reißbrett entworfen wurden und entsprechende städteplanerische Erfahrung voraussetzten. Uhlig (»Die Sumerer«) muß jedoch einräumen, daß die unmittelbare Einwirkung der Sumerer auf Planung und Bau dieser Städte nicht unbestritten ist. Die Tatsache, daß die Städte Sumers selbst von Anfang an nach Konzeptionen entwickelt wurden, die Erfahrung im Städtebau voraussetzen, läßt ebenso den Schluß zu, daß sich beide Kulturen, die im Zweistromland wie die im Industal (und vielleicht noch einige mehr), aus einer Quelle speisten.

Auch die Idee, künstliche Berge zu errichten, wurde ja nicht von Mesopotamien nach Ägypten oder von Ägypten nach Mesopotamien übertragen, sondern entwickelte sich aus einer religiösen Vorstellung, die von diesen beiden Orten völlig unabhängig war. Der Zikkurat von Uruk, eines der Vorbilder für den späteren Turm zu Babel, wurde zum Beispiel gegen 2500 vC noch genauso aus sonnengebrannten Ziegeln gebaut, wie sie schon in Catal Hüyük und Hacilar als Baumaterial dienten. Der ganze Fortschritt bestand eigentlich nur in einem: Jetzt wurde mit den gleichen Ziegeln höher gebaut.

In Kanaan wuchsen zwischen 3000 vC und 1200 vC befestigte Stadtsiedlungen heran, die außer den Dingen, die wir bereits kennen – Ziegelmauerwerk, Türme aus mächtigen Steinquadern, mehrstöckige Häuser – auch zivilisatorische Neuerungen wie Kanalisation und unterirdische Wasserzuführung aufzuweisen haben. So bauten die Menschen im Ort Gezer einen Tunnel zu einer 40 Meter unter der Erdoberfläche liegenden Quelle.

Die Stadt Ugarit, auf Siedlungsschichten erbaut, die weit in die Altsteinzeit zurückreichen, war 1500 vC, zur Zeit von Pharao Thutmosis III., der nördlichste Hafen Ägyptens. Ugarits Wohnviertel lagen an schnurgeraden, sich rechtwinklig kreuzenden Straßen, die Handwerker arbeiteten in eigenen Vierteln, frisches Wasser floß durch ausgemauerte Kanäle in die Stadt. Daneben gab es zahlreiche Brunnen zwischen den Häusern, die meist zweigeschossig um Höfe herumgebaut waren. In die Obergeschosse führten breite Steintreppen.

1400 vC, als die Mauern von Troja, von Knossos auf Kreta und anderen Metropolen jener Zeit stürzten, brannte auch Ugarit nieder. Noch einmal wurde es aufgebaut, bis es zweihundert Jahre später dem Sturm der Seevölker aus dem Norden endgültig zum Opfer fiel. Es wurde vollkommen zerstört und erstand nie wieder. So wie 1150 vC Mykene zugrunde ging. Jene stolze Feste, deren Blütezeit 1400 vC begann, und die mit ihren mächtigen Burgwällen, dem Löwentor, dem Palast, dem Schatzhaus des Atreus die Archäologen des 19. Jahrhunderts überwältigte.

Zuvor schon begann gegen 2000 vC die minoische Hochkultur auf Kreta. Die Paläste und Herrenhäuser, die bis 1700 vC geschaffen wurden, waren zwar keine Wunderwerke der Architektur, wie manche Forscher im Überschwang meinten, aber sie waren von erlesener Schönheit und offenbaren uns die geistige und seelische Reife ihrer Bauherrn, die sich den Bauherren der Renaissance durchaus gleichberechtigt an die Seite stellen dürfen.

Um 1520 vC wurden sämtliche Gebäude zerstört. Man nahm an, durch den Ausbruch des Thera-Vulkans und die damit verbundenen See- und Erdbeben. Trotzdem – das Leben ging weiter. Noch etwa einhundert Jahre lang spielten die Überlebenden, sich zwischen Ruinen arrangierend, ihre dominierende und imponierende Rolle als Herren der Mittelmeerwelt. Aber wie der Glanz von den gestürzten Säulen bröckelte, so auch von ihrem Imperium der Seefahrt und des Handels. Nach 1400 vC versank Kreta in die Bedeutungslosigkeit einer Mittelmeerinsel unter vielen.

Zweihundert Jahre später (1194 bis 1184 vC) begann der Kampf um Troja. Als diese Feste gefallen war, gingen auch Mykene und Tiryns – und damit die ganze mykenische Kultur – ihrem Ende entgegen. Und weitere 500 Jahre später begannen die Mayavölker auf der Halbinsel Yucatán ihre ersten Städte und Tempelpyramiden zu errichten. Niemand weiß, woher die Priester kamen und woher die Könige, die all dies bauen ließen. Dazu Plätze und Straßen, eine von ihnen zehn Meter breit und 100 Kilometer durch den Urwald. Kein Techniker kann heute erklären, wie er mit Mitteln und Kenntnissen der Steinzeit eine solche Zementrollbahn, ohne einen Meter vom rechten Weg abzuweichen, von Cobá im Quintana Roo Terr. bis nach Yaxuná (bei Chichen-Itzá) bauen sollte. Ob Spanier oder Eingeborene, in der nachkolumbischen Zeit hat es niemand mehr gewagt, eine solche Straße durch den Regenwald legen zu wollen. Der große Rundturm Chichen-Itzás, seiner ungewöhnlichen Bauart wegen »Observatorium« genannt, erinnert an die unbegreiflich exakten astronomischen Kenntnisse der Maya-Priester.

Lissner erwähnt dann neben Chichen-Itzá und Copán (Honduras), dem wissenschaftlichen Zentrum der Maya-Kultur, noch Palenque, Yaxchilán und Piedras Negras als »architektonische Höhepunkte«. Über die Stuck-Arbeiten von Palenque heißt es da:
Die Relief-Platten aus Kalkstein sind so schön gearbeitet und so wunderbar komponiert, daß sie mit den besten Reliefs Altägyptens verglichen werden können.

Thompson berechnete 1954 einmal die Zahl der Menschen, die zum Bau und zur Belebung eines großen Maya-Kultzentrums erforderlich waren. Er kommt auf eine Mindestbevölkerung von 10 800 Menschen, beziehungsweise eine Bevölkerungsdichte von 1724 Seelen pro Quadratmeile. Er schränkt diese Zahl dann zwar etwas ein, da das Zentrum sicher nicht in einer Generation erbaut und auch nicht immer vom ersten bis zum letzten Häuserhügel bewohnt gewesen sein wird, aber zur Zeit, da Thompson diese Berechnung anstellte, hatte Yukatán eine Bevölkerungsdichte von 30 Menschen pro Quadratmeile. Aus diesen beiden Zahlen läßt sich leicht ablesen, welche ungewöhnliche Konzentration der Menschen für den Bau der Städte und Tempelpyramiden erforderlich war. Ein organisatorisches Problem also zusätzlich zu den architektonisch-technischen Problemen, das aber offensichtlich ebenso wie diese hervorragend bewältigt wurde.

Im vierten vorchristlichen Jahrhundert angelangt, finden wir inzwischen in Tyros und Karthago Hochhäuser, die nicht weniger als sechs Stockwerke haben. Ingenieurtechnische Leistungen, von denen einige Jahrhunderte später niemand mehr auch nur träumen konnte. Und es gab sie wirklich, diese Ingenieure. So wie deutsche Archäologen vor kurzem ein »Baubüro« der Pyramidenbaumeister fanden, so wissen wir heute auch, daß zum Beispiel Pharao Amenophis IV. – der spätere Echnaton – seine neue Hauptstadt nach Plan entwerfen, vermessen und bauen ließ. Bei acht Kilometer

Länge der Stadt waren große, parallel zum Nil verlaufende Durchgangsstraßen vorgesehen, und »im südlichen Teil der Stadt führte der ›Königsweg‹ an dem Lustschloß des Pharaos, Meru-Aton, vorbei« (Velikovsky). Das war schon 1370 vC.

Ähnlich sorgfältig geplant, aber in einfacher Holzbauweise entstand gegen 700 vC Biskupin, eine Stadt in Polen, die jetzt erst entdeckt wurde. Wesentlich weiter waren da schon 750 vC die Städte der Ionier an der Mittelmeerküste Kleinasiens und dann auch die etruskischen Städte Italiens mit ihren herrlichen Tempelanlagen, ihren mächtigen Türmen und Toren – wie sie das ganze europäische Mittelalter nicht imponierender und zweckmäßiger gestalten konnte – und ihren Wasserleitungen (die in den späteren europäischen Städten bis in die Neuzeit hinein unbekannt blieben). Bemerkenswert an den etruskischen Tempeln: Sie gleichen jenem, den wir aus dem Urartu-Reich im Kaukasus-Vorland kennen, das im zweiten Jahrtausend vC Macht und Ansehen gewann. Aber hatte nicht Herodot schon berichtet, die Etrusker wären Flüchtlinge aus Kleinasien?

Ähnlich wie die Ägypter und Peruaner kannten die Etrusker auch die Kunst, Zyklopenmauern aus mächtigen Steinquadern aufzurichten, die so glattgeschnitten und fugengenau passend sind, daß an keiner Stelle auch nur eine Rasiermesserklinge dazwischen paßt. Eine solche etruskische Mauer ist heute noch – 12 Meter hoch – bei dem Ort Ansedonia über der Lagune von Orbetello zu bewundern. Und für den Städtebau der Etrusker gilt, was wir schon bei den Sumerern, Ägyptern und Phöniziern feststellten:
Großzügigkeit und Planmäßigkeit der Anlage verblüffen. Sie lassen die ordnende Hand der von Priestern beratenen Erbauer erkennen, die ihr Werk genauso schufen und gestalteten, wie es den uralten sakralen Regeln entsprach (W. Keller).

Es wäre schön, wenn wir das auch bei allen unseren Städten sagen könnten. Aber gegen die waren ja noch die Städte der Kelten geordnete Gemeinwesen. Viele keltische Städte wurden in den vergangenen Jahrzehnten entdeckt. Die meisten in einer durch Oberrhein und Oberelbe begrenzten Landschaft, aber dann weiter in Frankreich und in Südosteuropa. Im Donaumoos bei Ingolstadt graben die Archäologen zur Zeit eine der größten keltischen Metropolen aus, die kurz vor der Zeitenwende fast viermal so groß wie Münchens Altstadt war, aber genauso voller Leben.

Doch von dem, was die Baumeister aus den Bergen des Libanon, des Taurusgebirges und des Kaukasus den Völkern von Ägypten bis Etrurien an bautechnischem Wissen vermittelten, ist im Donaumoos schon nicht mehr viel zu finden. Die vorbajuwarischen Maurermeister wußten zwar noch, wie man Ziegel formt und mauert, aber sonst war von der alten Stadtbaukunst, die in Uruk und Theben, in Tyros und Mykene ihre Höhepunkte hatte, nichts Wesentliches mehr bekannt.

Wie sie lebten

Jene Hethiter, die 2000 vC darangingen, eines der Großreiche des Nahen Ostens zu schaffen, waren kein einheitliches Volk. Sie bestanden zu einem Teil, und wohl in der Führungsschicht, aus jenen Fremden, die wenige Jahre zuvor vom Kaukasus her ins anatolische Hochland eingewandert waren. Sie sprachen – so nimmt man an (denn Mundarten hinterlassen keine Spuren in der Erde) – indoeuropäisch. Aber von der eingeborenen Bevölkerung übernahmen sie den Namen Hethiter. Und nicht nur den Namen.

Die Bergstämme oder Stadtvölker Anatoliens nannten sich Hattis oder Chattis. Sie hatten seit spätestens 6500 vC Stadtsiedlungen wie Catal Hüyük gebaut und wenig davon verlernt. Und so konnten sie noch viereinhalb Jahrtausende später viel an jene unbekannten Indoeuropäer weitergeben, mit denen sie zusammen dann das Volk der Hethiter bildeten.

Was aber kannten sie, die Hattis, was konnten sie? Lassen wir einmal alle ihre technischen Errungenschaften beiseite, denn die sind ein Thema für sich. Sehen wir uns nur einmal an, wie sie wohnten und lebten. Sie hatten in ihren Häusern außer Nebenräumen für Vorräte jeweils einen Wohnraum, in dem sie kochten und schliefen. Dieser Wohnraum war entweder knapp 12, oder 27 oder bis zu 48 Quadratmeter groß. Das richtete sich wahrscheinlich nach der Zahl der Familienangehörigen, vielleicht aber auch nach dem »Gewicht« der Familie. Und da hat es offensichtlich einige »besondere Familien« gegeben.

Der Archäologe James Mellaart zählte unter den 166 Wohnungen nämlich 48 Räume, die zusätzliche Kultgegenstände aufwiesen. Bei weiteren 15 Räumen war er sich nicht ganz sicher, ob er sie den Normalbürgern oder den »besonderen« zurechnen sollte. Um korrekt zu sein: Mellaart vermutet sogar, daß die 48 Räume einen besonderen kultischen Zweck hatten. Aber schon Johannes Lehmann (»Die Hethiter«) weist darauf hin, daß dann in diesen Räumen die Speisereste, das übliche Kinderspielzeug und all jene Kleinigkeiten, die einen normalen Wohnraum ausmachen und als verbrannte Reste auch in den sogenannten »Kulträumen« gefunden wurden, höchst deplaziert gewesen wären. Außerdem – auch das bemerkte Lehmann schon –, was soll eine Stadt von insgesamt 166 Wohnhäusern mit einer Zahl von 48 »Tempeln«?

Wenn wir davon ausgehen können, daß sich der Mensch in den letzten zehntausend Jahren kaum verändert hat – und davon können wir ausgehen –, dann ist dieses Problem keines. So wie es unter den Hattis von Catal Hüyük einige gab, die 1,80 Meter groß waren (die Normgröße lag zwischen 1,50 und 1,60 Meter), so gab es unter diesen Leuten sicher eine ganze Reihe, die besonderen Grund hatten, auf ihre Ahnen stolz zu sein. Was Mellaart nämlich auffiel: In den von ihm so bezeichneten »Kulträumen« lagen Menschenschädel auf speziellen Sockeln im Raum oder unter Stierbildern an der Wand. Die übrigen Bewohner bestatteten die Gebeine ihrer Vorfahren unter ihren aus Lehm hochgemauerten Schlafplätzen. Das machten die Familien in den »Kulträumen« auch, aber hier wurden die Gebeine zusätzlich mit rotem Ocker angemalt. Es müssen also schon besondere Leute gewesen sein, die hier wohnten und starben. Und die das auch ganz gezielt zum Ausdruck bringen wollten.

Genauso, wie in unseren mittelalterlichen Städten die Häuser der Adelsfamilien ihren besonderen Platz und ihr besonderes An- und Aussehen hatten. Daran hatte sich also nichts geändert. Und so wie diese Familien stolz auf irgendwelche heldischen Urahnen waren, so behaupteten germanische und griechische Fürstengeschlechter (einschließlich das von Alexander dem Großen) noch ihre unmittelbare Abstammung von den Göttern. Warum also nicht auch ein Teil der Familien in Catal Hüyük? Vergessen wir doch nicht, aus welch geringer Zahl von Überlebenden diese Sippen hervorgegangen waren. Da war doch fast schon jeder mit jedem so verwandt wie noch vor hundert Jahren die Bauern in einem Schwarzwalddorf.

Ich finde es umgekehrt direkt erstaunlich, daß nur ein knappes Drittel der Einwohner von den »großen Stiergöttern« abstammen sollte. Aber vielleicht waren diese Götterahnen ja wirklich Fremde gewesen, die sich zweitausend Jahre zuvor aus einer uns unbekannten Hochkultur in das anatolische Bergland retteten (und einem der Gebirge ihren Namen gaben: Taurus-Gebirge = Stier-Gebirge)?

Aber das sind Vermutungen, die sich nie beweisen lassen. Sehen wir uns also lieber an, wie die Menschen im übrigen lebten.

Da gab es zum Beispiel nicht nur einen Herd, sondern auch noch zusätzlich einen richtigen Ofen, »der zur besseren Wärmespeicherung in die Wand eingebaut war« (Lehmann). Über die erhöhten, mit Bastmatten und Fellen belegten Lagerstätten sprachen wir schon. Es gab auch noch Sitzbänke und Altäre. Vor allem aber gab es Bilder. So wie sie bei uns in der guten Stube hängen. Heilige Bilder und kultische Gemälde ebenso wie Jagdszenen und Bilder von allen möglichen Tieren und Menschen, sogar ein Bild, auf dem Insekten um Blumen kreisen. Die Hattis von Catal Hüyük hatten offensichtlich Geschmack an schönen Dingen und bemalten entsprechend die weißen Wände ihrer Wohnungen.

Die Ehepaare schliefen getrennt, vielleicht einer der Gründe, daß die Familien nie besonders groß waren. Mellaart rechnet höchstens sechs Kinder auf ein Elternpaar. Eine Zahl, die offensichtlich in der Regel nie überschritten wurde und nicht allein durch hohe Kindersterblichkeit erklärt werden kann.

Der Hund war bereits Hausgenosse. Die täglichen Gebrauchsgegenstände schnitzte man sich aus Holz – zum Beispiel sogar Eierbecher –, kannte aber auch schon Keramik und Kupfer, das teils als Schmuck, aber auch (in der frühen Jungsteinzeit!) als Werkzeug verwendet wurde.

Alles zusammen bietet nun doch ein anderes Bild als etwa die Jagdlager der Mammutjäger, die unsere Archäologen in Südrußland, Böhmen und Österreich ausgegraben haben und die aus einer Zeit um 20 000 vC stammen. Nur eines ist dabei zu beachten: Gestalt und Aussehen des Menschen haben sich in den 15 000 Jahren bis Catal Hüyük nicht mehr wesentlich gewandelt. Und Catal Hüyük ist uns in manchen Lebensformen schon erstaunlich nahe.

Wir finden ähnliche Wohnsitten, in diesem Fall allerdings mit Steinmöbeln, steinernen Truhen und steinernen Betten, noch zwischen 2000 und 300 vC auf den englischen Orkney-Inseln. Aber schon tausend Jahre früher gab es in den Palästen Altägyptens und am Indus wie auch in der kretisch-mykenischen Kultur Badezimmer. In den Häusern vornehmer Phönizier, Griechen und Römer waren sie dann fast selbstverständlich. Klosettanlagen existierten in Babylon schon um 2000 vC. Und seit 1400 vC gibt es sie auf Kreta und in Ägypten sogar mit Wasserspülung. Zu diesem Thema gehören natürlich auch die Dampfbäder, die Thermen und die Unterflurheizungen. Errungenschaften eines kulturellen Lebensstils, der vor allem von den Römern schon vor der Zeitenwende zur Perfektion entwickelt wurde.

In dieser Richtung wurde tatsächlich aus zivilisatorischem Wollen heraus Neues gestaltet und entwickelt, während zum Beispiel das kunstvolle Mobiliar, mit dem die Phryger gegen 1200 vC aus Thrakien und Griechenland nach Kleinasien einwanderten, auf der Überlieferung uralter Handwerkskunst beruht, die zu jener Zeit nicht mehr verbessert werden konnte und auf alle Fälle in der Entwicklung sehr viel weiter war, als die meisten Tischler- und Möbelwerkstätten heute sind.

Zu diesem Thema noch zwei Beschreibungen, die ich mit kleinen Kürzungen dem Buch »3000 Jahre Soll & Haben« von Günter Roth entnehme: *Athen im fünften und vierten vorchristlichen Jahrhundert: Die Stadtver-*

waltung stattete Teile der Metropole mit einer Wasserleitung aus, die Hauptstraßen wurden mit Pechfackeln beleuchtet. Thespis – der Erfinder des gleichnamigen Karrens – führte gratis an Straßen und Plätzen zur Unterhaltung seiner Mitbürger Trauerspiele auf. Der weise Solon ließ Sklavinnen die Prostitution ausüben, die Einnahmen aber vom Staat kassieren. Die Friseure hatten viel zu tun: Man ließ sich das Haar abschneiden, weil »kurz« Mode war. Eine außerordentlich sinnvolle Erfindung kam auf den Markt: Die Wasseruhr . . . die alten Griechen bauten sie dort sichtbar auf, wo viel geredet wurde – im Stadtparlament, in den Gerichten, in Debattierklubs.

Und ähnlich Alexandria, gegründet gegen 300 vC (eine der 70 Städte, die Alexander der Große bauen ließ):
Eine Stadt mit 600 000 Einwohnern. Zwei Pracht-, Prunk- und Einkaufsstraßen durchzogen die Stadt und kreuzten sich im rechten Winkel. Sie führten zu den vier Stadttoren, an die sich gewaltige Säulenhallen anschlossen. Von Sonnenuntergang bis Sonnenaufgang wurden die Straßen mit Pechfakkeln beleuchtet. Beamte des Königs, Priester, Wissenschaftler und reiche Kaufleute sorgten für ein Dolce Vita samt einem so aufwendigen Lebensstil, daß Handwerker, Kauflaute, Ladenbesitzer, Dock- und Hafenarbeiter und Matrosen davon profitierten. Fast die Hälfte der Einwohner waren Sklaven und Sklavinnen. Niemand von den Alteingesessenen wollte sich mit minderen Tätigkeiten abgeben. Die Stadt redete in allen Zungen: Ägyptisch, Hebräisch und Aramäisch, und gelegentlich auch indische Sprachen, wenn gerade eine Gruppe von Kaufleuten aus dem fernen Land eingetroffen war.

Daß die Menschen zu dieser Zeit auch modisch auf der Höhe waren, versteht sich fast von selbst. Aber nicht erst sie. Wir landen – es ist mir fast schon peinlich – wieder in Catal Hüyük: Dort verstanden die Menschen es nämlich schon, Stoffe zu weben, Matten zu flechten und Teppiche zu knüpfen. Und zwar so zu knüpfen, daß heute noch, mehr als 8000 Jahre später, in der Konja-Ebene und in Südanatolien nach gleichen Mustern und in gleicher Weise Teppiche geknüpft werden. Und die gehören immer noch mit zu den besten Teppichen, die ich heute bei einem türkischen Teppichhändler erstehen kann.

Ähnlich stabil erwiesen sich auch Webtechnik und Gewandung der alten Sumerer. Einzelheiten ihrer Kleidung – wie wir sie auf ihren Plastiken erkennen können – finden wir später in Griechenland und schließlich noch bei den Gewändern des Buddha an den Küsten des Pazifiks.

Die langen Hosen, die wir gegen 600 vC bei den Skythen finden, sehen wir ebenso bei den Kelten, die sie auch nach England brachten und Bracae (Breeches?) nannten. Normalerweise trugen die Kelten auch gern grell gefärbte und bestickte Hemden. Nur bei ihrem Gott Lug mußte es natürlich ein Seidenhemd auf weißer Haut sein.

Und wieder ist da die Erinnerung an den Bericht aus Catal Hüyük, wo man nicht nur feingewebtes Tuch, sondern auch schon das Färben und sogar die Technik des Stoffdruckes kannte, so daß beliebige farbige Muster auf Stoffe aufgeprägt werden konnten (6500 vC).

Die Kreterinnen lebten um 1600 vC – wie Lissner es ausdrückt – in einer Zeit der »Haute Couture«. Bei ihren Kleidern wurde nichts gesteckt und drapiert wie bei den Griechinnen. Diese Kleider waren von Schneiderinnen solide genäht, sie bedurften keiner Fibeln und keiner Spangen mehr, sie saßen auf Taille geschnitten je nach Tagesmode hauteng mit Glockenrock oder mehr in der Art der Prinzeßröcke. Man trug sie abends anders als am Tage, so wie man sich auch entsprechender Körperpflege befleißigte. Schminken, Parfums und Haarpflegemittel waren selbstverständlich. Und Lissner erwähnt sogar Pinzetten zum Auszupfen unerwünschter Körperhaare.

Auch diese Dinge aber sind nicht neu. Wir hören sie von den Damen in den Palästen Sumers, wie von den 317 Frauen, die Amenophis III. als Geschenk des Königs von Mittani erhielt, worauf er dann seiner Gemahlin Teje schnell einen privaten Lustsee versprach, und ihn auch im nächsten Jahr sechseinhalbtausend Quadratmeter groß ausheben ließ.

Bei dieser Gelegenheit wollen wir uns auch daran erinnern, daß die Ägypter zu dieser Zeit bereits Stoffe webten, so »zart und durchsichtig wie Luft«, wie uns antike Schriftsteller versichern. Hauchdünne Kleider, den Chiton, kannten auch die Etruskerinnen 500 vC. Darüber wurde dann gern ein farbiger Mantel um die Hüften geschlungen, und so gewandet begab die Dame sich zum abendlichen Gastmahl.

Knapp tausend Jahre später war all dies vergessene Vergangenheit.

Ackerbau und Viehzucht

Vom Sammler zum Pflanzer

Das Europa der Jahrtausende nach der Katastrophe war – wie wir sahen – arm an Menschen. Aber dieses seltsame zweibeinige Geschöpf hat die wahrhaft übernatürliche Eigenschaft, als Gattung so ungefähr alles zu überleben, was überhaupt überlebt werden kann. So auch damals in jenem neunten Jahrtausend vC, in welchem Feuer und Wasser Kontinente verwüstete und alles Leben – wie die Bibel sagt – vertilgte.

Aber Menschen überlebten. Und wenn es auch nur wenige Hunderttausende waren. Irgendwo in den Bergen überlebten sie. Wie im Libanon und Taurusgebirge, wie im Kaukasus und in den Karpaten, so auch in den Alpen und den Pyrenäen. Wir haben erfahren, welche Auswirkungen Katastrophen in geschichtlicher Zeit auf Völker und Menschen haben, wie Kultur und Zivilisation zurückgedreht werden auf einen Punkt Null. Aber was dann, bitte? Kann der Mensch sich nun entwickeln oder nicht?

An diesem Punkt gab es in der wissenschaftlichen Logik der vergangenen hundert Jahre – viel älter ist die ganze Vorgeschichtsforschung nämlich nicht – einen kräftigen Kurzschluß. Auf der einen Seite klammerten sich die Vorgeschichtler an die Entwicklungslehre des Engländers Charles Darwin (1809–1882) und ließen den Menschen als Affen beginnen (was so – wie wir gesehen haben – auch falsch ist), auf der anderen Seite sprachen sie ihm jegliche auf seinen Raum und seinen Lebensbereich bezogene Entwicklung ab.

So räumten sie zum Beispiel den überlebenden Europäern nicht einmal ein, sich in fünfeinhalb Jahrtausenden nach der Katastrophe gewisse Kenntnisse in Tierhaltung und Pflanzenzucht erworben zu haben. Es wurde und wird noch heute von einigen Wissenschaftlern behauptet, afrikanische und asiatische Völker hätten sich um 3000 vC in Europa ansiedeln müssen, damit hier überhaupt erst mal ein Korn gesät und eine Ziege gemolken wurde.

Wenn aber Menschen weder unter entsprechenden klimatischen Bedingungen noch unter dem Druck zunehmender Bevölkerung sich zu Ackerbauern entwickeln, woher nahmen dann die genannten afrikanischen und asiatischen Völker Ackerbau und Viehzucht? »Die hatten es eben eines Tages« wäre ein Argument, dessen Logik in letzter Konsequenz zu den Überirdischen Erich von Dänikens führen würde. Bevor wir uns aber in dieser Weise zu fernen Planeten begeben, sollten wir uns lieber noch etwas genauer auf dieser Erde umsehen. Die Forschung der letzten Jahre hat ja immerhin einiges erbracht, was neu geordnet und durchdacht werden kann.

Da haben wir zum einen schon mal die Feststellung, daß es nicht – wie bisher angenommen – die afrikanischen und vorderasiatischen Völker, nicht die Ägypter und Sumerer waren, die als erste Ackerbau und Viehzucht betrieben haben. Bei diesen Völkern zeigt sich beides bereits in der Perfektion, nicht aber im Anfangsstadium.

Wir haben zum anderen die Feststellung, daß diese Völker am Nil und im Zweistromland entweder selbst zum Teil aus den Bergen gekommen sind oder zumindest ihre Kulturanstöße von dorther empfangen haben. Und wir haben am Beispiel von Catal Hüyük erfahren, daß es nicht nur die Bibel ist, die uns mit Noahs Landung am Ararat in das Hochlanddreieck zwischen Kaukasus, Taurus- und Zagrosgebirge verweist. Es ist jetzt auch wissenschaftlich erwiesen – das heißt also, durch augenscheinliche und nicht hinwegzudiskutierende Funde belegbar –, daß genau dort, wo die Überlebenden der Sintflut uralten Überlieferungen zufolge ihre neue Heimat fanden, die Menschheit tatsächlich neue und wesentliche Kulturanstöße bekam.

Kulturanstöße in bezug auf Seßhaftigkeit (der Bau von Wohnungen und gemauerten Häusern), auf Kleidung aus gewebtem Tuch, auf Ackerbau und Viehzucht und – aber davon reden wir später – auf Industrialisierung, Kommunikation und Handel. Mit anderen Worten, alles was wir heute haben und was eigentlich mehr oder weniger erst in den letzten vierhundert Jahren zu jener zivilisatorisch-technischen Perfektion entwickelt wurde, in der wir jetzt – manchmal mehr gezwungen als gewollt – leben, alles dies kam in seinen ersten entscheidenden Ansätzen aus jenen Bergen zu uns. Zu uns nach Mesopotamien, zu uns nach Ägypten, zu uns nach Griechenland, zu uns nach Mittel- und Westeuropa.

Es kam. Und damit bestätige ich nur, was an anderer Stelle schon gesagt wurde: Parallelentwicklungen sind selten und fanden meist gerade dort, wo sie vermutet werden, nie statt. Aber – die Entwicklung kam auch nicht unbedingt immer mit wandernden Völkerscharen. Eine Feststellung, die keineswegs die Vielzahl der geschichtlich nachweisbaren Völkerwanderungen in Frage stellen soll. Wir müssen nur auch hier sehr viel schärfer zu differenzieren lernen. Schärfer jedenfalls, als das noch bei unseren wissenschaftlichen Vätern vor einer Generation üblich war.

Wir werden in dem Kapitel, in dem es um Seefahrt, Reisen und Handel geht, von frühgeschichtlichen Kommunikationen hören, die einfach faszinierend sind. Aber wir erfahren dabei gleichzeitig, daß es keineswegs ganzer Völkerscharen bedurfte, um da oder dort ein neues Gerstenkorn auszusäen. Der Zwang zum Wandern entstand für Völker immer dort, wo die Zahl der Menschen extrem zunahm und das fruchtbare Land knapp wurde. Genau dieser Fall aber trat in frühgeschichtlichen Zeiten höchst selten ein. Zehntausend Menschen können sich auf einem Areal wie dem Bundesland Bayern lange ernähren.

Es scheint nachgewiesen, daß es im Fall der Sumerer wirklich ein Volk – oder Volksstamm – war, was aus den Bergen herabstieg, um zwischen Euphrat und Tigris einige Städte zu bauen. Aber schon im Fall der Ägypter wage ich zu zweifeln, ob es wirklich ein ganzes Volk war, das dort im vierten Jahrtausend vC das Kulturerbe aus den Bergen an den Nil brachte. Zuviel eigene Traditionen, eigene religiöse Vorstellungen hatten sich dort entwickelt und wurden übernommen. Letzteres aber geschieht meist nur, wenn wenige Menschen einer überlegenen Kultur ihr Wissen zwar in ihre Verbindung mit einem fremden Volk einbringen, sich aber in allem übrigen der Masse dieses Volkes anpassen müssen.

Damit aber sind wir schon am Ende der behaupteten Völkerwanderungen. Weder zogen im vierten vorchristlichen Jahrtausend ägyptische Volksstämme nach Marokko noch die Sumerer nach Griechenland. Also gab es keine sumerischen Griechen, aus denen Thraker hätten werden können, die dann an die Elbe und nach Mitteldeutschland gewandert wären, um dort 3000 vC die ersten Rinder auf die Weide zu schicken, noch strömten ägyptische Marokkaner über Spanien und Frankreich an den Rhein, um dort ihre Schweine zu hüten.

Zu den ebenso überflüssigen wie völkerbewegenden Theorien führten – kaum glaublich, aber wahr – zwei bestaunenswerte Gründe: Erstens, für die Zeit bis 3000 vC die Tatsache, daß nichts gefunden wurde! Zweitens, eine »Ähnlichkeit«! Und das ergab dann so zweifelhafte Schlußfolgerungen wie die nachstehende:
In der westlich von Marseille am Golf von Lyon gelegenen Landschaft Languedoc wurden die frühesten aller westeuropäischen bäuerlichen Siedlungen entdeckt, die entschieden in denselben Kulturkreis gehören wie die in der Dordogne und der Schweiz. Ihre Artefakte deuten jedoch auch auf nordafrikanischen Ursprung, denn ihnen wiederum sehr ähnlich sind Geräte, die man bei Merimde im westlichen Randgebiet des Nildeltas fand.
Also sind die ersten Stufen heute klar abgezeichnet. Im Neolithikum müssen sich Bauern vom Nil – vor der Errichtung der ägyptischen Ersten Dynastie – an der afrikanischen Küste nach Tunesien ausgebreitet und von dort den kurzen Sprung über das Mittelmeer ins Neuland Europa getan haben. Von den »Brückenkopf«-Siedlungen im Süden Frankreichs drangen sie fächerförmig ins Innere vor, nordwärts bis Mittelfrankreich und nordostwärts in die Schweizer Alpen. Die ersten Kolonisten müssen nicht lange nach 3000 vC über westeuropäischen Boden gewandert sein und haben die Grenzen vor sich rasch weitergeschoben (G. Bibby).

Es ist eigentlich fast erschreckend, anhand solcher Veröffentlichungen die Leichtfertigkeit erkennen zu müssen, mit der jahrzehntelang von wissenschaftlicher Seite Material und »Nicht-Material« gedeutet und als unwidersprochene These publiziert wurde.

Die renommierte amerikanische Archäologin Marija Gimbutas bringt es zum Beispiel fertig, aufgrund einer Keramik-Mode und einer Begräbnissitte – die zu dieser Zeit schon jahrtausendelang immer wieder in aller Welt auftauchte – gegen Ende des dritten Jahrtausends vC sogenannte Kurganmenschen von der Wolga in riesigen Heerscharen über den Kaukasus nach Anatolien marschieren zu lassen, wo sie nun – als die langgesuchten Indogermanen eingestuft – zu Hethitern werden, dann weiter in den Balkan ziehen, im Vorbeigehen noch Troja erobern und die mykenische Kultur zerstören, bis sie schließlich elbaufwärts, und gerade rechtzeitig zur Eisenzeit, sich gegen Ende des zweiten Jahrtausends vC in Nordeuropa als Germanen niederlassen.

Eine so phantasievolle Wanderungsthese, daß sie direkt imponieren könnte, wenn sie nur nicht schon gleich für die ersten Stationen widerlegt werden müßte. Was in diesem Fall die etwas kühler und exakter arbeitenden Engländer Charles Burney und David Marshall Lang besorgten. Mit ihnen verabschieden auch wir uns jetzt von allen nicht-existenten bäuerlichen, indogermanischen oder sonstigen Phantasievölkern, denen gegenüber die atlantischen Untersee-Elektroniker des Charles Berlitz (»Das Bermuda-Dreieck«) oder Dänikens Weltraumgötter direkt glaubwürdig nachgewiesen erscheinen, um uns in die Realität des Lebens zurückzubegeben. Eines Lebens, das sich – gleichgültig ob in der aktuellen Abteilung oder in der Abteilung Frühgeschichte – nach viel einfacheren Regeln und viel übersichtlicher abspielt, als uns manche Forscher nach gründlichem Nicht-Wissen oder Nicht-Finden glauben machen möchten.

Realität ist zum Beispiel, daß in jenem Augenblick, in dem sich Menschen auf eine bestimmte handwerkliche Tätigkeit spezialisieren, andere einen Beitrag für die Ernährung dieser Spezialisten leisten müssen. Da wir nun in den nächsten Kapiteln unter anderem die Tatsache zur Kenntnis nehmen können, daß es schon in der Steinzeit eine Art von Industrie zur Herstellung von Steinwerkzeug gegeben hat, muß die Ernährung der Steinbearbeiter sichergestellt gewesen sein.

Der Hinweis, daß dies durch besonders tüchtige Jäger und besonders fleißig sammelnde Frauen und Kinder gewährleistet gewesen sein könnte, befriedigt mich nicht ganz. Jagd und Sammeln funktionieren nicht über Jahre hinweg gleichmäßig an einem Platz. Da aber die handwerkliche Produktion an den Ort gebunden blieb und da wir doch wohl davon ausgehen dürfen, daß jene Altvorderen keine Tiefkühltruhen hatten, um Vorratswirtschaft über Jahre hinweg zu betreiben, Fleisch auf der anderen Seite aber relativ schnell ungenießbar wird, möchte ich die Möglichkeit offenhalten, daß auch damals schon Feldfrüchte kultiviert und angebaut wurden, auch wenn sich das bis heute nicht durch entsprechende Funde bestätigen ließ.

Von dieser rein hypothetischen Überlegung abgesehen aber wissen wir, daß spätestens zu Zeiten der »neolithischen Revolution« – etwa zwischen 9000 und 7500 vC – überall rund um den Atlantik der Übergang zu einer zumindest primitiven Feldbestellung vollzogen wurde.

Dieses Wort von der »neolithischen Revolution« ging vor etwa zwanzig Jahren eben deshalb in den wissenschaftlichen Sprachgebrauch ein, weil in diesen Jahrhunderten jene Dinge geschehen sind, die sich für frühere Zeiten nicht so nachweisen lassen: Der Mensch begann da und dort Vieh zu züchten (oder wie es der Schöpfer dieses Ausdrucks, der Australier Vere Gordon Childe, formulierte: Er kam auf die Idee, sich »lebende Fleisch- und Wollevorräte zu halten«), und er hörte auf, nur das zu ernten, was er nicht gesät hatte. Mit anderen Worten, die ersten Knollenfrüchte wurden gesetzt, die ersten übriggebliebenen Getreidekörner eines satten Jahres wurden wieder in den Boden gedrückt.

Vielleicht geschah das die ersten Male nur, um nichts umkommen zu lassen, um der Erde empfangenen Überfluß zurückzugeben, um dem Gott, an den die Menschen auch damals schon glaubten, ein Dankopfer zu bringen. Und siehe da: Der Gott nahm das Opfer gnädig an und ließ neue Früchte sprießen, wo die alten begraben worden waren.

Irgendwann hat es sicher so angefangen. Die Tatsache, daß die »neolithische Revolution« mit ihren Anfängen in die Zeit vor der Katastrophe hereinreicht, in jene Zeit also, in der ich aufgrund zahlreicher Überlieferungen eine uns unbekannte Hochkultur vermute, könnte mich jetzt veranlassen, jene Hochkultur als Träger der Kommunikation zu vermuten, die das Wissen um die Möglichkeiten des Anbaus von Feldfrüchten in wenigen Jahrhunderten rund um den Atlantik herum verbreitete. Aber da wir ja von unbewiesenen Thesen Abstand halten wollen, verkneife ich es mir.

Tatsächlich ging es so weiter, daß schon tausend Jahre nach der Katastrophe fast überall dort, wo die Menschen sich wieder zu engeren Gemeinschaften zusammengefunden hatten, auch der Übergang vom Sammler zum Pflanzer vollzogen worden war.

So steht zum Beispiel fest, daß in Catal Hüyük schon im siebten Jahrtausend vC 14 Nahrungsmittelpflanzen kultiviert waren. Handmühlen, Reibsteine, Mörserkeulen und Stößel weisen darauf hin, daß Landwirtschaft betrieben wurde.
Der archäologische Befund läßt den Schluß zu, daß vor allem die Frauen mit dem Ackerbau beschäftigt waren, während den Männern die Jagd vorbehalten blieb. Sie waren offensichtlich auch für die Viehzucht und Viehhaltung verantwortlich (Burney/Lang).

Weil aber zweifellos diese 14 Nahrungsmittelpflanzen nicht an einem Ort und nicht in einem Rutsch kultiviert wurden, sondern sicher die eine da und die andere dort und alles zusammen wahrscheinlich in jenem von Childe angenommenen Zeitraum von etwa zweitausend Jahren, dürfen wir überzeugt sein, daß überall dort, wo sich Menschen feste Siedlungen bauten, wo sie seßhaft wurden und zur Arbeitsteilung übergingen, auch bereits erste Anläufe zur Tierhaltung und Nutzpflanzenzucht unternommen worden waren.

Nun haben wir zum Beispiel in Württemberg in der Nähe der mittelalterlichen Reichsstadt Buchau das Federseemoor, in dem »beim Torfwerk« eine Siedlung aus der mittleren Steinzeit (ab 9000 vC) ausgegraben wurde. Und dicht dabei liegen die neolithischen Moordörfer »Aichbühl« und »Riedschachen«. Alles feste, über Jahrhunderte bewohnte Siedlungen, in denen die Menschen auf keinen Fall nur von der Jagd leben konnten. Jeder Jäger weiß, daß in einem Revier, das zu stark bejagt wird, das Wild bald verschwindet. Nur von der Jagd und vom Beerensammeln lebend, hätten die Menschen am Federseemoor also nicht mal einige Generationen lang ausreichend Nahrung finden können, geschweige denn Jahrhunderte.

Im Raum zwischen Belgrad und Bukarest wurden jetzt ebenfalls Siedlungen aus der mittleren Steinzeit gefunden und dabei – Pflanzstöcke und pflugscharähnliche Gebilde. Für die Jungsteinzeit konnten dort bereits eine »zahme Auerochsen- und eine gezähmte Wildschweingattung« nachgewiesen werden (Siegert). Auch weiter nördlich, in den Südkarpaten, gab es im sechsten Jahrtausend bereits Ackerbau. Und sogar in Mexiko wurde in der Gegend von Tehuacán schon um 5200 vC Mais angebaut.

Da bis in die Eisenzeit hinein in vielen Landstrichen nicht gepflügt, sondern der Boden mit Pflanzstöcken auf die Aussaat vorbereitet wurde – im Baskenland ist das heute noch üblich, genauso wie dort die Bäuerinnen die Milch noch erwärmen, indem sie heiße Steine in den Topf werfen –, ist es natürlich schwierig, überall entsprechende Artefakte zu finden. Holz und Pflanzen überleben nun mal nicht Jahrtausende, und ein Reibstein verrät nicht, ob darauf gesammelte oder kultivierte Körner gerieben wurden. Solche Funde sind Glücksfälle, und daß versucht wurde, eine These auf dem Nicht-Eingetreten-Sein eines solchen Glücksfalles aufzubauen, ist nach unserem heutigen Wissensstand eigentlich fast schon peinlich.

Überall – auch in Europa – haben sich Ackerbau und Viehzucht dann im Lauf der Jahrtausende etwas weiterentwickelt, bis – etwa seit dem dritten Jahrtausend vC – vor allem durch die Sklavenhaltung in Mesopotamien und Nordafrika die familiäre Feldbestellung sich zur regionalen Agrarwirtschaft ausweitete. Die Pflüge – dem heute noch in Syrien benutzten ähnlich – wurden jetzt von Ochsen gezogen, die Phönizier kultivierten den Weinanbau, die Karthager errichteten im Hinterland regelrechte Mustergüter. Der Mühlstein wurde erfunden, Punier und Gallier entwickelten und nutzten bereits Getreide-Mähmaschinen, und die Etrusker zeigten sich vor allem in Fragen der Bewässerung als wahre Ingenieure der Agrarproduktion.

Stauwerke und Kanäle

Trotz eigener Schrift und unvergänglicher Kunstwerke, trotz ihres ungeheuren Kulturerbes, das sie den Römern – und damit der ganzen Welt – hinterließen, gehörten die Etrusker bis vor wenigen Jahrzehnten zu den vergessenen Völkern. Etwa 900 vC kamen sie aus Kleinasien nach Italien, beherrschten jahrhundertelang das Land und das westliche Meer, das nach ihnen, den Tyrsenern (wie sie auch genannt wurden), im Altertum nur das Tyrrhenische Meer hieß. 54 vC hörten sie auf, als eigenes Volk zu existieren. Sie waren im größeren Rom aufgegangen. In den knapp acht Jahrhunderten ihres Wirkens aber hatten sie wahrhaft Erstaunliches geleistet.

Rund 120 Kilometer nordwestlich von Rom liegen an der Küste Halbinsel und Ort Orbetello. Hier führt vom Meer ein Entwässerungskanal zum nahegelegenen Buranosee, um dessen Versumpfung zu verhindern. Was es mit diesem etruskischen Kanal auf sich hat, schildert Werner Keller in seinem Buch »Denn sie entzündeten das Licht« folgendermaßen:
Da mit der Zeit durch die abfließenden Wasser mit einer Versandung und Verstopfung zu rechnen war, grub man den Kanal bis zum Felsen, durchtunnelte ihn und schnitt vor der Mündung ins Meer eine gewaltige Barriere aus dem Hang. Auch in diese wurden zwei weitere Tunnels geschlagen. Durch die raffiniert ausgetüftelte Konstruktion wurde erreicht, daß Strömung und Gegenströmung abwechselnd wirkten und der Kanal nie versandete. Die »Tagliata Etrusca« erfüllt noch heute, nach mehr als 2200 Jahren, vollauf ihren Zweck.
Eine andere imponierende Kanalanlage existierte bis in jüngste Vergangenheit bei Porto San Clementino, der einst römischen Hafenkolonie Graviscae. Sie bestand aus einem aus großen Steinen erbauten Tonnengewölbe, das in zehn Meter Höhe eine künstliche Wasserstraße überdachte.

Werner Keller schildert dann noch eine Reihe weiterer technisch bemerkenswerter Kanalanlagen. So zum Beispiel die Entwässerungsanlage am Nemisee bei Rom und das Emissar am Albaner See. Dort bohrten etruskische Ingenieure unterhalb des heutigen Castel Gandolfo einen 1200 Meter langen Tunnel, um mit den Wassern des Kratersees die Felder in der Campagna zu bewässern. Ein nicht unwesentlicher Nebeneffekt war dabei, daß beim Steigen des Wasserspiegels von da an jegliche Überschwemmungskatastrophen verhindert wurden.

Werner Keller zitiert auch den italienischen Professor Mario Lopez Pegna, der unter anderem die Erklärung fand, wie die Etrusker über Jahrhunderte hinweg diese Ingenieurkunst weitergaben:
Eigens zu diesem Zweck eingerichtete Schulen bereiteten auf diesen Beruf vor, der hydraulische und agronomische Kenntnisse verlangte. Ein kompliziertes und kunstvoll angelegtes System von Kanälen, in denen man die überschüssigen Wasser aufstaute, verzweigt sich in Etrurien und in Latium. Die kanalisierten Wasser wurden überall dorthin geleitet, wo man sie für die landwirtschaftliche Kultur benötigte. Den Überfluß führte man durch große Kollektoren ins Meer.

Zweitausend Jahre vor den Etruskern waren es die Sumerer, die im Zweistromland durch Flußregulierungen und Kanäle einen blühenden Garten Eden schufen, der dann nach dem Mongoleneinfall – wie wir hörten – in kurzer Zeit zur Wüste wurde. Keines der in der Zwischenzeit dort lebenden Völker hat bis heute ein ähnlich vollkommenes oder auch nur annähernd so wirkungsvolles Kanalsystem zwischen Euphrat und Tigris neu geschaffen.

Ebenso wissen wir von den Ägyptern, daß sie nicht nur Kanäle anlegten, in denen sie das Nilwasser in weite für den Anbau vorgesehene landwirtschaftliche Flächen leiteten, sie bauten auch bereits im dritten vorchristlichen Jahrtausend Hebewerke, mit denen sie das Nilwasser auf höher gelegene Trassen brachten. Ende des dritten Jahrtausends vC erschlossen sich die Ägypter eine ganze Oasenlandschaft als neue Ackerbaufläche, indem sie durch einen gewaltigen Damm die Wasser des Moirissees aufstauten. Durch Schleusen konnten sie den Ein- und Auslauf des Wassers je nach Bedarf regeln. Bis in die Neuzeit hinein gab es keine Staudämme dieser Größenordnung mehr, die es mit Idee und Ausführung dieses Moirissee-Staudamms hätten aufnehmen können.

Merkwürdig, daß auch Ceram in seinem Buch »Der erste Amerikaner« von Pueblo-Indianern des 16. Jahrhunderts berichtet, die keine so hoch entwickelte Bewässerungskultur wie einige Stämme vor ihnen hatten, »obwohl jeder Tropfen Wasser eine Kostbarkeit war und eine Dürre sehr leicht zur Katastrophe führen konnte«. Es sieht so aus, als sei nicht nur auf unserer Seite des Atlantik gelegentlich eine Menge technisches Wissen verlorengegangen.

Das Pferd und andere Haustiere

Wir haben schon davon gesprochen, daß gegen 2000 vC indogermanische Stämme nach Anatolien kamen und sich mit den dort angesiedelten Hatties zum späteren Großvolk der Hethiter vereinigten. Zu diesem Einbruch der Indoeuropäer in die Kulturwelt Kleinasiens bemerken Burney/Lang:
Die Viehzucht war bei den Völkern, die sich jetzt in den Vorderen Orient ergossen, sicher schon besser entwickelt als auf dem Balkan. Sie kannten das Kupfer und auch den Wagen mit Rädern, wenn auch vielleicht keinen Kriegswagen. Das Pferd muß in dieser Epoche schon seit einiger Zeit zu den domestizierten Tieren gehört haben.

Nun, das muß es mit Sicherheit. Es gibt nämlich eine ganz einfache Schlußfolgerung, die deutlich darauf hinweist:

Wie an anderen Stellen Amerikas wurde vor gar nicht allzulanger Zeit noch am südlichsten Zipfel nahe der Magellanstraße eine Höhle entdeckt, die eine Menge Knochen enthielt. Diese Knochen der Höhle »von Palli Aike« sind 8600 Jahre alt und stammen vom Menschen, Faultier und Pferd. Aber als die Spanier nach Amerika kamen, gab es auf dem ganzen Kontinent kein einziges Roß mehr.

Die Erklärung ist einfach: Das Pferd war in alten Zeiten Beutetier der Jäger. Wie alles andere Getier wurde es gejagt, getötet und gegessen. Und wie viele andere Tiere, die sich nicht schnell und zahlreich genug fortpflanzen,

Urpferde, Ur-Rind und Wildfalle, Höhlenzeichnung, Lascaux, etwa 1500 vC.

um die Jagd durch den Menschen überleben zu können, stirbt auch das Pferd dabei aus. So geschehen auf dem amerikanischen Kontinent.

Nicht so geschehen auf unserer Seite des Atlantik, obwohl das Pferd auch hier jahrtausendelang gejagt wurde. Die Höhlenbilder aus der Zeit zwischen 20 000 und 10 000 vC beweisen es. Aber dann muß sich das eines Tages gewandelt haben. Vielleicht als Teil der »neolithischen Revolution«. Jedenfalls finden wir keinen Beweis dafür, daß die Pferde in Europa und Asien nach der Katastrophe noch gejagt wurden. Es deuten vielmehr viele Anzeichen darauf hin, daß sowohl das europäische wie das asiatische Pferd sich in den folgenden Jahrtausenden ungeheuer vermehren konnte. Und als es zum erstenmal wieder auf Felszeichnungen auftaucht, ist es inzwischen ein »heiliges Tier«. Es wird zwar gelegentlich geopfert, aber längst nicht mehr als »billiges Fleisch« zu Hunderten über steile Abgründe in den Tod getrieben.

Das Pferd ist also seit langem domestiziert. Und nicht nur das. Aus dem Wildpferd wurde nicht einfach ein Hauspferd. Es wurde planmäßig gezüchtet. Und zwar – was meistens übersehen wird – in ganz verschiedene Richtungen. In den Berichten vieler Wissenschaftler tauchen nämlich immer wieder die flinken kleinen Steppenpferde, die Steppenreiter und die Steppenvölker aus den Weiten Rußlands auf, die angeblich das Pferd und

Babylonischer Streitwagen, etwa 2700 vC.

die Pferdezucht, das Reiten und alles, was damit zusammenhängt, nach Europa brachten. Mag sein, daß der eine oder andere dieser Wissenschaftler als Archäologe sehr ernst zu nehmen ist. Von Pferden und von Pferdezucht kann er jedenfalls nicht viel verstehen.

Ich möchte wirklich gar zu gern wissen, wie der Betreffende es anstellen wollte, aus einer Herde von kleinen schnellen Steppenpferden das große, schwere und ramsnasige Pferd unserer Wälder und Wiesen zu züchten. Man kann aus Ponys nicht einfach Hannoveraner machen, und genausowenig aus vollblütigen Arabern das belgische Kaltblut.

Die Völker zwischen Kleinasien und Ägypten spannten mehrere ihrer schnellen Pferde vor ihre Streitwagen und rasten damit in die Schlacht. Die Völker aus dem Norden setzten sich je zwei Mann auf eines ihrer schweren Rösser, trabten damit auf den Kampfplatz, warfen ihre Speere, sprangen dann ab und kämpften zu Fuß weiter.

Hat denn wahrhaftig keiner von denen, die ganz Europa mit Steppenpferden beglücken wollten, bemerkt, daß Pferd und Pferd etwas ganz Verschiedenes sein kann. Es gibt nur ein Lebewesen, sagt Wilhelm Blendinger, das einen so ausgeprägten Individualismus zeigen kann wie der Mensch und

Pferdedarstellung auf einem Krug, etwa 1400 vC, Rhodos.

soviel grundverschiedene Arten und Rassen hat: das Pferd. Lassen wir also die Steppenpferde, wo sie hingehören, und überlassen wir es dem Europäer, seine Pferde so zu züchten, wie er es spätestens gleich nach der Katastrophe begonnen hat. Denn – im Gegensatz zu Amerika – Europas ramsnasige Pferde sind nie ausgestorben.

Das soll die Verdienste der Reiter aus dem Nahen Osten in keiner Weise schmälern. Es bleibt unbestritten, daß es bisherigen Funden nach das Reitervolk der Skythen war, von dem das »gebrochene« Gebiß erfunden wurde, das wir heute in jede Trense einhängen. Und natürlich ist es ebenso unbestritten, daß uns die Hethiter eine erste Zucht- und Trainingsvorschrift für Pferde übermittelten, die irgendwann im zweiten Jahrtausend vC verfaßt wurde. C. W. Ceram nennt es »das erste hippologische Handbuch der Weltgeschichte«. Es umfaßt etwa tausend Zeilen, beinhaltet Fachausdrükke, die an die indische Sanskrit-Sprache erinnern (die ja ebenfalls zu den indoeuropäischen Sprachen gehört), und seine Trainingsregeln zeigen, wie Ceram schreibt:

... größte Pedanterie, was immer auf Tradition schließen läßt. Und sie erstrecken sich auf eine siebenmonatige Arbeitszeit mit den Pferden.

Wenn er allerdings dann die Bemerkung anfügt, daß die Hethiter weder als Erfinder der Pferdezucht noch als erste Reiter in Frage kommen, weil alle Anzeichen dafür »weiter nach Osten, nach Asien« weisen, dann spricht in dieser Randbemerkung mehr das abendländische Trauma vom großen Dschingis Khan mit als fachliches Wissen. Denn genausowenig wie Pferd gleich Pferd ist, genausowenig ist Reiten gleich Reiten. Noch die alten Rittersleut' saßen anders auf ihren Pferden als je zum Beispiel die Hunnen, die Panduren oder Kosaken.

In diesem Zusammenhang ist es auch einfach falsch, wenn Ceram meint, daß »die Kunst und der Nutzen der Reiterei mit den Hethitern wieder verlorenging«. Über die Art, wie die Reiterei von Zeit zu Zeit und von Volk zu Volk verschieden in den kriegerischen Auseinandersetzungen genutzt wurde, kann man diskutieren, aber die Kunst des Reitens wurde gerade von den Völkern Griechenlands – unabhängig von den Hethitern und zurückgehend auf weitaus ältere nordeuropäische Traditionen – in besonderem Maße gepflegt und ausgebaut. In der Mythologie der nordeuropäischen und der griechischen Völker ist das Pferd »das einzige Geschöpf außer dem Herrn der Erde, welches sich göttlichen Ursprungs erfreut« (A. Mayer).

Die von den Griechen auf vielen Vasenbildern der archaischen Zeit dargestellten Pferde sind hochbeinig, langhälsig und langrückig. Sie erinnern an jene englischen Pferde, die – wie Mayer es formuliert – »im Rennen zu langsam und im ganzen zu weich sind«. Sie unterscheiden sich deutlich von allem, was wir je als Steppenpferde kennengelernt haben, und unterscheiden sich ebenso deutlich von allen Pferden morgenländischer, arabisch-nordafrikanischer Rasse. Und was nun die Reitkunst anbelangt, kann es gar nicht besser gesagt werden als von A. Mayer (»Das Reiterbuch«):
Eine alte reiterliche Kultur, die sportliche Betätigung ebenso wie eine Dressur-Reiterei kannte, steht in diesen Bildern vor uns auf und zeigt uns allein durch die Tatsache ihres Bestehens die Überlegenheit der Hellenen, welche sie zu Siegern im Kampf mit anderen Völkern machte. Es ist nur natürlich, daß sich diese Kultur im Laufe der Jahre immer mehr vervollkommnete, so daß wir in der Mitte des fünften vorchristlichen Jahrhunderts eine ausgebildete Reitkunst vorfinden, die uns von nun an in ihren Leistungen durch Werke der bildenden Kunst und der Literatur auf das genaueste bekannt ist.

Richtig ist, daß jene Reitkunst, die uns der Grieche Xenophon in seinen Büchern überlieferte (die heute noch als das Beste über die Reitkunst gelten, was die Weltliteratur kennt), von den Römern und den mittelalerlichen Reitern bis zur Renaissance gröblich vernachlässigt wurde. Erst mit den italienischen und französischen Meistern der Renaissance und des Barock erstand die alte europäische Reitkultur in neuer Blüte.

Anders im Nahen Osten, wo gleichzeitig mit den Hethitern die Ägypter ihre eigene Reittradition pflegten und Pferdezucht und Reitkunst an die arabische und spätere islamische Welt weiterreichten. In Arabien und Nordafrika sind diese alten Traditionen bis heute unvergessen. Einer der großen Pharaonen, Amenophis II. (1450 vC), half mit, sie zu begründen. Von ihm heißt es auf einer Stele:
Er kannte Pferde wie kein anderer in seinem zahlreichen Heer . . . Er bildete Pferde aus ohnegleichen. Sie wurden nicht müde, solange er die Zügel hielt, und sie schwitzten nicht, selbst bei einem langen Galopp.

Tausend Jahre später wurde die Zucht des arabischen Vollbluts auf den Mustergütern der Karthager zur Vollkommenheit entwickelt. Die züchterischen und reiterlichen Erfahrungen der Hethiter aber setzten sich vielleicht in ungebrochener Linie bei den Etruskern fort, die hundert Jahre nach dem Untergang des Hethiterreiches, aus Kleinasien kommend, Italien zu ihrer neuen Heimat machten. Allerdings sieht es so aus, als ob es sich auch bei der von ihnen gezüchteten Rasse eher um das arabische als um das asiatische Pferd handelte. Werner Keller nimmt eindeutig für das erstere Stellung, wenn er schreibt:
Berühmt waren Etruriens Tierzüchtungen. In den Gestüten zog man eine Pferderasse, die dem sehnigen, typisch schmalköpfigen arabischen Vollblut aufs Haar ähnelte. Als ausgesprochene Rennpferde wurden sie geritten oder bei den über alles beliebten Wettrennen vor die zweirädrige Biga gespannt.

Doch nun habe ich, glaube ich, genug über Pferde gesagt. Es gab ja in der ganzen Zeit noch eine Menge andere Tiere, die domestiziert und gezüchtet werden mußten und auch wurden.

Ergänzen wir unsere Betrachtungen also noch durch das Rind, das schon bei den Sumerern und den alten Ägyptern auf fetten Wiesen weidete. In Europa ist die Zucht des Primigeniusrinds spätestens in der Bronzezeit nachweisbar. Insgesamt scheint die Domestizierung von Schafen und Ziegen der Rinderzucht vorausgegangen zu sein. Viele Wissenschaftler sind heute der Auffassung, daß die Großviehhaltung bereits einer höher entwickelten Lebensform entspricht. Daß also dem nomadisierenden Jäger nicht der ebenso nomadisierende Hirte folgte, um dann erst sich zum seßhaften Agronomen zu entwickeln, sondern daß die tatsächliche Reihenfolge Jäger, Bauer, Hirte lautet.

Wir sprachen jedoch schon davon, wie schwierig es ist, zum Beispiel die Knochen eines gezähmten Pferdes von denen eines Wildpferdes zu unterscheiden. Ich bin daher nicht sicher, ob letztendlich nicht doch die Überlieferung der Bibel recht hat, die Kain und Abel, den Bauern und den Hirten, als Brüder heranwachsen läßt. Ob der eine oder andere unserer Vorfahren sich mehr auf den Ackerbau oder auf die Viehzucht verlegte, wird weitgehend durch klimatische und landschaftliche Bedingungen diktiert worden sein. Im Bergland zum Beispiel bietet sich auf dünner Erdkruste nun mal mehr die Almwirtschaft an als das Pflügen und Säen. In anderen Gegenden schreit die fruchtbare Erde dagegen förmlich nach ausgedehnten Weizenfeldern.

Und wie ist es denn heute? Wenn wir in Westdeutschland bei steigenden Getreidepreisen eine Staatsprämie für die Abschlachtung von Milchkühen anbieten, wird plötzlich mancher Quadratmeter Boden mehr unter den Pflug genommen. Und umgekehrt füllen sich mit steigendem Milchpreis wieder die Ställe. Zweifellos gab es und gibt es noch heute Völker, die sich mehr auf das eine oder das andere spezialisiert hatten, aber gerade in Europa waren die Menschen – von kleineren regionalen Unterschieden abgesehen – eigentlich immer schon von jenem Augenblick an, da sie seßhaft wurden, Kain und Abel in einem.

Weil wir aber eben noch einmal bei der Bibel sind: Auch dort schickt Gott den Adam schon vor der Sintflut auf den Acker, im Schweiße seines Angesichts sein Brot zu essen. Und wann die Sintflut war, das wissen wir ja nun.

Die Straßen des Handels

Das älteste Gewerbe der Welt

Wie vor hundert Jahren die Höhlenbilder der Steinzeit als Fälschungen abgetan wurden, so lösen seit dieser Zeit auch alle Meldungen über Funde, die auf eine regelmäßige vorkolumbische Schiffsverbindung zwischen Europa und Amerika quer über den Atlantik hinweisen, bestenfalls nur ein Schulterzucken der sich für diesen Bereich zuständig fühlenden Wissenschaftler aus. Weil nicht sein kann, was nicht sein darf, wurden bis vor wenigen Monaten alle Zusammenhänge geleugnet. Wer auch immer am Amazonas oder in Nordamerika über einen Stein mit einer phönizisch-keltischen Inschrift stolperte, wurde als Phantast abgetan, wenn er nicht gleich hinzufügte, daß es sich dabei um eine Fälschung oder ein rätselhaftes Spiel des Zufalls handeln müsse.

Aber die Nachrichten häuften sich. Immer mehr »Fälschungen« tauchten auf. Die Zufallsgläubigkeit der professionellen Wissenschaftler wurde hart strapaziert. Und wie es dann so geht – und wie es immer war –, eines Tages macht sich einer auf den Weg, den gordischen Knoten zu durchhauen, und bringt die jeweils lebende Generation der Wahrheit wieder ein bißchen näher. Hinterher fällt es dann leicht, über die Irrtümer der Vergangenheit zu schmunzeln.

Aber – so unsinnig es uns heute erscheint, aus einer Handvoll Keramikscherben ganze Völkerwanderungen zu konstruieren, so unverantwortlich wäre es ja auch gewesen, aus wenigen Zufallsfunden Schlußfolgerungen zu ziehen, die ein Weltbild verändern können. Und die es jetzt verändern werden. Denn eben in diesen Monaten ist es wieder einmal soweit: Zwei Wissenschaftler sind aus der geschlossenen Phalanx ausgebrochen und sind zu neuen Erkenntnissen durchgestoßen. Schon zweieinhalb Jahrtausende vor Kolumbus gab es einen regelmäßigen Seehandelsverkehr über den Atlantik hinweg zwischen Europa und Amerika.

Aber sehen wir uns doch erst einmal an, wie alles begonnen hat.

Es begann vor Hunderttausenden von Jahren, wie es heute noch bei Kindern beginnt: Gibst du mir deinen Luftballon, geb ich dir meine Puppe. Zwei Menschen begegnen sich, und jedem erscheint gerade das begehrenswert, was der andere hat. Und eines Tages kehrt ein Mitglied der Sippe von einem Jagdausflug zurück und erzählt von einem Mann der Nachbarsippe, der Messer aus dem Stein schlägt, so scharf wie kein anderer. Und jener ist auch bereit, so viele davon herzugeben, wie er Finger an den Händen hat. Aber er will dafür das Fell eines Höhlenbären. Einer der Sippe entschließt sich nun, sein Fell für die Steinmesser zu tauschen. Aber er bekommt nur acht. Zwei behält jener, der den Mann mit den Steinmessern entdeckte und jetzt das Fell zur Nachbarhöhle hinüberträgt.

Der erste Händler ist geboren. Und während der Steinhauer von nebenan noch gar nicht bemerkte, daß er der Urahn industrieller Fertigung geworden war und seine Steinmesserproduktion weiter als Hobby betreibt, entdeckt unser Freund auf seinem Weg zwischen den Höhlen, welche Vorteile es bringt, Wünsche zu wecken und zu befriedigen. Und er beschließt, dieses Geschäft auszuweiten.

Weil sich zu jener Zeit aber – wie heute noch bei den Naturvölkern – die sexuellen Bedürfnisse nach festgelegten Stammesriten befriedigen ließen, und somit die Prostitution noch ein paar Tage Zeit hatte, bis sie entdeckt wurde (und womöglich auch noch von einem Händler, der da plötzlich ein neues weites Feld von Angebot und Nachfrage vor sich sah), zögere ich keine Sekunde, dem Metier des Händlers vor jenem anderen den Rang des älteren Gewerbes zuzuerkennen.

Mit jenem Tag aber, an dem zum ersten Mal ein Dritter zwei andere zu einem Tausch veranlaßte, der ihm selbst einen Vorteil brachte, stehen wir an einem der Marksteine der Menschheit. Nur der Mensch ist in der Lage,

Werte zu erkennen, abzuschätzen und zu vermitteln. Im wissenschaftlichen Sprachgebrauch wurde es üblich, die Bezeichnung Mensch an zwei Kriterien zu binden: die Fähigkeit, Werkzeuge zu gebrauchen, und die Fähigkeit, Herr des Feuers zu sein. Dazu kam dann in den letzten Jahrzehnten die Erkenntnis, daß auch jene ersten Menschen – je intensiver wir sie aus den Funden kennenlernten – schon religiöses Gefühl offenbaren. Lissner geht sogar so weit, den Glauben an einen Gott zeitlich dem Glauben an Götter und Geister, und ebenso die Religion der Magie voranzustellen. Und es gibt eine ganze Reihe von Indizien dafür, daß diese Auffassung durchaus berechtigt ist.

Daneben aber steht für mich fest, daß es auch vom ersten Tag an zum Menschsein gehört, individuelle Wünsche zu haben – die durchaus von kollektiven Wunschvorstellungen abweichen können – und diese Wünsche auf ebenso individuelle Weise zu befriedigen. Dieses urmenschliche Bedürfnis aber gebar den Händler. Und daher sei mir nun der Umkehrschluß erlaubt: Von jenem Tag an, da ein Wildwechsel dieser Erde zum ersten Handelspfad wurde, von jenem Tag an war sie von Menschen bewohnt.

Handel bedeutet jedoch noch mehr als Wunschbefriedigung, er bedeutet auch: menschliche Begegnung. Und schon in der Frühzeit gab es viele Gelegenheiten, sich zu begegnen. Die Männer begegneten sich auf der Jagd, die Frauen der verschiedenen Sippen beim Sammeln von Feldfrüchten und Insekten. Zu größeren Begegnungen und den Zusammenschlüssen ganzer Sippenverbände aber kam es immer, wenn klimatische Veränderungen Tier und Mensch veranlaßten, erhebliche Ortsveränderungen vorzunehmen.

Ich habe in diesem letzten Satz das Tier bewußt vorausgestellt, weil der Mensch in der ihm angeborenen Trägheit auch in der Vergangenheit schon den ihm lieb gewordenen Platz meist erst verließ, wenn ihn der Hunger dazu veranlaßte. Ganz deutlich können wir zum Beispiel an Funden vom Ende der letzten Eiszeit registrieren, wie die Jägerstämme des eisfreien Mitteleuropas sich – dem arktischen Jagdwild nach – mit dem zurückweichenden Eis immer mehr nach Norden zogen. Und ganz deutlich auch die zwischen 9000 und 7000 vC sich abzeichnende Wanderung von Sippenverbänden aus dem norddeutschen Raum bis hinauf nach Mittelnorwegen.

Der Sprung über das Kattegatt war wohl kein Problem mehr. Die Menschen jener frühgeschichtlichen Tage hatten bereits auch als Fischer und Bootsbauer ihre Erfahrungen. Nach der Katastrophe aber sind es die Handelspfade an Land, die sich als erste wieder öffnen. Schon im siebten Jahrtausend vC verzeichnen wir zum Beispiel in Catal Hüyük zahlreiche »Importe», die allerdings noch aus der näheren Umgebung stammen. Johannes Lehmann schreibt darüber:

Das Verblüffende ist auch, daß die Bewohner von Tschatal Hüjük in einer Welt von Dingen lebten, die es bei ihnen in der Konja-Ebene überhaupt nicht gab. Zu den Voraussetzungen ihrer handwerklichen Fähigkeiten gehörte notwendigerweise ein ausgedehnter Handel. Sogar das Bauholz, wie Eiche und Wacholder, wuchs nicht in der Ebene, sondern mußte von den Bergen geholt werden. Das Tannenholz stammt sicher aus dem Taurusgebirge. Alabaster kam aus der Gegend von Kayseri, Marmor aus Westanatolien. Jeder einzelne Stein mußte von weit her herangeschleppt werden, um überhaupt Werkzeuge herstellen zu können, erst recht der Feuerstein, den man zu Klingen verarbeitete. Wo die Bergkristalle Jaspis und Apatit herkommen, weiß man bis heute nicht. Der Handel mit den Mittelmeervölkern ist auf jeden Fall durch die Überreste von bestimmten Schneckenarten nachgewiesen.

Da wir uns gerade bei den Mittelmeer-Anrainern befinden: Für den syrisch-libanesischen Raum glauben die Archäologen bereits zwischen dem neunten und siebten Jahrtausend vC Handelsbeziehungen nachweisen zu können. Fest steht, daß in Jericho gefundener Obsidian aus der Zeit um 8300 vC von Zentralanatolien her eingeführt wurde. Eine spätere Epoche vermittelt uns in Jericho Spuren aus Europa, aus Ugarit und weitere Gegenstände, die zweifellos aus dem Balkan, von der Donau, vom Rhein und aus dem Kaukasus stammen.

Die Frage, wie die Waren jener Zeit befördert wurden, ist schwer zu beantworten, wenn es um Baumstämme, Steintrümmer und ähnlich gewichtige Dinge geht. Es wurde bis heute kein Transportmittel gefunden, das etwa einem Langholzfuhrwerk oder einem Hörnerschlitten der Bergbauern ähneln würde. Auf der anderen Seite ist es unsinnig anzunehmen, daß Baumstämme und Felsgestein über Hunderte von Kilometern nur auf Rollen vorwärtsbewegt wurden. Einige jener Klosse, die in vergangenen Jahrtausenden auf den Weg gebracht wurden, wären dann wohl heute noch nicht angekommen.

Sehr viel einfacher beantwortet sich die Frage, sobald es um kleinere, vom Menschen in einer Tasche zu tragende Gegenstände geht. Von Naturvölkern wissen wir, daß es Menschen gibt, die ohne Schwierigkeiten in einer Art Eilschritt sieben Kilometer in der Stunde zurücklegen können. Und das mehrere Tage hintereinander. Wir können sicher sein, daß auch unsere Vorfahren in frühgeschichtlichen Tagen noch recht gut zu Fuß waren und ihre Geschäfte abwickelten, indem sie zu kleinen Händlergruppen zusammengeschlossen an Flüssen entlang durch die Lande zogen.

Später kamen dann natürlich die Tragtiere hinzu. Für den antiken Karawanenhandel zum Beispiel läßt sich heute eine ausgezeichnete Organisation nachweisen. Luftbildaufnahmen haben uralte Karawanenstraßen durch die mesopotamische und durch die syrische Wüste entdecken lassen, und vor allem auch die lebenswichtigen Wasserstellen jener umfangreichen Transportunternehmungen.

Spätestens im fünften Jahrtausend vC muß jedoch auch im Norden schon ein bemerkenswerter Seeverkehr funktioniert haben. Nicht nur weil die Ausbreitung der Megalithkultur entlang der Atlantik-, Nordsee- und Mittelmeerküsten dafür spricht, sondern auch weil in diesen Bereichen Gegenstände gefunden wurden – wie zum Beispiel ägyptische Perlen in irischen Großsteingräbern –, die eindeutig aus dem Süden geholt wurden.

Der Süden aber war zu jener frühen Zeit – wie wir in einem der nächsten Abschnitte sehen werden – seetechnisch noch etwas unterentwickelt. Das läßt sich relativ einfach nachweisen, weil das trockene Klima Nordafrikas unseren Forschern sehr viel mehr Material erhalten hat, das zu klaren Aussagen befähigt, auch wenn sie wie in diesem Fall negativ sind. Der feuchte Norden dagegen ließ keine Spuren der zweifellos bestehenden Seefahrertradition überdauern. Daß sie existierte, wissen wir aber, weil die Menschen wenig später manchen Grabstätten die aus Stein nachgebildete Form von großen Schiffen gaben. In den nordeuropäischen Mythen ist uns überliefert, daß die Toten weit über See fahren müssen, um zu ihrem für Helden reservierten Totenreich zu gelangen.

Geoffrey Bibby weist darauf hin, daß jene Steinbeil-»Fabriken« der Steinzeit, über die wir noch ausführlich sprechen werden, und von denen es zum Beispiel einige in England gab, wie jedes moderne Industriewerk nur arbeiten konnten, wenn es entsprechende Aufträge gab. Mit anderen Worten, der Absatz mußte gesichert und organisiert sein. Diese Art modernen Exporthandels aber können wir eindeutig schon in das fünfte Jahrtausend vC datieren.

Etwas vorher, um 5600 vC, hatte die künstlerische Tradition von Catal Hüyük offensichtlich auch in anderen Kulturzentren Anatoliens Eingang gefunden. Kleine Statuetten, die in Catal Hüyük hergestellt wurden, fand man in Hacilar und an anderen Plätzen. Burney/Lang bezeichnen es als *durchaus möglich, daß zwischen dem anatolischen Hochland, dem Zagros-Gebirge und dem Urmia-Gebiet im Osten über die Ebene von Kilikien, Nordsyrien und das obere Mesopotamien ein reger Handels- und Kulturaustausch stattgefunden hat.*

Das bestätigt Lehmann mit Funden auch aus Mersin und Tarsus, die jenseits der kilikischen Pforte am Mittelmeer lagen. Und weiter sagt er:
Ebenso ließen sich aber auch Beziehungen zu den nordsyrischen Kulturen von Ras Schamra und Byblos nachweisen, was wiederum einen Beweis für die Handelsbeziehungen zwischen dem Mittelmeerraum und Anatolien in jener Zeit darstellt. In der Mitte des vierten Jahrtausends vC erhielt Mersin dann seine erste Stadtmauer . . .

Beycesultan, ein Ort im Westen der Türkei an der Quelle des Büyük Menderes, wurde etwa 4800 vC besiedelt. Von hier aus zeigen sich überraschende Verbindungen des Handels mit Griechenland, Thrakien, Mazedonien und Kreta. Wie sehr zu dieser Zeit und in den nachfolgenden zwei Jahrtausenden bereits der – damals noch auf Europa, Asien und Afrika beschränkte – »Welthandel« florierte, offenbarten auch Funde in den Gräbern jener Zeit. Da gab es, wie Bibby schreibt:
. . . allerlei Exemplare britischer Töpferkunst in spanischen Gräbern,

Streitäxte aus Jütland in den Megalithgräbern der Bretagne, irisches Gold und Bernstein der Ostsee in den Monumenten auf der iberischen Halbinsel.

Fast modern wird der Handel spätestens seit dem dritten Jahrtausend vC durch die Sumerer, die bereits in derartigen Mengen exportierten und importierten, daß regelrechte Handelsorganisationen geschaffen werden mußten: eine Art von Priestern geleitete und religiös motivierte Kollektive. Mutet uns das nicht sehr fortschrittlich an?

Der Umfang des Handels aber bedingte, daß es nicht mehr genügte, einfach ein paar Zahlen zu notieren. Die Buch führenden Priester mußten – wenn sie in ihrer Buchhaltung nicht durcheinanderkommen wollten – sich auch bereits Notizen über das versandte oder empfangene Was und Wie machen. So finden wir an dieser Stelle der Welt ein Beispiel, wie Schrift entsteht.

Jetzt, bei den Sumerern, beginnen wir auch zwischen Rohstoffhandel und dem Export veredelter, hochwertiger Erzeugnisse zu unterscheiden. An Rohstoffen hatten die Sumerer nämlich nicht allzuviel zu bieten. Wie wir aus ihren – nun ja in immer stärkerem Maße schriftlich fixierten – Handelsunterlagen erfahren, lieferten sie in begrenztem Umfang Getreide, Datteln und Sesamöl, dazu etwas Schlachtvieh, Felle und Wolle in die benachbarten nördlichen Gebirgsgegenden und südwestlichen Wüstengebiete.

Die veredelten Artikel aber, die nach Syrien und zur Mittelmeerküste, von dort weiter bis zur Donau, auf der anderen Seite aber bis in das Tal des Indus gingen, waren Stoffe und Gewänder, Gefäße, Intarsien, Handwerksgeräte, Musikinstrumente und Schmuck aus Gold und Edelsteinen. Dafür mußten Holz und alle Arten von Metallen eingeführt werden. Zedernstämme kamen als Flößholz den Euphrat herunter, Zypressen aus dem armenischen Bergland, Ebenholz und Buchsbaum aus Nubien. Kupfer kam aus Kleinasien und Elam, Silber vom Taurusgebirge, Gold aus Indien, Ägypten und Kleinasien.

Über die Handelsstraßen des vierten und dritten Jahrtausends vC zogen die Sumerer mit Karawanen von oft mehr als zweihundert Eseln und Maultieren. Zum Schutz dieser Karawanen, die normalerweise an einem Tag nicht mehr als 25 Kilometer zurücklegten, errichteten die Sumerer zahlreiche Straßenforts. Die erste nachweislich mit Wirtschaftspolitik zusammenhängende militärische Maßnahme der Weltgeschichte, die wir kennen.

Zu dieser Zeit deckte Ägypten seinen Bedarf an Kupfer aus dem Sinai, kolonisierte Nubien, um sich dessen Gold zu sichern, und handelte sich Silber in zunehmendem Maße aus Vorderasien ein. Byblos wurde Hauptumschlagplatz für die Zedern des Libanon, die Ägypten auf dem Seeweg einführte. Nicht nur wegen ihres köstlichen Dufts, sondern vor allem als Bauholz für Häuser und Schiffe. Akazienholz kam aus Nubien, ebenso wie das – vorzugsweise im Kunstgewerbe beliebte – Ebenholz. Aber auch der Handel mit Elfenbein, Drogen und Pantherfellen lief über Nubien und die Somaliküste.

Das berühmte Weihrauchland Punt, das Wolf in einer Bucht 160 Kilometer südlich von Kap Gardafui (Somalia) lokalisiert, lieferte den Ägyptern Weihrauch und Myrrhen, Mineralien, Farbstoffe, Gold, Ebenholz, Elfenbein, Leopardenfelle und Straußenfedern. Um zu diesen Schätzen zu gelangen, nahmen die ägyptischen Importeure gefahrvolle Reisen über See und Land auf sich, die oft bis zu einem Jahr dauerten.

In diesem dritten Jahrtausend, in dem die Hatti in Anatolien zwar als Volk, die Hethiter aber noch nicht als Reich existierten, richteten die Assyrer (um 2500 vC) dort noch zehn über das Land verteilte Handelsniederlassungen ein. Ihre Straßen, mehr als tausend Kilometer lang, führten über Gebirgspässe und durch Steppen. Auf ihnen holten sie Silber und Gold, Kupfer, Edelsteine und Tiere aus Anatolien und lieferten dafür Luxusartikel und zur Bronzeherstellung notwendige Legierungen.

Sie zahlten mit Gold und Silber, wobei ein Teil Gold etwa soviel wert war wie acht Teile Silber. Bei den Geschäften der assyrischen Kaufleute waren Gewinne von hundert Prozent und mehr die Regel. Und wenn sie einmal Waren oder Geld verliehen, forderten sie auch ohne Skrupel mehr als die damals landesüblichen dreißig Prozent Zinsen.

Die regionalen Landesherren hatten nichts dagegen einzuwenden. Sie verdienten an den Steuern und nutzten außerdem ihr Vorkaufsrecht auf alle eingeführten Waren. Als Gegenleistung übernahmen sie den Schutz der Handelsstraßen.

Funde in Georgien und dem Kaukasusvorland lassen Handelsbeziehungen über die westliche Urkraine bis in die Norddeutsche Tiefebene erkennen. Und das mehr als 2000 Jahre vor der Zeitenwende!

Fast tausend Jahre vorher aber kam schon asiatische Baumwolle nach Peru. Die nachweisbaren Kontakte, die im dritten Jahrtausend vC zwischen Asien und Amerika bestanden – oder auch zwischen Europa-Afrika und Amerika – gingen zweifellos über See. Da jedoch sind wir genau an dem Punkt, an dem viele Wissenschaftler heute noch ein deutliches »Unmöglich!« aussprechen. Aber – die starren Fronten lockern sich.

Drei Jahrtausende vor Kolumbus

Im zweiten Jahrtausend vC gewinnen die Metalle im Leben der Völker zunehmend Bedeutung. Einfuhr und Ausfuhr von Metallen werden zu einem wesentlichen Faktor der Handelsbilanzen. Die Verbindungen der Völker über weite Entfernungen hinweg intensivieren sich. Die berühmte Seidenstraße erwacht zum Leben. Quer durch ganz Zentralasien geht sie bis nach China. Auf ihr gelangen Früchte wie Birne und Pfirsich in den Fernen Osten, Seide aus China und Gold aus Baktra kommen auf ihr in die Mittelmeerländer.

Seehäfen wie Ugarit wachsen allmählich zu den großen Umschlagplätzen des internationalen Handels heran. Aber noch ist ihre politische Bedeutung begrenzt, noch sind die Kanaaniter nicht die Phönizier. Der große Wirtschaftskrieg Mykene gegen Troja (1194–1184 vC) fand noch nicht statt.

Mykenes Handel floriert vom Mittelmeerraum bis nach England und Skandinavien (1700 vC). Die frühminoische Kultur wirkt sich durch den Überseehandel bis nach Ägypten aus.

Die Babylonier bringen das Münzgeld und eine Art Wechsel in Umlauf. Die Tempel, vertreten durch ihre Priesterschaft, übernehmen die Aufgaben der Bankhäuser unserer Zeit. Die Gründe sind einleuchtend: Den Tempeln anvertrautes Geld war sicheres Geld. Die Götter stahlen es nicht, und sie machten auch nicht so schnell bankrott. Umgekehrt lag in den Schatzkammern der Tempel ungeheures Kapital brach. Damit hatte die Priesterschaft die Möglichkeit, durch mehr oder weniger günstige Investitionskredite das Wirtschaftsleben zu Nutz und Frommen der Völker erheblich anzukurbeln und zu steuern. Es war nicht antireligiös, sondern nur logisch, daß sie von dieser Möglichkeit Gebrauch machte.

In den nächsten Jahrhunderten aber kommt Unruhe in den Mittelmeerraum. 1750 vC wird Ägypten durch soziale Unruhen erschüttert. Zwei Jahrzehnte später unterwirft Hammurapi, König von Babylon, Mesopotamien mit Assyrien. Von den Sumerern redet niemand mehr, obwohl man noch ihre Schrift schreibt und die Gelehrten und Dichter zwischen Persischem Golf und Syrien noch ihre Sprache sprechen. Hammurapi schafft die Blutrache ab und fixiert zum erstenmal schriftlich für seine Völker Recht und Gesetz.

In Ägypten brechen jetzt (1700 vC) die Hyksos ein und übernehmen für 100 Jahre die Herrschaft. Auf Kreta wird durch Brand oder Erdbeben der Palast von Knossos zerstört und wiederaufgebaut, um zweihundert Jahre später wieder zerstört zu werden. Der Ausbruch des Thera-Vulkans (1520 vC) mit den damit verbundenen See- und Erdbeben hat für die nahegelegenen Inseln und Küstenstriche katastrophale Folgen.

Aus dem Norden Griechenlands stoßen jetzt die Dorer nach dem Süden vor. Die Hethiter dehnen durch Eroberungen ihren Einflußbereich aus und werden für ihre Nachbarn Ägypten und Babylon langsam bedrohlich. Und dann kommen (1200 vC) die Seevölker aus dem Norden und machen dem ganzen mittelmeerischen Familiengezänk durch ihre Raubzüge ein Ende.

Das Reich der Hethiter zerfällt. Die mykenische Kultur wird ausgelöscht. Ägypten wird bedroht, kann sich jedoch ebenso verlust- wie erfolgreich behaupten. Und – aus den Städten Kanaans werden die Städte der Phönizier.

Damit aber sind wir bei einer neuen Form des Handels angelangt, die sich durch ungewöhnliche Expansion, durch Kolonisierung und tollkühne Vorstöße in unbekannte Räume auszeichnet. Die Azoren, 1800 Kilometer westlich von Gibraltar, eine einsame Inselgruppe im Atlantik, werden von den Phöniziern, später den Karthagern angelaufen. Die Stadt Karthago selbst ist ursprünglich eine phönizische Kolonie, gewinnt aber bald soviel Eigenleben wie vor zwei Jahrhunderten Englands Kolonie Nordamerika.

Auch Madeira und die Kanarischen Inseln gehören bald zum Einflußbereich der Phönizier. Nach den Phöniziern und Karthagern und Kelten – über die wir in diesem Zusammenhang auch reden müssen – herrscht Ruhe im Atlantik. Erst im 15. Jahrhundert nC werden die Kanarischen Inseln (1402) und die Azoren (1430) wiederentdeckt.

Und jetzt legt der neuseeländische Meeresbiologe Barry Fell von der amerikanischen Harvard-Universität in Cambridge (Massachusetts) in seinem Buch »America B.C.« (Amerika vor Christi Geburt) Beweise vor, daß schon Kelten und Phönizier seit etwa 800 vC in Nordamerika Handelsstationen und Kolonien unterhielten.

Von den nordeuropäisch-keltischen Stämmen jener Zeit wissen wir noch wenig. Da die Römer damals noch nicht existierten, konnten sie uns auch nichts über den nördlichen Nachbarn dieser Epoche berichten. Mit dem schlugen sich in jenen Tagen noch gelegentlich die Etrusker herum, soweit sie sich nicht einfach – wie geschehen – in den erst dünn besiedelten oberitalienischen Raum teilten.

Sehr viel mehr wissen wir dagegen über die Phönizier. Allein schon, weil die Bibel seitenlang über ihren ausgedehnten Handel berichtet. Auch wenn die strenggläubigen Israeliten auf die sich fröhlichen Sinnenfreuden und gelegentlich ihrem orgiastischen Baalskult hingebenden Seefahrer und Händler des benachbarten Küstenstrichs keineswegs immer gut zu sprechen waren, ihren Respekt konnten sie diesen winzig kleinen und dennoch die ganze Welt beeinflussenden Stadtvölkern an der Küste Kanaans nicht versagen. Hören wir nur einmal, wie der Prophet Hesekiel in seinem 27. Kapitel über das phönizische Tyrus klagt:

Und des Herrn Wort geschah zu mir und sprach: Du Menschenkind, mache eine Wehklage über Tyrus und sprich zu Tyrus, die da liegt vorn am Meer und mit vielen Inseln der Völker handelt:
So spricht der Herr:
Oh Tyrus, du sprichst: Ich bin die Allerschönste.
Deine Grenzen sind mitten im Meer, und deine Bauleute haben dich aufs allerschönste zugerichtet. Sie haben all dein Tafelwerk aus Zypressenholz von Senir gemacht und die Zedern von dem Libanon führen lassen und deine Mastbäume daraus gemacht.

Und deine Ruder von Eichen aus Basan und deine Bänke von Elfenbein, gefaßt in Buchsbaumholz aus den Inseln der Chittiter. Dein Segel war von gestickter, köstlicher Leinwand aus Ägypten, daß es dein Panier wäre, und deine Decken von blauem und rotem Purpur aus den Inseln Elisa. Die von Sidon und Arvad waren deine Ruderknechte, und hattest geschickte Leute in Tyrus, zu schiffen.

Die Ältesten und Klugen von Gebal mußten deine Risse bessern. Alle Schiffe im Meer und ihre Schiffsleute hatten ihren Handel in dir.

Die aus Persien, Lud und Libyen waren dein Kriegsvolk, die ihre Schilde und Helme in dir aufhingen und haben dich so schön geschmückt. Die von Arvat waren unter deinem Heer rings um deine Mauern und Wächter auf deinen Türmen; die haben ihre Schilde allenthalben von deinen Mauern herabgehängt und dich so schön geschmückt.

Tharsis hat mit dir seinen Handel gehabt und allerlei Ware, Silber, Eisen, Zinn und Blei auf deine Märkte gebracht. Javan, Thubal und Mesech haben mit dir gehandelt und haben dir leibeigene Leute und Geräte von Erz auf deine Märkte gebracht. Die von Thogarma haben dir Rosse und Wagen-

pferde und Maulesel auf deine Märkte gebracht. Die von Dedan sind deine Händler gewesen, und hast allenthalben in den Inseln gehandelt; die haben dir Elfenbein und Ebenholz verkauft.

Und so geht es noch seitenlang weiter. Mit Syrien und Damaskus, mit Arabien und den Kaufleuten aus Saba, aus Eden, Assur und Kilmad. Und wer sich einmal gründlich informieren möchte, was eine Handelsmetropole 1000 vC für Waren umschlug, der sollte sich die Mühe machen und diese Seiten der Bibel lesen.

Die Wehklage endet dann mit dem Hinweis auf den Untergang aller Pracht. In der Geschichte aber sind wir da dann schon einige Jahrhunderte weiter bei Alexander dem Großen, der die Städte der Phönizier eroberte und damit kulturhistorisch gesehen dem Hellenismus, praktisch gesehen aber dem griechischen Handel für Jahrhunderte freie Fahrt im Orient verschaffte.

Nur Karthago blieb zu jener Zeit unangefochten Herr im westlichen Mittelmeer und im Atlantik. Und die See- und Handelsreisen der Karthager sind ein Kapitel für sich. 533 vC ließen die Karthager durch ihre Söldnerheere die auch in der Bibel erwähnte iberische Stadt Tartessos (Tharsis oder Tarschisch) erobern und zerstören.

Dieses Tartassos hatte nichts mit jenem untergegangenen Kontinent Atlantis zu tun, den ein deutscher Gelehrter dort vermutete, denn es ragt in die geschichtliche Zeit hinein und war nie eine Legende. Nur seine Hochseeschiffe waren legendär. Und sie könnten einer der Gründe gewesen sein, warum sich die Phönizier den unliebsamen Konkurrenten auf dem atlantischen Markt vom Hals schaffen wollten.

Von den atlantischen Küsten Afrikas holten sich die phönizisch-karthagischen Seefahrer nämlich die gewinnbringenden Sklaven (in der Bibel mit dem Wort Leibeigene umschrieben), und die amerikanischen Küsten lieferten – wie wir jetzt von Barry Fell erfahren – so lukrative Handelswaren wie Kupfer, Pelze und Häute.

Mit den Keltiberern scheinen sich die Karthager und Phönizier schon vordem partnerschaftlich geeinigt zu haben. Wahrscheinlich stellten diese frühspanischen Volksstämme die Heerschar der Kolonisten und Pelzjäger, mit denen die amerikanischen Stützpunkte und Handelsniederlassungen besiedelt wurden. Die von Fell ausgewerteten Felsinschriften Nordamerikas deuten zumindest auf diese Möglichkeit hin.

Bleibt die Frage, wie die Völker der phönizischen Städte, die Seefahrer von Karthago und zuvor Tartassos es schafften, regelmäßig den Atlantik zu überqueren. Immerhin eine Leistung, die in den Jahrhunderten nach der Zeitenwende undenkbar wurde. Einmal schon deshalb, weil sich in die Vorstellung der Menschen plötzlich der Gedanke einnistete, der Atlantik sei im Westen das Ende der Welt, so wie der Pazifik im Osten (der von den meisten gleich hinter Persien vermutet wurde). Zum anderen aber auch, weil mit Ausnahme der Skandinavier kein Volk der Welt noch in der Lage war, Schiffe zu bauen, denen eine Atlantiküberquerung zuzutrauen gewesen wäre.

Während sich in der Entwicklung des Handels nach dem Jahrtausend der Katastrophe also durchaus ein Fortschritt abzeichnet, begegnen wir immer dort, wo es um technische Details geht, rätselhaften Überraschungen. Es mutet erstaunlich an, welchen Umfang der Handel bereits in frühgeschichtlicher Zeit angenommen hatte. Und allein diese Tatsache könnte genügen, unsere Vorstellung von den Primitiven, den Wilden der Steinzeit völlig über den Haufen zu werfen und ein neues, etwas respektvolleres Verhältnis zu unseren Vorfahren der letzten zehntausend Jahre zu gewinnen. Aber schon wenn es in diesem Zusammenhang um die Fragen des Transports und des Verkehrs – jetzt speziell des Seeverkehrs – geht, müssen wir erkennen, daß in den Jahrhunderten und Jahrtausenden vor der Zeitenwende die Menschen über Möglichkeiten verfügten, die in dem Jahrtausend nach Christi Geburt immer mehr in Vergessenheit gerieten.

Schiffe und Häfen

Bei diesem Thema ist es nicht ganz einfach, sich an die Wahrheit heranzutasten. Nicht nur, weil in diesem Thema einige Sensationen verborgen sind, sondern auch, weil hier die Überlieferungen älter sind – die Hochseesegler der Sintflutzeit, die Reisen zu fernen Kontinenten, die Erinnerung an einen unbekannten Erdteil – als alles, was ein Spaten je zutage fördern kann. Lissner sagt an einer Stelle:
Die See und die Schiffahrt waren die größten Erzieher der Menschheit. Meere haben die Leistungsfähigkeit der Menschen gesteigert, sie haben sie erfinderisch gemacht, und sie haben ihren Geist durch den Austausch von Gedanken mit fernen Völkern angeregt.

Aber er erinnert an anderer Stelle daran, daß gerade das Meer auch der große Vernichter von Menschenwerk und -spuren ist. Und das große Grab, in dem viel Vergangenheit auf ewig unauffindbar versunken ist und auf ewig unauffindbar verborgen liegt.

Um so erstaunlicher, wieviel über die Jahrhunderte hinweg in der Erinnerung der Menschen erhalten bleibt. Obwohl es ein Lehrsatz der christlichen Kirche war, daß die Erde der Mittelpunkt der von Gott geschaffenen Welt sei, eine flache Scheibe, von Sonne und Mond in geregeltem Ablauf überglänzt, hielt sich dennoch da und dort die Überlieferung von der Kugelgestalt der Erde. Und urplötzlich kramten Gelehrte im Jahrhundert des Kolumbus längst vergessen geglaubte Schriften heraus, so zum Beispiel die des Aristoteles, der um 350 vC in Erinnerung an die mythische Geographie der Alten geschrieben hatte:

Offenbar ist die runde Gestalt der Erde die einer gar nicht großen Kugel . . . nach der Ansicht solcher, die da melden, die Gegend bei den Säulen des Herakles sei mit derjenigen um Indien verbunden, und es liege zwischen ihnen nur ein Meer.

Sätze, die zweifellos dazu angetan waren, einen unternehmungslustigen Mann wie Kolumbus zu beflügeln. Dazu dann noch die Schriften des Eratosthenes von Alexandrien (um 200 vC) und des Ptolemäus (um 200 nC),

Schriften, die jahrhundertelang unbeachtet und unberücksichtigt blieben und bleiben mußten, denn

. . . das Geistesleben unterlag dem Gehorsam gegenüber der Kirche. Und die Kirche lehrte, daß die Erde eine von Ozeanen umflossene Scheibe sei (Prause).

Es hieße jedoch Kolumbus und seine abenteuerliche Fahrt verniedlichen, wollte man ihm und seinen Zeitgenossen unterstellen, sie wären nun mit einem Schlag alle aus dem christlich-mittelalterlichen Traum erwacht und von der Kugelgestalt der Erde überzeugt gewesen. Ihre Errungenschaft bestand vielmehr darin, daß sie diese Möglichkeit wieder diskutieren konnten, daß sie es wagten, überhaupt etwas anderes als das kirchliche Weltbild in Erwägung zu ziehen.

Ob die Erde nun wirklich rund wie eine Kugel war, wußten sie jedoch genausowenig, wie wir heute wissen, ob es menschenähnliches Leben auf fernen Sternen gibt. Wir reden darüber, und einige sind sogar davon überzeugt, aber – keiner weiß es. Und das haargenau war die Situation des Kolumbus, als er am 3. August 1492 mit seinen drei Nußschalen, der 237 Tonnen großen »Santa Maria«, die wenigstens ein durchgehendes Deck hatte, und den beiden – vom Vor- und Achterkastell abgesehen – offenen Karavellen »Pinta« (167 Tonnen) und »Nina« (101 Tonnen), aus der Mündung des Rio Tinto bei Palos in See stach.

Die »Santa Maria« war 23 Meter lang, 6,70 Meter breit, hatte einen Tiefgang von 2,80 Meter, 90 Mann Besatzung und an Kanonen vier 20pfünder und sechs 12pfünder an Bord. Die »Pinta« war 20,10 Meter lang, 7,30 Meter breit, hatte einen Tiefgang von 2,00 Meter und 65 Mann an Bord. Die »Nina« war 17,30 Meter lang, 5,60 Meter breit, hatte einen Tiefgang von 1,90 Meter und 40 Mann an Bord.

Gegen diese Karavellen waren die Schiffe der Wikinger »Windhunde des Meeres« (Pörtner). Die »Viking«, eine originalgetreue Nachbildung des 1880 entdeckten Gokstad-Schiffes, segelte im Frühjahr 1893 quer über Nordsee und Atlantik zur Eröffnung der Weltausstellung in Chikago. Das Rahsegel genügte, diesem »Wikingerboot aus dem neunten Jahrhundert nC« (23,80 Meter lang, 5,25 Meter breit, Raumtiefe mittschiffs 1,75 Meter) die Geschwindigkeit eines Frachtdampfers des 19. Jahrhunderts zu geben. Bei gutem Segelwetter legte das auf scharfgeschnittenen Kiel gebaute Boot bis zu zehn Seemeilen in der Stunde zurück.

Die in den Ausmaßen vergleichbare »Santa Maria« des Kolumbus – auch von ihr fuhr eine Nachbildung nach Chikago – brachte es dagegen nur auf sechseinhalb Seemeilen pro Stunde. Wikinger-Boote vom Typ des Gokstad-Schiffes konnten mühelos neun Tonnen Last übernehmen:
Siebzig Mann Besatzung, jeder achtzig Kilo schwer, dazu vierhundert Kilo Waffen, zweieinhalbtausend Kilo Wasser und Lebensmittel und fünfhundert Kilo sonstige Fracht (Pörtner).

Noch zwei interessante Zitate aus Rudolf Pörtners Buch »Die Wikinger Saga«:
Das berühmte Nydam-Boot (400 nC) . . . war fraglos in der Lage, sich auch in stürmischer See zu behaupten. Ein imponierendes klinkergebautes Eichenboot, knapp 24 Meter lang, mehr als drei Meter breit, gut einen Meter hoch, teils genagelt und genietet, teils durch Wollgewebe und Bastschnüre gedichtet und verbunden. Achtzehn Ruderer hatten auf jeder Seite Platz, bei voller Belegung aber konnte es mindestens fünfzig Mann mit Waffen, Zelten und Proviant tragen.
Eine ausgereifte Schiffsbau-Tradition, die uns bis in die Bronzezeit, zwei- bis dreitausend Jahre zurückführt:
Immerhin beweisen die weltbekannten Felsbilder in Schweden und Norwegen, daß der Verkehr und Handel über See bereits in der frühen Bronzezeit vor dreieinhalb Jahrtausenden eine bedeutende Rolle gespielt haben muß. Der Norweger Brögger spricht geradezu von dem »großen Jahrtausend der Seefahrt«, von Handelsflotten und Reedereien, von neuen Routen und regelmäßig befahrenen Linien (Pörtner).

A. W. Brögger war in den dreißiger Jahren Leiter des Norwegischen Museums in Oslo und erklärte dort unter anderem in einer Ansprache zur Eröffnung des II. Internationalen Archäologen-Kongresses 1934:
In meinen Studientagen hielt man es geradezu für revolutionär, als Montelius aufgrund gewisser Entdeckungen meinte, es habe in der Steinzeit eine

gewisse Verbindung zwischen England und Schweden bestanden. Denn: Es fuhren ja damals keine Schnelldampfer durch die Nordsee! In Wahrheit aber ist es doch so, daß unser Begriff von Entfernungen hat zerstört werden müssen, denn für die Männer der Stein- und der Bronzezeit spielten sie keine Rolle. Sie kannten keine Landesgrenzen, brauchten weder Paß noch sonstige Ausweise oder Fahrkarten. Die Welt stand offen, die Erde war frei, und sie wanderten über sie dahin, als seien tausend Meilen nur ein vergnügliches Abenteuer.

Die Fahrten der Griechen und Phönizier über Gibraltar, die »Säulen des Herakles«, hinaus in den und über den Atlantik bezeichnete Brögger schon damals als die Endphase (!) einer Periode von Entdeckungen und Welthandelsreisen. Er verwies auf die bekannten bronzezeitlichen Schiffahrtswege zwischen Spanien und Irland, wie die zwischen Schweden und Norwegen auf der einen und Norddeutschland, England und den Shetlandinseln auf der anderen Seite. Zur Frage des Warenangebots stellt er dann fest, daß der Norden wenig zu bieten hatte, mit einer Ausnahme:
Kann es nicht möglich sein, daß Norwegens Beitrag zum westeuropäischen Seehandel während der Bronzezeit in Schiffen und Seeleuten bestanden hat? . . . Sicher ist jedenfalls, daß in der Bronzezeit die Menschen in Norwegen sehr eng mit der See und der Seefahrt und viel weniger mit dem Akkerbau verbunden waren (Brögger).

Sicher ist jedenfalls – können wir heute hinzufügen –, daß auch die Fischer und Händler an den Küsten von Kanaan erst zu den seefahrenden und meerbeherrschenden Phöniziern wurden, nachdem die Seevölker aus dem Norden, von den Ägyptern zurückgeschlagen, in den Städten Kanaans einkehrten und heimisch wurden. Wenn Brögger dann aber zu dem Schluß kommt, »daß der Seeweg nach Amerika während der Bronzezeit entdeckt worden ist, in der Epoche, als die Seefahrt in ihrer höchsten Blüte stand«, können wir nur wieder einmal bewundernd feststellen, daß tatsächlich ein Mann am Schreibtisch, nur durch logische Schlußfolgerungen, eine Wahrheit erkannt hat, die erst jetzt, nach knapp viereinhalb Jahrzehnten, durch die Forschung bestätigt wird.

Schon 800 vC erforschten und besiedelten Männer und Frauen aus Europa den amerikanischen Kontinent. Sie arbeiteten als Bergleute, Gerber und Pelztierjäger und sandten ihre Erzeugnisse per Schiff zurück nach Europa. »In Tempeln in den zerklüfteten Bergen von New Hampshire und Vermont und in den Flußtälern von Iowa und Oklahoma sangen sie Hymnen und zelebrierten fromme Riten zu Ehren ihrer Götter. Wenn ihre Könige oder Häuptlinge starben, begruben sie sie unter riesigen Erdhügeln, in denen sie Stelen hinterließen – in Stein geritzte schriftliche Zeugnisse ihrer Trauer« (Th. Fleming).

Und diese Männer und Frauen fuhren in Schiffen über den Atlantik, die weitaus größer waren als die drei Schiffe des Kolumbus, ja sogar größer als die größten »Drachen« der Wikingerzeit, die immerhin zwischen fünfzig und siebzig Meter lang waren. Eines der berühmtesten Schiffe dieser Art: König Olav Tryggvasons »Große Schlange«. In diesem Zusammenhang ein Hinweis zum Thema »mündliche Überlieferung«: Islands Edda-Sänger Snorri wußte zu berichten, daß die Schiffbaumeister von Drontheim noch Jahrhunderte später die Maße der »Großen Schlange« – des siebzigrudrigen Schiffes, das mit seinem König in die nordischen Sagas einging – wie das Einmaleins aus dem Kopf hersagen konnten.

Wir werden bei den Maßangaben der Sintflutschiffe sowohl in der Bibel wie im Gilgamesch-Epos ähnlich genauen Zahlenüberlieferungen begegnen, die ebenfalls wohl jahrhundertelang mündlich weitergegeben wurden.

Aber sehen wir uns zuvor noch die Schiffe des vorchristlichen Jahrtausends genauer an. Da bemerkt Sabatino Moscati, daß bei einem phönizischen Bootstyp der hochgekrümmte Steven einen Pferdekopf trägt. Ausgerechnet das heilige Tier der Nordvölker als Zier eines Mittelmeerschiffes. Wenn wir nicht inzwischen durch die wissenschaftlichen Ergebnisse der letzten zwanzig Jahre in bezug auf die Verbindung zwischen Nordvölkern, Kelten und Phöniziern schon ein weniger schlauer wären, müßten wir jetzt wieder von einem »rätselhaften Umstand« sprechen.

Ferner finden wir bei Moscati den Hinweis, daß »Tarsis-Schiffe« in den biblischen Berichten so etwas wie Hochsee-Schiffe bedeuten sollte. Und wir erinnern uns, das Tarsis (Tartassos) die große Erz- und Hafenstadt an der spanischen Atlantikküste war. Gerhard Herm erwähnt, daß die Schiffe, die von Karthago aus unter anderem den Atlantik befuhren, bereits mit einem durchgehenden Deck und zwei Reihen von Ruderbänken übereinander versehen waren. Sie wurden von mehr als hundert Rudern vorwärts getrieben, und später saßen an jedem dieser Ruder drei bis vier Mann. Der Einsatz der menschlichen Muskelkraft für den Antrieb war damit bis zum Optimum vorangetrieben.

Die Schiffe waren größer und faßten mehr Ladung als später die berühmte »Mayflower«, mit der die englischen Siedler im 17. Jahrhundert nach Amerika segelten. Neuesten Schätzungen zufolge hatten die Atlantik-Schiffe der Phönizier und Karthager mehr als tausend Tonnen. Die »Santa Maria« als größtes der drei Kolumbus-Schiffe hatte 237 Tonnen.

Bleibt noch hinzuzufügen, daß die Phönizier mehr als nur Schiffe bauen konnten. Zum Beispiel hatten sie in dem nach Südosten geöffneten Hafen von Sidon, der immer wieder von treibenden Sandmassen gefährdet war, ein raffiniert ausgeklügeltes System von Flutbecken und Kanälen geschaffen. Je nach Windrichtung wurde dabei reines Oberflächenwasser in das Hafenbecken gedrückt, und die sandtragenden Unterwasserschichten wurden auf diese Weise fast zwangsläufig in Richtung offene See geflutet. »Der Hafen reinigte sich gewissermaßen von selbst« (Herm).

Auch das Trockendock kannten die Phönizier bereits, und – da ja das Bekken, nachdem das Schiff hineinbugsiert und die Schleusentore wieder geschlossen waren, vollständig leergepumpt werden mußte – auch schon große, saugfähige Pumpen. Wir wissen zwar alle, daß Otto von Guericke (1602–1686), der Bürgermeister von Magdeburg, die Luftpumpe erfand, aber kein Schullehrer hatte mir bei dieser Gelegenheit je erzählt, daß es schon zweieinhalbtausend Jahre vor Guerickes Zeit in den Hafenstädten des Libanon regelmäßig arbeitende Pumpwerke gab, mit denen Trockendocks leergepumpt wurden.

Günter Roth berichtet über den Leuchtturm von Alexandria, der ihm als Beweis gilt,
daß die Schiffahrt unter vollen Segeln lief: man mußte Sorge tragen, daß

die Linienschiffe auch nächtens den Hafen gefahrlos erreichen konnten.

Bis in die Tage Alexandrias war übrigens auch der etwa um 2000 vC zum ersten Mal gebaute Vorläufer des heutigen Suezkanals in Betrieb. Und schon 2000 vC entstanden die Städte und Hafenstädte der Harappakultur am Indus. Mit Wasserleitungen und Badeanlagen waren sie wesentlich moderner als die Städte der Sumerer in Mesopotamien. Aber speziell für den Handel mit Mesopotamien entstand zum Beispiel in Lothal am Sabarmatifluß, der in den Golf von Cambay mündet, eine aus Ziegeln errichtete 215 Meter lange, 35 Meter breite und vier Meter hohe Kaianlage. Ein auch für heutige Verhältnisse beachtliches Hafenbauwerk, das auf das Ausmaß des umfangreichen Überseehandels zwischen Indischem Ozean, Persischem Golf und Rotem Meer schließen läßt.

Wenn wir heute davon ausgehen, daß die Menschen im Jahrtausend vor der Zeitenwende die Kugelgestalt der Erde kannten und berechneten (Erathosthenes 250 vC), daß sie Schiffe hatten, die größer waren als die des Kolumbus und seetüchtig wie die der Wikinger, ist eigentlich gar nicht mehr zu begreifen, wieso damals die Atlantik-Route nicht befahren worden sein soll. Nur weil unsere Schulweisheit das Geheimnis der Phönizier, die den Amerikahandel als ihr Patent unter Verschluß hielten, nicht enthüllen konnte?

Zum Thema Seetüchtigkeit finden wir einige bemerkenswerte Sätze in dem Logbuch des Kapitäns Magnus Andersen, der 1893 die nachgebaute »Viking« über den Atlantik steuerte:
Die Bootsplanken bogen sich merkbar bei harter Pressung, und der ganze Rumpf verwand sich im Seegang stark, aber das Fahrzeug blieb trotzdem vollständig dicht. Die Schmiegsamkeit und die feinen Linien waren seine Stärke. So wohlgeformte und schnellsegelnde Fahrzeuge sind seitdem vor dem achtzehnten Jahrhundert nicht wieder gebaut worden (Faber).

Gesteuert wurde nach dem Stand der Sonne oder der Sterne. Aber neuere Forschungen ergaben, daß die nördlichen Seevölker doch schon nautische Hilfsgeräte kannten. So zum Beispiel eine hölzerne Peilscheibe, »die mit Hilfe einer senkrechten Nadel eine Bestimmung der Sonnenhöhe erlaubte, während eine waagrechte Nadel den Kurs angab«. Bei Pörtner finden wir noch weitere dieser Hilfsgeräte erwähnt:

Auch die schon in der älteren Literatur gern zitierten »Sonnensteine« sind in den letzten Jahren wiederholt Gegenstand scharfsinniger Untersuchungen gewesen. Nach Meinung des dänischen Archäologen Thorkild Ramskov könnten diese Steine ähnlich wie die »Zwielicht-Kompasse« der modernen Luftfahrt funktioniert haben. Jedenfalls zeigten sie den Stand der Sonne auch bei tiefbedecktem Himmel an. Ein in Norwegen und auf Grönland vorkommendes »rhombisch-bipyramidales« Mineral, der graugelb schimmernde Cordierit, der gegen die Sonne gehalten eine bläuliche Färbung annimmt, dürfte dafür in erster Linie in Frage kommen.

Wir können uns nun aussuchen, ob wir den Phöniziern das Wissen um den in China zu jener Zeit wahrscheinlich schon – oder noch – bekannten Magnetkompaß zuerkennen wollen (es könnte sie auf dem Handelsweg über die Seidenstraße erreicht haben) oder die »Sonnensteine« der nördlichen Seevölker. Dafür, daß den Phöniziern einige nautische Hilfsmittel aus dem Norden zuflossen, spricht die Tatsache, daß ihnen von dorther alle schiffsbautechnischen und nautischen Kenntnisse ins Haus kamen. Herm formuliert es ganz hart, wenn er schreibt:

Die Küstenschiffahrt im Libanon war, selbst in der Hochblüte der Handelsbeziehungen zwischen Ägypten und Byblos, kaum mehr als gehobene Flößerei.

Und er verweist darauf, daß die Kanaaniter bis zum elften Jahrhundert vC für den Transport größerer Warenmengen über See kretische und später mykenische Kauffahrer anheuerten. Die griechischen Völker befuhren als einzige damals schon das Mittelmeer. Das war zwar in dem Sinne auch noch keine Hochseeschiffahrt, weil sich ihre Boote meist vorsichtig den Küsten entlang vorwärtstasteten, aber immerhin, es wurden auch schon mal Tagesstrecken über offene See zurückgelegt. So wie kretische und griechische Fischer mit ihren kleinen Booten das heute noch machen.

Nein, der Seehandel der Phönizier kam – wie wir schon vermerkten, und wie Gerhard Herm hier bestätigt – erst in Fahrt, als ihnen die Nordvölker unter anderem das Kielboot bescherten. »Seine Erfindung entspricht etwa jener des Rades im landgebundenen Verkehr« (Herm). Daß diese Erfindung aus Nordeuropa kam, läßt sich nicht nur aus einer Notiz des ägyptischen Pharao Ramses III. schließen, dessen Vorfahre Menephta die Nordvölker und Libyer am 15. April 1227 im westlichen Nildelta nach sechsstündigem Kampf schlagen konnte, sondern vor allem aus der Tatsache, daß in Nordeuropa das Kielschiff nachweislich schon zur frühen Bronzezeit in Gebrauch war.

Schon zu dieser Zeit erscheinen auf einem schwedischen Felsbild ein Elefant und eine Giraffe. »Es ist möglich«, sagt Herbert Wendt, »daß ein alter Wiking vor vielen tausend Jahren schon, von Sehnsucht nach der Sonne getrieben, Afrika entdeckt hat.« Es ist die gleiche Zeit, in der die Ägypter »Bilder von vielrudrigen Schiffen mit Aufbauten und Standarten« malten. Bilder, »deren Deutung nicht gesichert ist« (Wolf).

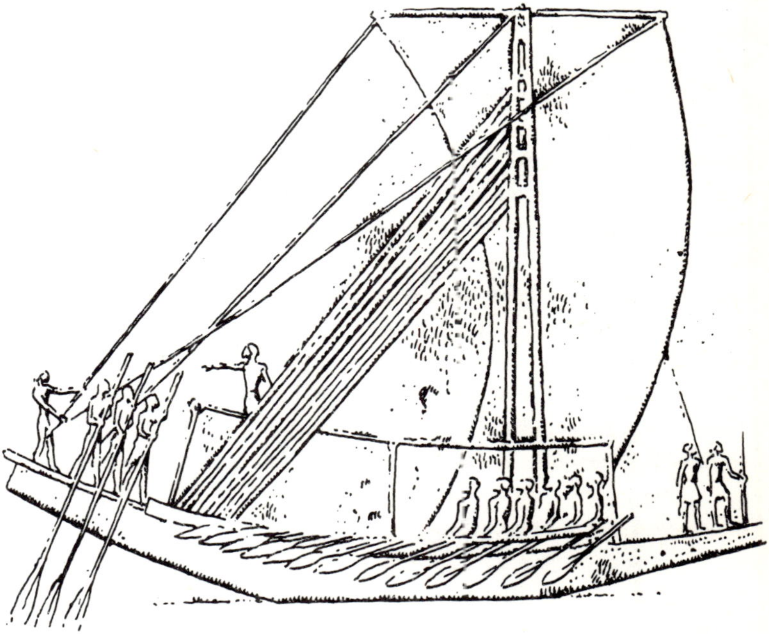

Ägyptischer Zweibeinmast-Segler, etwa 2000 vC.

Denn etwas ist seltsam mit den Schiffen im Nilland. Sie sind perfekt in der Konstruktion, aber unbrauchbar in der Praxis. Selbst die späteren Königsbarken, die, bis zu 43 Meter lang, bei den Pyramiden vergraben wurden, entsprechen diesem Tatbestand. Heyerdahl bemerkt dazu:

Die Wikingerschiffe wurden gebaut, um einen harten Kampf gegen die Meereswellen zu bestehen, das Cheopsschiff (2700 vC!), um auf dem stillen Nil großes Gepränge zu entfalten. Die Abnutzung des Holzwerks, dort, wo die Taue einst ihre Spuren eingegraben hatten, zeigt, daß es fleißig benutzt wurde und nicht nur ein sogenanntes Sonnenschiff für die letzte Reise des Pharao war. Aber so wie der Rumpf gebaut war, mußte er bei der ersten Begegnung mit hohen Wellen zusammenbrechen.

Das war wirklich sonderbar. Denn die eigenartigen und vollkommenen Linien des Schiffes hatten nichts mit einem Flußboot gemein. Der vollendet geschwungene Rumpf ragt im Bug und Achtersteven hoch in den Himmel. Er besaß alle charakteristischen Züge von seetüchtigen Fahrzeugen, die extra angefertigt werden, um über Brandung und turmhohe Wellen zu reiten. Das gab zu denken. Ein Pharao . . . hatte sein zerbrechliches Flußboot nach einem Modell gebaut, das von den Schiffbauern einer Nation mit langer, solider Seefahrertradition auf dem offenen Meer geschaffen war.

Gleichzeitig mit den Ägyptern bauten auch die Sumerer Schiffe. Vor der Mitte des dritten Jahrtausends vC wickelten sie ihren Fernhandel mit Indien und Afrika bereits auf dem Seeweg ab. Auf einer Tafel aus Ur steht der Auftrag verzeichnet: Wolle, Gewänder, Öl und Häute nach Magan zu verschiffen (!), um dort Kupfer einzutauschen. Die Schiffe waren vermutlich die gleichen flachbodigen Küstenboote oder die Schilf- beziehungsweise Papyrusboote, wie sie von den Ägyptern benutzt wurden und wie sie Thor Heyerdahl für seine Fahrt über den Atlantik (Expedition »Ra«) nachbaute. Uhlig unterstreicht diese Vermutung mit dem Hinweis auf die »früh entwickelte Küstenschiffahrt«, betont allerdings gleichzeitig die Eigenständigkeit und Unabhängigkeit der sumerischen Schiffsbautechnik von ägyptischen Modellen und umgekehrt.

Auch die Schöpfer der Riesensteinbauten auf Malta müssen bereits Seefahrer gewesen sein, meint Lissner und bietet einleuchtende Gründe: Gegenstände aus Obsidian, Jadeit und Nephrit lassen sich auf Malta in das dritte

Jahrtausend vC datieren. Die Steine aber müssen eingeführt sein. Sie kommen in der Natur auf Malta nicht vor. Auch von den homerischen Helden sagt Lissner, daß sie in einer Art »Wikinger-Epoche« lebten, »in der man große Fahrten und Raubzüge zur See unternahm«. Eine Bemerkung, die genau dem entspricht, was wir zuvor von A. W. Brögger über die skandinavische Bronzezeit hörten.

Dann aber finden wir bei Lissner auch noch den Hinweis auf die Atlantik-Segler von Tartassos, die bereits erwähnten Tarsis-Schiffe, von denen er berichtet, daß sie 1200 Stadien in 24 Stunden zurücklegen konnten. Das sind etwa fünf Seemeilen in der Stunde. Das ist fast exakt die Zahl, die uns Heinz Burmester in seinem Buch »Mit der Pamir um Kap Horn« als mittlere Tagesleistung der »Pamir«, dieses berühmten Großseglers unseres Jahrhunderts, angibt: 5,1 Knoten (Knoten = Seemeile in der Stunde)!

Mit dem Vergleich früh- und vorgeschichtlicher Schiffe im Verhältnis zu den Segelschiffen unserer Zeit, den ich in einem anderen Buch (»Noahs Weg zum Amazonas«) anstellte, stieß ich auf heftigen Widerspruch einiger Yachtenkapitäne. So erklärte mir ein Segler mit dem Patent für große Fahrt, bei einer Sintflut brauche man keine Segel. Ein hölzernes Schiff wie die Arche Noahs könne in solcher Situation nur eines machen, sich quer zu den Seen treiben lassen.

Ich interviewte daraufhin drei alte Kapitäne, die in ihrer Jugendzeit selbst noch auf hölzernen Schiffen, auf Fischkuttern und Großseglern, gesegelt waren. Sie bestätigten mir, was ich aus meiner eigenen Seefahrer-Zeit in Erinnerung hatte: Treiben und »überrollen« lassen können sich vielleicht moderne Yachten. Für alte Handelsschiffe, bei denen ja immer die Gefahr besteht, daß sich die Ladung losreißt und, auf eine Seite rollend, das Schiff kentern läßt – ähnlich bei der »Pamir« geschehen – galt das eherne Gesetz: Sturmsegel an den Mast und dann nach Möglichkeit dwars (schräg vorwärts) gegen die anrollende See.

Nur unter Segel läßt sich ein Schiff steuern, und gesteuert mußte werden. Auf einem Dreimaster genauso wie auf einem Fischkutter. In Küstennähe schon deshalb, weil sonst die Gefahr bestand, gegen Land getrieben zu werden. Auf See hielten es die alten Kapitäne so, wie sie mir erklärten, weil ein Schiff gegen die See besser liegt und – gerade bei einem hölzernen Schiff – seine Aufbauten und Verbände besser gesichert sind, als wenn das Schiff querschlägt. Natürlich kam es vor, daß die Masten brachen, daß kein Segel mehr zu setzen war. Aber dann wurden zumindest Treibanker ausgebracht, die wiederum den Zweck hatten, das Schiff in Längsrichtung (gegen die anrollenden Wogen) zu halten und nicht querschlagen zu lassen.

Soweit die Kapitäne, die wirklich noch auf hölzernen Schiffen ohne Motor segelten. In diesem Zusammenhang war es mir nicht uninteressant, bei einem Autor wie Walther Vogel, der zwischen 1906 und 1935 über Normannen, seefahrende Kaufleute und Wikinger schrieb (über drei Jahrzehnte hinweg also die Lebens- und Arbeitsweise dieser seefahrenden Völker studiert hatte), jetzt zu lesen:
Der Küstenfahrer flüchtete vor dem Sturm ans Land und suchte sein Schiff womöglich auf den Strand zu ziehen. Der Hochseefahrer dagegen strebte die gefährliche Nähe der Küste zu vermeiden und die hohe See zu halten, indem er, schließlich ohne Segel, mit niedergelegtem Mast und hochgezogenem Steuer, das Schiff treiben ließ und mit den Riemen verhinderte, daß es von den Wellen in der Breitseite erfaßt und zum Kentern gebracht wurde.

Hier also ein weiteres Kapitel Seefahrer-Technik. So verhielten sich die offenen Boote in den Jahrtausenden, da gesegelt und gerudert wurde. Hier hielten die Muskeln der Männer an den Rudern (seemännisch: Riemen) das Schiff gegen die See. Die Segel konnten eingeholt werden. Damit aber sind wir frühestens im vierten Jahrtausend vC. Die Bibel und das Gilgamesch-Epos berichten uns jedoch von Schiffen aus der Zeit der Sintflut. Und die war – wie wir jetzt wissen – um 8500 vC.

Die Maßangaben des Sintflut-Schiffes im Gilgamesch-Epos:

Ein Feld groß war seine Bodenfläche,
die Wände hundertzwanzig Ellen hoch,
und hundertzwanzig Ell'n des Deckes Seiten.
Sechs Zwischenböden fügte ich ihm ein,
in sieben Decks es dadurch unterteilend (Schmökel).

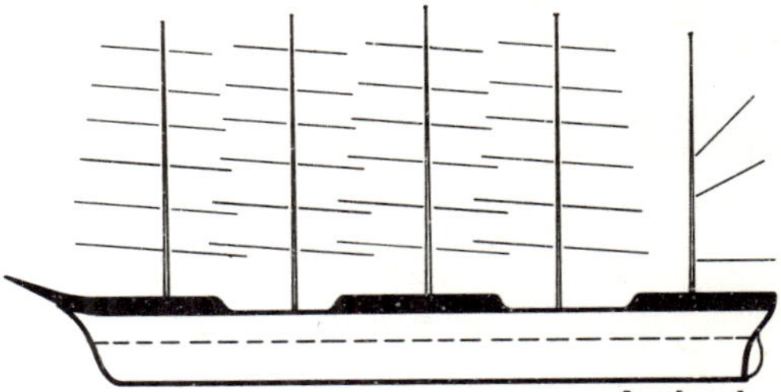

Arche I

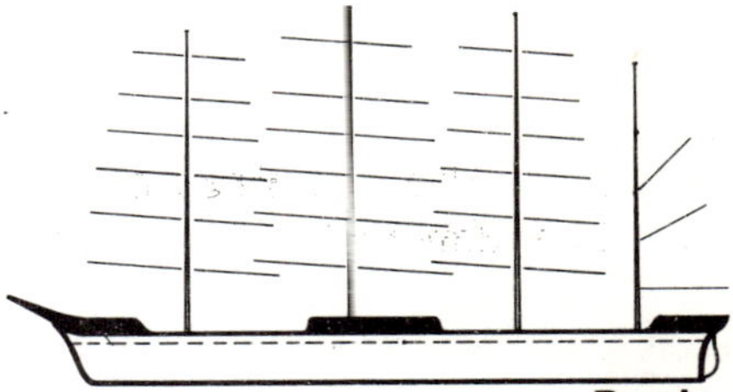

Pamir

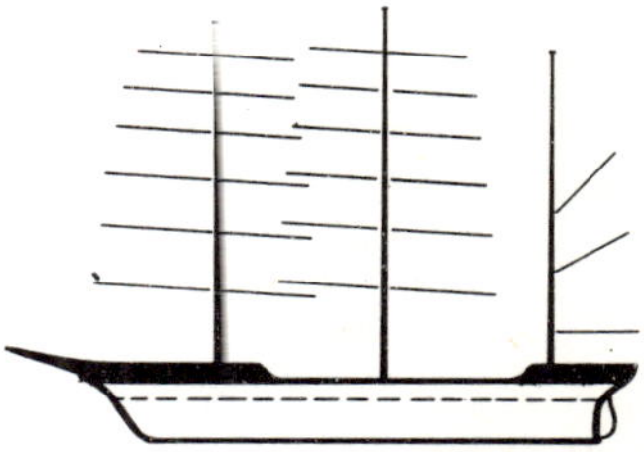

Arche II

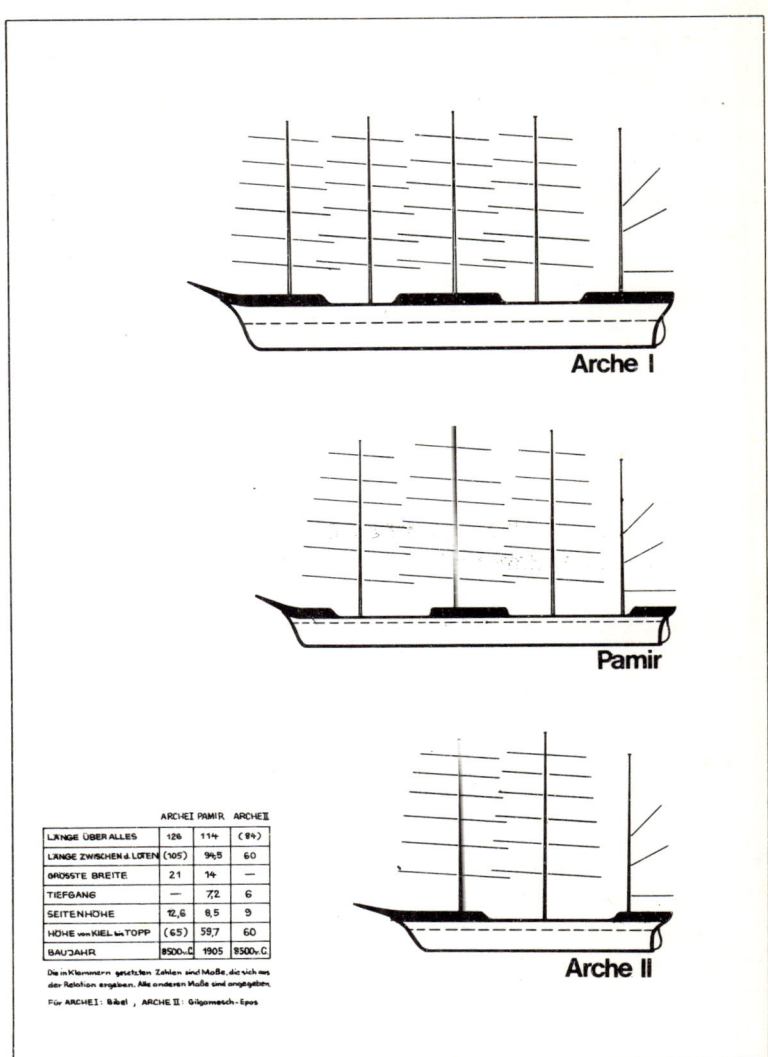

	ARCHE I	PAMIR	ARCHE II
LÄNGE ÜBER ALLES	126	114	(84)
LÄNGE ZWISCHEN d. LOTEN	(105)	94,5	60
GRÖSSTE BREITE	21	14	—
TIEFGANG	—	7,2	6
SEITENHÖHE	12,6	8,5	9
HÖHE von KIEL bis TOPP	(65)	59,7	60
BAUJAHR	8500 v. C.	1905	8500 v. C.

Die in Klammern gesetzten Zahlen sind Maße, die sich aus der Relation ergeben. Alle anderen Maße sind angegeben.

Für ARCHE I: Bibel, ARCHE II: Gilgamesch-Epos

Ein Wort ist hier – vielleicht schon aus Unkenntnis von den Sumerern – falsch angegeben. Statt Wände muß es heißen Holz oder ähnlich. Gemeint ist jedenfalls die Gesamthöhe. Nach Umrechnung der angegebenen Maßeinheiten ergibt sich eine Höhe vom Kiel bis zur Mastspitze von etwa 60 Meter, eine Deckslänge von etwa 60 Meter und eine Gesamtfläche – bei sechs Zwischendecks – von etwa 3600 Quadratmeter.

Damit »stimmt« dieses Schiff, mit dem der sumerische Ziusudra die Sintflut überlebte, in seinen Proportionen genauso wie Noahs Arche, für die ebenfalls in der Bibel die genauen Maße angegeben sind:

Mache dir einen Kasten von Tannenholz
und mache Kammern darin.
Und verpiche ihn mit Pech
inwendig und auswendig.
Und mache ihn also:
300 Ellen sei die Länge,
50 Ellen die Weite
und 30 Ellen die Höhe.

Wiederum umgerechnet heißt das: Das Schiff hatte eine »Länge über alles« von 126 Meter, eine »größte Breite« von 21 Meter und eine Seitenhöhe von 12,60 Meter. Damit war Noahs Arche größer als die »Pamir«, die eine Länge von 105 Meter hatte. Aber ebenso wie Ziusudras Schiff ist auch Noahs Großsegler in seinen Proportionen völlig korrekt berechnet. Bemerkenswerterweise stimmen beide Sintflut-Schiffe darin überein, daß sie weniger Tiefgang und dafür mehr Breite als unsere nach der Jahrhundertwende erbauten Segelschiffe hatten. In diesem Punkt ähneln sie mehr den Fregatten und Linienschiffen des frühen 19. Jahrhunderts.

Und nun das Phänomen: Die uns heute bekannte Fassung des Gilgamesch-Epos wurde im dritten Jahrtausend vC schriftlich fixiert. Woher hatten die Sumerer zu dieser Zeit die in den Proportionen exakten Maßangaben eines Hochsee-Segelschiffes, wie wir es aus dem frühen 19. Jahrhundert kennen? Die Bibel wurde erst im Jahrtausend vor der Zeitenwende niedergeschrieben. Woher hatten die Israeliten jener Zeit die in den Proportionen exakten Maßangaben eines Hochsee-Segelschiffes, wie wir es in dieser Größe kaum aus dem frühen 19. Jahrhundert kennen?

Zwei fast gleichlautende Fragen zu zwei verschiedenen Überlieferungen.

Erinnern wir uns jetzt des Pörtner-Hinweises auf die Drontheimer Schiffbaumeister, die Jahrhunderte später noch die Grundmaße eines ehemaligen Königsschiffes »wie das Einmaleins« aufsagen konnten? Und registrieren wir bitte auch die Tatsache, daß Menschen schon Zahlzeichen notierten – wie deutsche Archäologen in Habuba Kabira, einer syrischen Stadt aus dem vierten Jahrtausend vC, feststellten –, als sie von einer regulären Schrift noch mehr als ein Jahrtausend entfernt waren.

Eine Frage ist in diesem Zusammenhang leicht zu beantworten: Warum haben die Menschen, wenn sie solche Kenntnisse von Seefahrt und Großschiffen hatten, mehr als sechstausend Jahre gewartet, bis sie diese Kenntnisse wieder in die Praxis der Hochseeschiffahrt umsetzten? Weil Holz und Hanf allein nicht genügen, um Großschiffe zu bauen. Und weil Wissen nicht gleich Können ist. Erst als beides wieder zusammentraf: die seemännische Erfahrung und die Kunst der Eisenbearbeitung, war für diejenigen, deren Königs- oder Priesterfamilien noch geheimnisvolles nautisches Wissen vergangener Jahrtausende bewahrten, der Weg über die Meere wieder offen.

Wie eifersüchtig dieses Geheimnis gehütet wurde, zeigt die Vernichtung Tartassos' durch die Phönizier/Karthager. Zeigt vor allem aber auch die Tatsache, daß weder die Völker Kretas noch die des mykenischen Griechenlands, noch die Etrusker und später die Römer, daß sie alle trotz ihrer zeitweiligen Seeherrschaft im Mittelmeer, trotz jahrhundertelanger eigener Erfahrungen auf See nie in die Weiten des Atlantik und damit bewußt in den Bereich der Hochsee-Schiffahrt vorgestoßen sind.

Nur im hohen Norden hielt sich jene Tradition, die einst die Phönizier befruchtete und endlich in der Fahrt des Kolumbus den Durchbruch zur neuen europäischen Seefahrt verzeichnen konnte.

Aufbruch und Untergang

Das Jahrtausend vor der Zeitenwende muß eine grausame Zeit gewesen sein. Vergleichbar ein wenig mit unserem Jahrhundert. Die Völker brachen auf. Unendliches wurde geleistet. Wissenschaft und Kunst blühten, Wirtschaft und Handel florierten wie nie zuvor, Wege in unbekannte Fernen wurden gefunden und geebnet. Der Fortschritt schien unaufhaltsam eine herrliche Zukunft menschlicher Kultur und interessanter Abenteuer zu bieten. Und dann versinkt alles in einem Meer von Blut und Stöhnen.

Eine Sintflut hatte im neunten Jahrtausend vC das Menschengeschlecht bis zum äußersten Rand der nackten Existenz zurückgeworfen. Aber seitdem waren siebeneinhalbtausend Jahre des Reifens, des Wachsens, des Wiedererkennens und Wiederfindens vergangen; der Mensch hatte zu den Formen vergessener Zivilisationen zurückgefunden, schuf sich neu die Reiche versunkener Kultur, trat wieder über die Schwelle zum Paradies der Götter, an das seine Mythen und Märchen, seine religiösen Überlieferungen und seine unvergänglichen Lieder erinnerten. Und dann, genau dort, wo die beschwerlichen Hungerpfade des einsamen Jägers und des abgerackerten Akkerbauern übergehen in die Straße des Glücks, stand der Mensch sich selbst im Weg.

Die Liste der Kulturen im letzten Jahrtausend vor der Zeitenwende ist eine Liste des Blühens und des Zerfalls. Das Jahr Null ist mehr als ein willkürlich gewählter Fixpunkt im Ablauf der Geschichte, es ist ein bitteres Omen, gesetzt durch Christi Geburt für unsere Tage, da wir fähig sein würden, Zusammenhänge zu erkennen und geschichtliche Abläufe bis zu diesem Punkt Null nachzuvollziehen:

Sumer – war nicht einmal mehr eine Erinnerung.
Kreta, das minoische Reich – Ruinen im Niemandsland.
Mykene – eine zerstörte, nur noch in den
Liedern des Homer nachklingende Kultur.
Babylon – Steine im Wüstensand.
Assyrien – Menschen im Mahlsand der Geschichte.

Anatolien, das Reich der Hethiter – untergegangen wie Troja.
Etrurien, die Kultur der Etrusker – von Rom übernommen und bis zur Unkenntlichkeit verwaltet.
Phönizien – Station der Vernichtung auf dem Siegeszug des Alexander.
Persien – ein Großreich zu Trümmern zerschlagen.
Griechenland – Gedanken, Träume, Erinnerungen, zertreten unter dem Marschtritt römischer Legionen.
Gallien und die keltischen Kulturen des Nordens – Kolonien.
Karthago – Untergang in Feuer und Blut.
Ägypten – ein sterbender Riese.

Was blieb, war Rom. Der Beginn einer verwalteten Menschheit. Ein Imperium der Macht. Pax Romana, der Friede Roms, die offene Tür ins dunkle Mittelalter. Herausforderung an die Völker des Nordens. Christus und Mohammed, Startsignale der fast zwei Jahrtausende währenden grausamen Glaubenskämpfe.

Was kam, waren Menschen, die auch dies alles durch Vergessen überwunden haben. Die einen neuen Anfang fanden und heute wieder im Zenit einer Kulturblüte zu stehen scheinen. Gefährliche Parallelen bieten sich an. Tragisch daran ist, daß sich in der menschlichen Geschichte alles wiederholt, ohne daß wir viel darin ändern können. Und daß sich die Dinge nie auf die genau gleiche Weise wiederholen. Man merkt es meist vorher gar nicht, daß sich da oder dort eine böse Wiederholung anbahnt.

Und doch sind wir glücklich daran, weil wir, im Geschehen stehend, keinen Überblick haben. Auch die Menschen im Jahrtausend vor dem Tag Null konnten glücklich sein. Sie lebten wirklich in einer abenteuerlich schönen Zeit. Die Welt öffnete sich vor ihnen, und niemand wußte vorher, wohin die Reise geht. In ihre Zeit wurden Buddha und Zarathustra geboren. Mykene fiel, aber Byblos blühte auf. Sumer versank, aber Phönizien reichte der Welt die Schrift.

Israel konnte jubeln. Es hatte seinen großen König Salomon. Salomon, der den Erzbergbau und die Eisenverhüttung industrialisierte und den Export ankurbelte. Im Tausch für die Metallwaren und anderen Fertigprodukte seines Landes holte er aus Arabien und Südostafrika Gewürze, Elfenbein, kostbares Holz und Gold.

Um 600 vC ließ Nebukadnezar stolz in einen Felsen meißeln, daß er für die Zedern aus dem Libanon Transportwege hatte bauen lassen:
Ragende Berge spaltete ich, Steinblöcke des Gebirges zertrümmerte ich; ich öffnete Zugangswege . . . bis nach Babylon hinein.

Seit den Tagen der Sumerer zogen arabische Karawanen mit Kupfer und Weihrauch von Oman über Zafar bis nach Shabwa. Der größte Weihrauchlieferant war Hadramaut, das Zentrum des Weihrauchhandels war Zafar. Noch heute wird in dieser Gegend der beste Weihrauch der Welt produziert. Bis nach Griechenland reichten die Handelsbeziehungen Südarabiens. Die Statue eines spartanischen Kriegers, die bei der Mündung des Wadi Gerdan gefunden wurde, läßt sich in das siebte Jahrhundert vC zurückdatieren.

Die großen Karawanenwege endeten in Syrien und an den Küsten Kleinasiens. Dort waren die Umschlagplätze, wo die Waren in Schiffe verladen und weiter über das ganze Mittelmeergebiet verteilt wurden. So blühten neben den Städten der Phönizier auch die der Ionier auf. Zwei der bedeutendsten Handelsstraßen des anatolischen Hochlandes endeten an der Küste des Ägäischen Meeres in den Städten Milet und Phokäa. Und mit den Kauffahrern zogen die Siedler. 770 vC erreichten sie Ischia, zwei Jahrzehnte später gründeten sie der Insel gegenüber das spätere römische Cumae. Auf Sizilien gründeten sie unter anderem die Städte Syrakus und das heutige Catania. In Apulien und Kalabrien entstanden Sybaris und Tarent.

Im Laufe von wenig mehr als einem Jahrhundert bedecken sich die Küsten am Ionischen Meer – vom Golf von Tarent im Osten bis zur Meerenge – und jenseits davon die Ost- und Südküste Siziliens – vom Kap Peloron bis zum Kap Kilybaion – mit einem Kranz griechischer Kolonien (Keller).

Im gleichen Jahrhundert aber führten bereits die Etrusker aus Italien ihre Metallwaren aus, im Norden über die Pässe der Ost- und Westalpen, im

Süden auf dem Seeweg. Und hier waren es – was den aufblühenden Kolonien zustatten kam – selten die Etrusker selbst, die ihre Waren verschifften. Sie überließen es gern phönizischen, griechischen und später karthagischen Schiffen, ihre Metallarbeiten zu verkaufen. Und im Norden überließen die Etrusker den Weg über die Berge den Kelten.

Sie waren ihren Händlern gute Kunden, denn sie bezogen gern die Waren aus aller Welt. In etruskischen Gräbern wurden Gegenstände aus Ägypten und Syrien, aus Zypern, Rhodos und Griechenland gefunden. Aber auch aus Mesopotamien und aus Urartu, dem Reich im Vorland des Kaukasus.

Im Norden bauten inzwischen die Kelten ein großes, Länder überspannendes und gut funktionierendes Handelsnetz auf. Sie galten zu jener Zeit – schon im siebten Jahrhundert vC – als leidenschaftliche Geschäftemacher. Später eigentlich nur noch übertroffen von den großen germanischen Händlerfürsten, die oft eine seltsame Mischung von »königlichem Kaufmann« und Raubritter darstellen mochten, aber immerhin später als Wikinger ganz Rußland erschlossen und die Handelswege bis nach Byzanz ausbauten. In den Jahrhunderten vor der Zeitenwende war einer ihrer Hauptgeschäftszweige der Eisenwarenhandel, denn sie hatten zum Beispiel einen weitaus besseren Stahl anzubieten als die Kelten. Die aber profitierten lange als Zwischenhändler zwischen Germanen und Römern, bis die ersteren sich selbst auf den Weg nach Süden machten.

Da allerdings hatte die keltische Hallstatt-Kultur ihren Höhepunkt längst überschritten. Auf ihren Handelswegen marschierten jetzt die Kolonnen römischer Legionen oder umgekehrt die Auswandererzüge germanischer Landsucher. Inzwischen hatten sich auch die Römer selbst des Handels angenommen. Schon 150 vC mischten sich italische Kaufleute zum Beispiel in die Handelsbeziehungen der Griechen und begannen ihnen den südfranzösischen Markt streitig zu machen.

Vor den keltischen Schiffen jedoch äußerte selbst Cäsar noch seinen tiefempfundenen Respekt: Sie seien besonders gut geeignet gewesen, den Atlantik zu bewältigen. Ein hohes Vorder- und Achterdeck schützte vor Brechern, die Schiffswände waren aus Eichenholz gefügt, die Anker hingen an

Ketten (nicht wie bei den Römern an Tauen), und ihre Segel waren aus Leder. »Aus dem wahrscheinlichen Grund«, schreibt Cäsar,

... daß man ihrer Erfahrung nach mit gehißten Stoffbahnen den starken Böen auf dem Ozean und den gewaltigen Orkanen nicht begegnen noch solch schwere Schiffe bequem genug steuern könne.

Da haben wir also nun wieder die Schiffe von Amerikareisenden. Den amerikanischen Wissenschaftlern Barry Fell und James P. Whittall – beide Harvard – gelang in den letzten Jahren die Entzifferung einer ganzen Reihe von Felsgravierungen mit keltiberischen und karthagischen Inschriften. Ein 1680 bei Bourne in Massachusetts gefundener Stein berichtet über die Landnahme eines großen Areals in Massachusetts durch den Karthager Hanno. In Nordsalem in New Hampshire wurden iberische Weihinschriften für den phönizischen Gott Baal gefunden, zusammen mit der keltischen Ogham-Schrift, die den Steintempel dem Gott Bel weihte. Solche Ogham-Inschriften wurden in Mittelvermont inzwischen einige Dutzende gefunden. Was Fell zu dem Schluß veranlaßt,

... daß die alten Kelten diese Steinkammern als religiöse Heiligtümer errichtet und den karthagischen Seeleuten erlaubt hatten, darin ihre Götter zu verehren und ihnen in ihrer eigenen Sprache zu huldigen.

Eine Ogham-Inschrift auf der Insel Monhegan, 15 Kilometer vor der Küste von Maine, bezeichnet den Ort als »Warenstapelplatz für phönizische Schiffe«.

Fell nimmt an, daß es spätestens um 400 vC regelmäßigen Handelsverkehr zwischen den Kontinenten und eine vielbefahrene Atlantikroute gegeben hat:

Wir haben Beweise für einen sehr frühen Abbau der Kupferlagerstätten in Minnesota wie auch für einen ausgedehnten Pelzhandel. Die Karthager erzählten jedermann, sie bezögen ihre Pelze aus Gallien, doch als die Römer in Gallien einfielen, fanden sie dort kaum Spuren eines Pelzhandels. Ich nehme an, daß Gallien eine Chiffre für Amerika war.

Eine Stele, die 1874 in einem Grabhügel bei Davenport in Iowa gefunden worden war, zeigt drei verschiedene Schriftarten. Wie jetzt festgestellt

wurde, handelt es sich dabei um ägyptische Hieroglyphen, dann die iberische Art karthagischer Schriftzeichen und als letztes libysch-alexandrinische Buchstaben. Laut Fell ein Beweis,
daß Ägypter, Libyer und Keltiberer schon um 800 vC miteinander in einer Kolonie in Iowa lebten.

Die Vermutung der Wissenschaftler, daß solche Kolonien, die über Jahrhunderte hinweg Bestand hatten, auf die benachbarten Indianerstämme einen Einfluß gehabt haben müßten, wurde durch neuere Sprachuntersuchungen bestätigt. Bei den nordöstlichen Algonkin-Indianern konnte zudem eine Schrift nachgewiesen werden (aufgezeichnet von einem Missionsgeistlichen im Jahr 1866), bei der mindestens die Hälfte der Hieroglyphen ägyptisch waren. Die Sprache und Schrift waren von den Algonkin-Indianern vor 2000 Jahren übernommen und seitdem bewahrt worden.

Aber nicht nur Reste der ägyptischen Sprache konnten inzwischen nachgewiesen werden. Viele der Flußnamen in Neuengland, die vor dreihundert Jahren von den europäischen Siedlern als vermeintlich indianische Namen beibehalten wurden, erweisen sich bei genauerem Hinsehen als keltisch.

Unabhängig von diesem neuesten Wissensstand machte Gerhard Herm schon 1973 auf die Theorie des Bostoner Universitätsprofessors C. H. Gordon aufmerksam,
... die Melungeons, ein hellhäutiger Indianerstamm in Ost-Tennessee, stamme, wie sie auch selbst behaupten, von Phöniziern ab. Zweieinhalb Jahrtausende vor Kolumbus wären diese ihre Vorfahren an den Gestaden der Neuen Welt gelandet und dort seßhaft geworden.

Sabatino Moscati vermerkt für die Zeit um 680 vC vermutliche Phöniker-Fahrten nach Sumatra und die Gründung einer Siedlung in Shantung. Jetzt entzifferte Barry Fell in einer riesigen Höhle auf Neuguinea eine entsprechende Inschrift. Das Vokabular ist dabei einer ägyptisch-griechischen Mischsprache entlehnt, die zur Zeit der Eroberung Ägyptens durch Alexander den Großen (332 vC) bis nach Libyen hinein Umgangs- und Handelssprache war. Das Alphabet der Inschrift ist punisch. Sie stammt, so entzifferte Fell, von einem karthagischen Seefahrer mit dem Namen Maui.

Zu seinem Text gravierte er ebenso altertümliche wie komplizierte nautische und astronomische Instrumente in den Stein. Und zusätzlich dann noch die Abbildung einer Sonnenfinsternis des Jahres 332 vC.

Kelten und Karthager in Amerika! Diese Nachricht muß auf die jungen Menschen jener Zeit, soweit sie zufällig davon erfahren haben, gewirkt haben wie auf unsere Generation die Landung auf dem Mond. Aber wer hat schon davon erfahren? Von den Kelten wissen wir zwar, daß ihre Gastwirte – wie Geschichtsbücher gelegentlich in Anekdotenform berichten – die »Vollpension« erfunden haben. Aber daß sie mit Schiffen, die schon fast an spätere Hansekoggen erinnern, nach Amerika segelten und zu ihren dortigen Kolonien einen regelmäßigen Liniendienst unterhielten, wer hätte je davon erzählt?

Und die Karthager, die mit allem handelten, was Geld brachte, was wissen wir von ihnen? Daß sie mit Zinn, Kupfer und Silber Geschäfte machten, mit Textilien und mit Fellen und natürlich mit Tausenden von Sklaven aus aller Welt für alle Welt.

Das füllte die Kassen der Kontore dieser Wunderstadt, die wie ein New York der Antike unermüdlich und mit den modernsten Methoden arbeitete. Gold, Perlen, tyrischer Purpur, Elfenbein, Weihrauch aus Arabien, ägyptisches Leinen, feine Vasen aus Griechenland, all das war in den Speichern und auf dem Markt von Karthago ausgestellt (Lissner).

Aber niemand sprach von dem Kupfer und den Fellen aus Amerika, denn während Karthagos Kapitäne die Welt umsegelten und die Güter dieser Welt für gutes Geld unter den Menschen verteilten, bereitete sich eine Stadt in Südeuropa darauf vor, diese Welt militärisch und verwaltungstechnisch zu umfassen: Rom. Das gelang nicht ganz. In Afrika setzte die Wüste auch dem hartnäckigsten Beamten eine Grenze, in Nordeuropa die dichten Wälder mit ihren noch mehr von Freiheitsliebe als von Kultur-Sehnsucht durchdrungenen Einwohnern, im Osten die Weite und Unendlichkeit der Steppen, im Westen der Atlantik. Und von Amerika erfuhren die Römer nichts. Das war der letzte Streich, den die Karthager ihnen noch im Untergang spielten: Sie erzählten einfach nichts davon.

»Sie waren ein erstaunliches Volk«, sagt Herm über die Phönizier und Karthager:

Das, was sie verschwiegen, würde mindestens so viele Bände füllen, wie das, was die Griechen alles ausgeplaudert haben.

Nach dem Jahre Null, als auch noch die hellenistische Staatenwelt zum Bestandteil des Römischen Reiches geworden war, herrschten die Kaiser von Rom über 50 Millionen Untertanen auf rund 3,3 Millionen Quadratkilometer Erde. (Rom selbst hatte zu der Zeit etwa fünf Millionen Bürger.) Diese 50 Millionen Menschen wollten essen und mit den wichtigsten Dingen des Lebens versorgt sein. Und diesen Bedarf konnten auf die Dauer keine neuen Eroberungen decken, sondern nur solide Landwirtschaft und friedlicher Handel.

Das erkannten die Römer mit dem ihnen angeborenen praktischen Sinn sehr schnell. Sie förderten also allüberall die Landwirtschaft mit all den technischen Einrichtungen, die sie da oder dort auf der Welt entdeckten, für geeignet hielten und übernahmen. Und sie förderten vor allem die heimische und nordafrikanische Landwirtschaft mit einer ungeheueren Zulieferung menschlicher Arbeitskraft. Die Sklavenlandverschickung wurde ebenso perfektioniert wie alles andere.

Nicht etwa, daß die Sklavenhaltung etwas Neues gewesen wäre, auch das philosophierende Athen und das kulturell so interessante Griechenland verschaffte sich den Luxus geistiger Freiheit durch die körperliche Betätigung anderer. Im vierten Jahrhundert vC hatte Griechenland bei einer Bevölkerung von drei Millionen Menschen eine Million – also ein Drittel – Sklaven. Und in Athen selbst ließen zur Zeit des Perikles 30 000 Vollbürger nicht weniger als 60 000 Sklaven für sich werken.

Die Bedürfnisse dieser Sklaven waren naturgemäß sehr gering. Größer waren die Bedürfnisse der Heere, die ausgeschickt wurden zu erobern, zu befrieden und nebenbei feindliche Männer, Frauen und Kinder gefangenzunehmen und als Sklaven auf die Märkte zu liefern. Ein solches Heer selbst war allein schon der schönste Markt, den sich ein Händler nur wünschen konnte. Mit den Legionen zogen ja Frauen und Kinder, Huren und Sklaven. Sie alle wollten versorgt werden, und sie alle hatten das Bedürfnis, das beim letzten Beutezug Gewonnene so schnell und so gut wie möglich umzusetzen.

Natürlich gab es auch die stehenden Garnisonen, in denen der Sold knapp war. Aber Krieger waren zu allen Zeiten dankbare Kunden, und so tat Rom – indem es seine Legionen über drei Kontinente marschieren ließ – viel für den Handel. Seltsamerweise aber war es nicht mehr der gleiche Handel, der zu Zeiten der griechischen Kolonisten und der keltischen und phönizischen Seefahrer florierte. Genau ist der Unterschied nicht zu definieren, aber gefühlsmäßig läßt sich die Situation vielleicht mit der eines großen internationalen Handelskontors vergleichen, das seine Pforten schließt und die Geschäftsräume an einen kleinen Gewürzkrämer vermietet, der seine Lieferanten im Nachbarort und seine Kunden im gleichen Viertel hat.

Natürlich importierte auch Rom Waren aus aller Welt: Kupfer, Zinn und Blei; Korallen und Topase; zarte und grobe Textilien; Glas, Arznei und Räuchermittel und natürlich viel Getreide. Eines Tages dann aber auch indischen Pfeffer. Ein Importartikel, mit dem die Römer eine neue europäische Handelstradition begründeten.

Und natürlich dienten die Straßen, die Rom durch seine Legionäre für seine Legionen bauen ließ, nicht zuletzt auch dem Handel. »Erst im Zeitalter der Eisenbahn entstanden wieder Netze von Verkehrswegen, die den römischen ebenbürtig waren«, sagt Hans Bauer in seinem Büchlein »Wenn einer eine Reise tat«:
Dem Hauptverkehr dienten Straßen von 90 000 Kilometer Länge, die von den Grenzen Schottlands quer durch Europa bis zum Indischen Ozean reichten. Dazu kamen 200 000 Kilometer Straßen zweiter Ordnung.

Als »Königin der Straßen« wurde die von Appius Claudius im dritten Jahrhundert vC erbaute zweigleisige Via Appia bezeichnet, die von Rom nach Capua und dann weiter nach Sizilien führte. Ihre Breite schwankte zwischen 4,25 und 4,50 Metern. Noch achthundert Jahre später zeigte sie, wie der byzantinische Historiker Prokopius berichtet, keine Schlaglöcher, keine Fugen und keine sonstigen Schäden. Andere große Straßen, die Rom mit den Städten des Reiches verbanden, waren die Flämische, die Aurelische, die Amelische. Im Gegensatz zur gefugten und gepflasterten Via Appia waren sie allerdings nur mit Kies bestreut oder geschottert. Alpenstraßen, die hauptsächlich in Mailand ihren Ausgangspunkt hatten, gab es mindestens anderthalb Dutzend.

Für die Sicherheit des Handels aber zog 67 vC der römische Feldherr Pompeius – im Auftrag der römischen Volkspartei, aber gegen den Willen des Senats – mit 120 000 Mann auf 500 Schiffen aufs Meer hinaus. Und gründlich, wie es Römerart entsprach, erledigte er den Auftrag innerhalb von drei Jahren, indem er nicht nur Seeräuberschiffe kaperte und die Besatzungen als Sklaven verkaufte, sondern auch noch die Nachschubwege und Schlupfwinkel 75 Kilometer tief ins Land hinein »säubern« ließ. Die dreijährige Allgegenwart seiner Schiffe und seine Gründlichkeit ließen aus den entschlossensten Seeräubern des Mittelmeeres biedere Ackerbauern werden. Es war einfach kein Gewinn mehr bei dem Geschäft, nur noch Risiko. Der Erfolg des Pompeius: Vor 2000 Jahren konnten Handelsschiffe gefahrloser im Mittelmeer kreuzen als noch vor hundert Jahren. Denn spätestens seit dem 16. Jahrhundert schnappten sich arabische Piraten wieder so manche fette Beute. Und manchen Christensklaven.

Eines der berühmtesten Opfer der arabischen Piraterie war Miguel Cervantes, der Dichter des Don Quichotte. Das hätte ihm – wie gesagt – nach der Säuberungsaktion des Pompeius zur Zeit der Römer nicht mehr im Mittelmeer passieren können. Statt dessen aber hätte es natürlich durchaus geschehen können, daß er als gefangener Iberier auf einem römischen Sklavenmarkt verkauft worden wäre. Wobei es ihm dabei möglicherweise sehr viel besser ergangen wäre als den meisten Kriegsgefangenen der beiden letzten Weltkriege in Sibirien. Aber das waren ja keine Sklaven mehr.

Denn heute leben wir in einer ganz anderen Zeit. Wir wissen, daß die Erde rund ist, wir fahren nach Amerika, und es gibt eigentlich nur einen wirklich ernsthaften Streit in der Welt: den zwischen dem freien Handel und dem Imperialismus kollektivierter Verwalter. Den zwischen Karthago und Rom. Wir schreiben das Jahr 1977 nC. Und 264 vC begann der Erste Punische Krieg: Rom gegen Karthago. 146 vC war Karthago zerstört.

Sterne, Gräber und Chirurgen

Das Bild der Erde

Eines ist ohne Zweifel richtig: Menschen, die keine geographische Vorstellung der Erde haben, können keine Ozeane überqueren. Es genügt nicht, an die Kugelgestalt der Erde zu glauben, um bei jeder Atlantiküberquerung auf wenige Kilometer genau an einer bestimmten Flußmündung Süd- oder Nordamerikas, Spaniens oder Afrikas anzukommen. Wer aber über die nautischen Fähigkeiten verfügt, über den Atlantik und Teile des Pazifik hinweg bestimmte Ziele anzusteuern, der ist auch in der Lage, sich ein konkretes Bild dieser Erde zu skizzieren.

In diesem Punkt müssen Vorurteile revidiert werden. Nicht nur, weil die Tatsache, daß bisher keine phönizisch-karthagischen Land- oder Seekarten gefunden wurden, kein Beweis für das Nicht-Vorhandensein solcher Karten ist, und nicht nur, weil neueste Forschungsergebnisse sogar Landschaftsaufzeichnungen in der Steinzeit vermuten lassen, sondern auch, weil Naturvölker ein geographisches Vorstellungsvermögen entwickeln können, das wir nicht mehr kennen und daher bei der wissenschaftlichen Betrachtung frühgeschichtlicher Orientierungsmöglichkeiten überhaupt nicht berücksichtigt haben.

Den besten Eindruck dieses natürlichen Landschaftsbewußtseins, das sich auch zeichnerisch ausdrücken kann, vermittelt eine Begegnung, die Ivar Lissner in Sibirien mit einem Tungusen vom Stamme der Orotschon hatte. Hier Lissners Schilderung:
Ich bewunderte die erstaunlich genauen Skizzen, die er mir vom Albasiha (einem der schönsten Nebenflüsse des Amur), von den Nebenflüssen und von der Beschaffenheit des Waldes und der Sümpfe entwarf. Die Vorstel-

lung der Orotschon vom Gelände, von den Ausmaßen der Sümpfe, von den Längen der Flüsse, ihre Erinnerung an jeden Hügel, jede Quelle, jedes abgebrannte Revier, ja jeden Baum, das sind wirklich außerordentliche Eigenschaften, die man nicht genug bewundern kann.
Ein Mensch, der die Landschaft hier nicht ganz genau begreift, würde nicht lange am Leben bleiben. Es ist geradezu bestechend, wie die Tungusen unsere westlichen Karten lesen können, ohne die Schrift zu verstehen, und wie sie sofort die Fehler etwa in der Zeichnung der Flußläufe zu berichtigen wissen. Es gibt unter diesen Menschen der Taiga nicht nur einzelne Geländekundige, sondern jeder Tunguse besitzt tief eingewurzelte Fähigkeiten, sich zu orientieren. Ein umfassendes System von Naturbeobachtung und geographischem Wissen wird von ihnen sehr früh erlernt. Schon Kinder beherrschen diese Kunst und selbstverständlich auch die Frauen.
Es ist nichts Ungewöhnliches, daß Frauen ihre Kinder durch 300 Kilometer Taiga führen, durch Gebiete, die sie noch nie betreten haben, und daß sie auf dem kürzesten Wege einen Punkt erreichen, den sie sich als Ziel gesetzt haben. Der Lebensberuf des Tungusen ist die Jagd. Schon darum muß er die Topographie seiner Landschaft bis in ihre letzten Geheimnisse beherrschen. Ja, er weiß eigentlich immer genau, welche Richtung dieses oder jenes Tier einschlagen wird, wie der Bach, der Fluß, der Hügel, die Lichtung oder der Wald beschaffen ist – überhaupt die Gegend, in der er das Tier verfolgt, und er kennt jede Einzelheit, die Höhe der Bäume, die Tiefe der Flüsse, die Gestalt der Bergrücken, die Schwierigkeit der Sümpfe über Tausende von Quadratkilometern.
Ein Orotschon, der Russen führte, die sich in der nordmandschurischen Taiga verirrt hatten, war der Ansicht, daß die Unfähigkeit der Orientierung auf Degeneration der westlichen Menschen beruhe, auf Mangel an geographischer Bildung und auf einem unentwickelten Gefühl für Natur.

Nun wird niemand der Meinung sein, daß ein Steinzeitjäger in Mitteleuropa diese Fähigkeiten weniger entwickelt habe als ein Tunguse des zweiten Jahrtausends nC. Und es wird niemand ernsthaft behaupten wollen, daß seefahrende Küstenvölker nicht in gleichem Umfang zum Überleben geographisches Gefühl benötigen. Daraus aber läßt sich die Überzeugung ableiten, daß schon Seefahrer und Jäger der Steinzeit in der Lage waren, sich ein deutliches Bild ihrer Umgebung zu zeichnen.

Öffnen wir aber unsere Augen in dieser Richtung, bieten sich plötzlich handfeste Bestätigungen für diese Ansicht. Ich will gar nicht von jenen rätselhaften Steinkritzeleien vergangener Zeiten sprechen, die – ein Strich, ein Punkt, eine Schlangenlinie – für den Eingeweihten ein Hinweis auf eine Lagerstelle am Fluß, einen Wildwechsel am Waldrand oder ähnliches bedeutet haben mochten. Ich überlasse das Wort in diesem Zusammenhang gern dem Städteplaner Cesare Giulio Borgna, der als Amateurforscher zusammen mit dem Studienzentrum für prähistorische Kunst in Pinerolo Hunderte von altsteinzeitlichen Felsbildern untersuchte und dabei zu einer beachtenswerten Theorie kam. Nahezu hunderttausend Jahre lang meißelten die Menschen des europäischen Kulturkreises immer wieder da oder dort eine Vielzahl kleiner und kleinster Ausbuchtungen in Felsen. Unsymetrisch angeordnet, oft mit Strichen und Kreuzchen dazwischen, sind diese sogenannten »Näpfchen« für die prähistorische Forschung ein ungelöstes Rätsel. Borgna bietet nun – zumindest für die Näpfchensteine in den Bergen und Hochtälern um Pinerole, am Rande der Cottischen Alpen südwestlich von Turin – eine einleuchtende Erklärung:
Diese Felsen stehen immer an exponierten Plätzen mit weiter Aussicht ins Tal. Drängt sich deshalb nicht der Gedanke auf, daß die schalen- oder kreuzförmigen Zeichen an diesen luftigen Orten auf etwas hinweisen sollen, das im Tal unter ihnen liegt?

Borgna und eine Studiengruppe untersuchten das Gelände in den Tälern, fanden uralte Bewässerungssysteme, Spuren urzeitlicher Besiedlung und teilweise noch heute fündige Wasserstellen und Quellen. Wasserstellen, Kanäle und Siedlungen jener Urzeit in eine moderne Karte eingetragen ergaben plötzlich ein Bild, das genau der Anordnung der Näpfchen (Wasserstellen), Furchen (Kanäle) und Kreuze (Siedlungen) auf den in der mittleren Jungsteinzeit gravierten Felsen entsprach. Eine vorgeschichtliche Landkarte also.

Gewiß, die Untersuchungen sind noch zu neu und zu unvollständig, um als gültige Beweise allgemein akzeptiert zu werden. Aber es ist immerhin eine Arbeitshypothese, die nicht nur das Rätsel um jene seltsamen »Näpfchen« und »Kreuzchen« lösen würde, sondern uns darüber hinaus deutlich machen kann, daß der Mensch schon lange vor der Sintflut und mit Sicherheit in den Jahrtausenden danach durchaus gewillt und auch fähig war, ihm wesentlich erscheinende Gegebenheiten für sich, seine Umgebung und seine Nachkommen zu notieren. Und daß er dabei auch jenes geographische Gefühl entwickelt hatte, das wir heute nur noch bei Naturvölkern finden.

Felix R. Paturi weist in diesem Zusammenhang auf »Näpfchen« und gleichförmige Kreissymbole aus der Bronzezeit hin, die sich sowohl in den Schweizer Alpen bei Sils in Graubünden wie auf den Felsen britischer Inseln und portugiesischer Küstenlandstriche finden. Auch diese einander sehr ähnlichen Zeichen sind bis heute nicht gedeutet, weisen aber zumindest auf einen Handelsverkehr von der Schweiz bis Irland und von Irland über See bis nach Portugal hin. Sind es Landkarten? Seekarten? Hinweise auf Handelswege, Strömungen, Inseln, Siedlungen?

Die Zeit wird kommen, da auch diese Fragen beantwortet sein werden.

Inzwischen aber ist es wieder einmal Catal Hüyük, das uns – als hätten die Menschen jener Zeit geahnt, daß wir eines Tages dieses Beweises noch bedürften – ein deutliches, an die Wand gemaltes Landschaftsbild liefert. Hier die Beschreibung des Archäologen Mellaart:
Im Vordergrund zeigt sich eine Stadt mit rechteckigen Häusern verschiedener Größe, wobei deutlich innere Strukturen angedeutet sind, die an Catal Hüyük denken lassen. Die Häuserreihen ziehen sich . . . terrassisch zur Höhe eines Hügels hinauf. Hinter der Stadt erhebt sich ein zweizipfliger Berg. Im Verhältnis zur Stadt ist er sehr klein dargestellt, als ob er weit entfernt wäre. Seine Flanken sind von Punkten bedeckt, und von seiner Grundfläche gehen parallele Linien aus. Weitere Linien brechen aus dem höheren seiner beiden Gipfel hervor, und weitere Punkte sind über seinen rechten Abhang hinaus sowie in horizontalen Linien oberhalb seines Gipfels verteilt, eingestreut sind waagerechte und senkrechte Linien.
Ein deutlicheres Bild eines Vulkanausbruchs hätte man kaum entwerfen können: Das Feuer, das aus seinem Gipfel hervorbricht, die Lavaströme, die sich aus Öffnungen an seinem Fuß ergießen, Wolken von Rauch und glühender Asche, die über seinem Gipfel hängen und sich auf die Abhänge des Vulkans sowie über diese hinaus abregnen – all dies findet sich in unserer Malerei vereint.

Johannes Lehmann, dessen Buch dieses Zitat entnommen ist, bemerkt dazu, wie er schreibt, mit einiger Verblüffung,

. . . daß man von Tschatal Hüjük aus Mellaart sofort versteht. Es ist nicht schwer, den lokalen Bezug herzustellen: am Ostende der Konja-Ebene liegt in Sichtweite von Tschatal Hüjük der einzige doppelgipflige Vulkan Zentralanatoliens, der 3253 Meter hohe Hasan Dag, und man hat festgestellt, daß er erst im zweiten Jahrtausend vor der Zeitenwende erloschen ist.

Schon 1882 wies übrigens der amerikanische Politiker Ignatius Donelly – er war Gouverneur und sogar einmal Bewerber um die US-Vizepräsidentschaft – in seinem Buch »Atlantis, the antediluvian world« darauf hin, daß die Ägypter nicht nur die Überlieferung von der Kugelgestalt der Erde weitergaben, sondern auch hervorragende Landvermesser waren. Wer jedoch über die geographisch-mathematischen Kenntnisse verfügt, die erforderlich sind, um ein Land vermessen zu können, der wird auch in der Regel fähig sein, karthographische Skizzen anzufertigen.

In den siebziger Jahren grub der amerikanische Archäologe Mac Gibson wieder in Nippur, der heiligen Stadt Sumers. Als wichtigstes Hilfsmittel für seine gezielte Ausgrabungs-Kampagne stand ihm etwas zur Verfügung, was bisher noch kein Archäologe beim Ausgraben einer alten Stadt benutzen konnte: ein maßstabgetreuer Stadtplan aus jener Zeit, da Handel und Wandel im alten Nippur noch florierten. Ein Stadtplan aus der Zeit um 1500 vC, eingeritzt auf einer Tontafel und mit erklärenden Keilschriftzeichen versehen.

In der Beschreibung dieses bis jetzt ältesten Stadtplans der Erde heißt es bei Helmut Uhlig:

Die Karte ist nicht genau nordsüdlich orientiert, sondern ungefähr in einem Winkel von 54 Grad.

In der Mitte befindet sich der Name der Stadt, mit dem alten sumerischen Zeichen geschrieben: EN-LIL-KI. »die Stätte Enlils«, das heißt, die Stadt, in welcher der Luftgott Enlil wohnte, die führende Gottheit des sumerischen Pantheons.

Die Bauten, die wir sehen, sind: Der Ekur, das »Berghaus« – Sumers berühmtester Tempel –; der Kiur, ein dem Ekur benachbarter Tempel, der im

Zusammenhang mit den sumerischen Vorstellungen von der Unterwelt eine wichtige Rolle gespielt zu haben scheint –; die Anniginna, eine Art Umzäunung, die uns nicht näher bekannt ist –; und weit draußen, an den Grenzen der Stadt, Eschmah, der »erhabene Schrein«. In der Ecke zwischen der südwestlichen und der südöstlichen Mauer liegt der Stadtpark, der Kirischauru, wörtlich »Park im Zentrum der Stadt«.
Die Südwestgrenze der Stadt bildet der Euphrat, mit dem alten sumerischen Zeichen geschrieben: Buranum. Im Nordwesten wurde die Stadt von dem Nunbirdu-Kanal begrenzt. . . Mitten durch die Stadt fließt der Idschauru, wörtlich »Stadtmitte-Kanal« . . . Besondere Aufmerksamkeit aber hat der alte Kartenzeichner den Mauern und Toren gewidmet. . .

Bleibt noch zu vermerken, daß dieser Stadtplan, wie Uhlig schreibt, »die Ergebnisse der Archäologen nachträglich bestätigt« hat. Nachträglich deshalb, weil er bei den Ausgrabungen von Nippur nicht von Anfang an zur Verfügung stand.

Dieser Stadtplan ist ein weiterer, in diesem Fall nicht zu bezweifelnder Beweis dafür, daß die Menschen schon in den Jahrtausenden vor der Zeitenwende ihre Umgebung karthographisch richtig zu erfassen verstanden. Und wenn heute noch da oder dort unterstellt wird, daß »die beduinische Wanderlust der Phönizier« sie an den Rand eines Meeres geführt habe, bei dem sie befürchten mußten, daß es wie das Weiße um den Dotter eines gekappten Eies irgendwann am Nichts ende, entspricht dieses Bild nicht mehr der heute erkannten historischen Wirklichkeit. Seefahrende Erben der Nordvölker, hatten die Phönizier mit Sicherheit nicht nur deren nautische Hilfsmittel und ein korrektes Bild der Erde, sondern zumindest auch die karthographischen Kenntnisse der Sumerer und das zur Landvermessung erforderliche mathematisch-geometrische Wissen der Ägypter.

Vergessen wir doch nicht, daß der griechische Gelehrte Eratosthenes im dritten Jahrhundert vC im ägyptischen Alexandria den Erdumfang (40 076,592 Kilometer Äquatorumfang; 40 009,153 Kilometer Umfang über die Pole) mit 39 690 Kilometern nahezu richtig errechnete, während der griechische Geograph Strabo nach seiner Ägyptenreise um 25 vC mit 27 000 Kilometer Erdumfang sich schon ein erhebliches Stück von der Realität entfernt hatte. »Man nimmt an . . .« schreibt Strabo zur Erläuterung seiner Berechnung und bekennt damit, daß er selbst schon keine eigene Kenntnis mehr von Art und Umfang der Erde hatte.

Gibt es einen deutlicheren Beweis dafür, daß frühere Generationen der geographisch-mathematischen Wahrheit noch näher waren als die späteren?

Wenn wir uns dazu noch ins Gedächtnis rufen, daß Alexandria zur Zeit des Eratosthenes die größte und umfassendste Bibliothek des Altertums enthielt und daß Eratosthenes als Vierzigjähriger mit der Leitung dieser Bibliothek betraut wurde, dann drängt sich der Gedanke auf, daß Eratosthenes bei seiner Berechnung des Erdumfangs noch auf Quellen zurückgreifen konnte, die bei genauerer Kenntnis der Materie vielleicht noch genauere Ergebnisse der Berechnungen hätten ermöglichen können. Wir kennen nur die Schriften des Eratosthenes. Wie alt und exakt die Schriften waren, aus denen er sein Wissen schöpfte, können wir nur ahnen.

In seinem Buch »Der Weg aus dem Gestern« sagt Hans Leo Mikoletzky: *. . . daß sich fast nirgends in der Germania Romana . . . eine eigene Erfindung der Römer zeigt. Alles durch die Römer Geschaffene wurde unmittelbar griechischen oder noch früheren Vorbildern entlehnt. So führte zum Beispiel die ungeheure Schwierigkeit, ja geradezu Unmöglichkeit, mit römischen Zahlen zu rechnen, allmählich zur Einführung arabischer Ziffern. Maße, Gewichte und Landvermessung wurden neu festgesetzt. Der Bau von Orgeln, die Verwendung von mit Flaschenzügen versehenen Hebezeugen und der Gebrauch von Drehbänken sind ursprünglich ebenfalls, wie man las, nicht römisch.*

Und was wissen wir von dem Griechen Aristoteles, dessen Lehrbuch der Physik noch bis 1674 nC im Physikalischen Institut in Karlsruhe verwendet wurde? Er begründete – so steht es in jedem besseren Lexikon – die abendländische Logik. Tatsache ist, daß die Schriften dieses Mannes aus dem vierten Jahrhundert vC bis in unsere Zeit hineinwirken. In seiner Naturlehre zeigt er den Fortschritt vom Unvollkommenen zum Vollkommenen und verbindet dies mit der ethischen Forderung, die Entfaltung des vernünftigen Denkens und des sittlichen Wollens als obersten Zweck des Menschen zu erkennen.

Dieser Grundsatz der Lehre des Aristoteles, eines Schülers von Plato, veränderte menschliches Denken in zwei Richtungen: Bisher wurde alles, was auch immer an Überlieferungen und technischem Wissen in der Welt war, von Menschen übernommen und benutzt, ohne es sich neu, das heißt logisch aufbauend, von der Basis her zu erarbeiten (siehe die Verwendung einer Kreisberechnungszahl für den Bau einer Pyramide). Es dauerte nahezu zwei Jahrtausende, bis die Menschheit soweit war, wenigstens zu einem geringen Teil der Lehre und Forderung des Aristoteles geistig zu entsprechen und bis sie im Abendland den ungeheuren Sprung vom Epigonen zum Schöpfer vollzog.

Die Kehrseite der Medaille aber ist, daß wir nunmehr, beeinflußt, wo nicht gar geprägt durch Aristoteles, uns nicht mehr an den Gedanken gewöhnen mögen, daß in allen menschlichen Bereichen die Dinge auch andersherum laufen können, daß es durchaus eine Entwicklung vom Vollkommenen zum Unvollkommenen gibt, weil in der gesamten Einflußsphäre des Menschen der Hang zum Epigonentum größer ist als der zum schöpferisch Aufbauenden.

Wir kennen zum Beispiel die geometrische Optik des Mathematikers Euklid, die Geometrie nach dem Parallelenaxiom, die dieser im vierten Jahrhundert vC in Alexandria fixierte. Aber wir können nur sagen, daß wir seine Schriften als die uns bekannten ältesten akzeptieren. Wir wissen nicht, welche Unterlagen ihm bei seiner Niederschrift zur Verfügung standen, wir wissen nicht, welche Schriften, welche Überlieferungen es vor Euklid zu diesem Thema gab. Auch auf die Gefahr hin, Euklid Unrecht zu tun: Ihn als Begründer der Geometrie nach dem Parallelenaxiom zu benennen, wie es heute vielfach geschieht, entspricht aristotelischem Denken, nicht jedoch unbedingt der Realität.

Das gilt ähnlich für den anderen griechischen Mathematiker, Archimedes, von dem es heißt, er »fand« die Hebelgesetze und das Prinzip des Auftriebs. Die Hebelgesetze und das Prinzip des Auftriebs waren ganz ohne Zweifel lange vorher »gefunden« und nachweislich in der Praxis angewendet worden. Wir wissen nur nicht, ob und von wem sie je zuvor protokolliert worden sind. Eines aber erscheint mir bei Archimedes wirklich neu. Und da mag Aristoteles bereits durch seine geistige Forderung gewirkt haben: Archimedes praktizierte die uns heute selbstverständlich erscheinende Verbindung von Idee oder Überlieferung mit dem Experiment. Was bei uns heute jeder Sextaner lernt, naturwissenschaftliche – und andere – Gesetze nicht einfach hinzunehmen, sondern selbst zu erarbeiten, war damals ein Novum. Als Archimedes zum erstenmal ein Stück Holz ins Wasser warf, um bewußt den Auftrieb zu erleben, begann ein neues Kapitel der Menschheit. Geschrieben wurde es allerdings erst nahezu zweitausend Jahre später. Die Epigonen-Ära der Nachsintflutzeit wirkte noch lange nach.

Die meist von Priestern geleiteten Schulen der Etrusker, der Babylonier und der Sumerer – ja, auch damals, 3000 vC, gingen die Söhne hervorragender Familien schon zur Schule – haben am Prinzip des kritiklosen Übernehmens so wenig geändert wie die des Mittelalters. An dem schulischen Grundsatz, daß der Lernende nach Möglichkeit nie soviel zu wissen hat wie der Lehrende, hat sich im Verlauf der Jahrtausende nichts geändert.

Der Erfolg: Noch die Etrusker hatten das mathematische, geometrische und astronomische Wissen der Babylonier und Ägypter. Sie konnten so gut wie diese Himmelsberechnungen und Landvermessungen durchführen. So gut, aber auch nicht besser. Während jedoch die Sumerer noch im vierten Jahrtausend vC mit 15stelligen Zahlen operierten (100 000 000 000 000!), kamen die Griechen über die fünfstellige Zahlenreihe (10 000) nicht mehr hinaus. Die alten Ägypter rechneten im dritten Jahrtausend vC selbstverständlich mit dem Dezimalsystem. Die Römer wußten schon gar nicht mehr, daß man so einfach rechnen kann.

»Zweihundert Jahre vor allen Völkern Europas hatten die Maya den Zahlenwert Null erfunden und verwendeten ihn!« (Lissner), jenes mittelamerikanische Volk, das in seinen übrigen Lebensäußerungen etwa auf der Kulturstufe der späten Steinzeit war und seine »klassische Periode« zwischen 200 und 925 nC erreichte. Aber schon 800 nC begann der Zusammenbruch. Rund siebenhundert Jahre vor dem Wiederauftauchen der Europäer auf dem amerikanischen Kontinent.

Für Kunst und Handwerk kamen mit dem Ende der klassischen Periode schlechte Zeiten . . . Der gleiche Niedergang zeigt sich im intellektuellen Leben . . . denn die Errungenschaften in Astronomie und Arithmetik gehören ausschließlich der klassischen Ära an (Thompson).

Überall das gleiche Bild, Wissen und Techniken werden übernommen, ohne von den Völkern erarbeitet zu sein, bringen erstaunliche kulturelle Blüten hervor, gefördert oder gefordert durch »göttlichen« Willen oder zumindest starke religiöse Impulse, und versinken wieder unter Staub, Sand und Urwald.

Es mochte in der bisherigen Literatur als kleine und entschuldbare Ungenauigkeit angesehen werden, von den Künsten »der Sumerer«, den Pyramiden »der Ägypter«, den Tempelbauten »der Maya« zu sprechen. Wir wissen heute, daß es nicht nur falsch ist, sondern zu einer völlig irreführenden Begriffsverwirrung beigetragen hat. Die Maya haben genausowenig ihren berühmten Kalender »erfunden« wie die Ägypter die Ellipsenberechnung, die ersten mechanischen Uhren oder die Sumerer ihre perfekte Bilanzbuchhaltung. Es waren in Mesoamerika wie in Ägypten und Mesopotamien immer nur einzelne, von der Masse der Völker sich durch »Göttlichkeit« oder »Gottesnähe«, als Könige oder Priester also, deutlich absetzende Persönlichkeiten, die den Heerscharen der Gläubigen Tempel und Pyramiden, Agrarproduktion und Kanalsystem abverlangten, indem sie entsprechendes technisches und mathematisch-geographisches Wissen in ihre Ehen mit den Völkern einbrachten.

Der so glanzvolle Kalender war für das Volk der Maya nichts anderes als eine ewige furchterregende Bedrohung; der Bau ihrer Pyramiden und ihre Agrarproduktion stießen die Ägypter ein Stück in den Himmel des Fortschritts, aus dem sie dann langsam und qualvoll wieder herunterfielen; ihre phantastisch ausgeklügelten Kanalsysteme, ihre Schrift, ihre dichterischen Epen und ihr Welthandel hinderten die Völker von Sumer und Akkad nicht am Untergang und totalen Vergessenwerden.

Bilder des Himmels

Wie eine überdeutliche Illustration, fast schon eine Karikatur des bisher Gesagten, wirkt die Geschichte vom Kalender-Heiligtum von Sarmizegetusa, von den geheimnisvollen Steinringen inmitten einer künstlich errichteten Terrasse, angelegt in beherrschender und weithin sichtbarer Lage auf einem abgeflachten Bergrücken bei Broos, südlich von Klausenburg (Rumänien): Ein äußerer Kreis (29,40 Meter Durchmesser) mit 104 Andesitblöcken; ein geringfügig kleinerer Kreis aus zweierlei Andesitblöcken (180 schmal-hohe und 30 breit-niedrige, wobei nach je sechs hohen Steinen ein niedriger folgt, so daß 30 Hochstein-Gruppen dastehen); ein dritter Kreis (Durchmesser 20 Meter) aus 68 drei Meter hohen Holzpfosten, der durch vier mit Kalksteinblöcken markierte Eingänge unterbrochen war; dann noch ein innerster Halbkreis in Hufeisenform, ebenfalls aus Holzpfosten ausgeführt, die bis zu zwei Meter hoch waren; und in der Mitte noch eine Feuerstelle, die aber, wie die Forscher feststellten, nicht oft benutzt wurde.

Wahrscheinlich wurde der ganze geto-dakische Kalender nicht oft benutzt. Er entsprach nämlich mit seinen 30 Sechsergruppen noch relativ genau dem Mondhalbjahr, brachte mit 360 Tagen im Jahr jedoch eine Differenz zum Sonnenrhythmus, die ihn innerhalb von 34 Jahren ein halbes Jahr »nachgehen« ließ. Mit anderen Worten, wenn der Kalender von Sarmizegetusa auf Sommeranfang stand, war es inzwischen Weihnachten.

Das haben die Priester zwar auch bemerkt, wie die 34 hufeisenförmig aufgestellten Holzpfosten beweisen. Aber diese Korrekturen nach einem Dritteljahrhundert – die dabei übrigens immer noch eine Differenz von 1,78 Tagen im Jahr unberücksichtigt ließ – waren so stumpf und unpraktikabel, daß der Kalender in der Praxis kaum je funktioniert haben kann. Er ließ ja schon nach dem vierten, fünften Jahr keine Fixierung der jahreszeitlich bedingten religiösen Feste mehr zu. Die Frühjahrsopfer, die feierliche erste Aussaat, der Erntedank, alles das paßte ja schon nicht mehr.

Trotzdem – so müßte man sagen – eine immerhin bemerkenswerte geistig-religiöse Leistung geto-dakischer Priester, wenn diese Kalenderringe eine

Darstellung des astronomischen Wissensstandes der frühen Steinzeit wären. Sie wurden aber zwischen den Jahren 81 bis 101 nC (!) errichtet. Zwei Gesichtspunkte sind es vor allem, die das Kalender-Heiligtum von Sarmizegetusa als Beispiel des Niedergangs so augenfällig machen:

Erstens seine unübersehbare Parallele zu der Anlage von Stonehenge in England (und wir werden über den nahezu unglaublichen Wissensstand, der bei der Errichtung von Stonehenge deutlich wurde, noch ausführlich hören). Und zweitens die Tatsache, daß hier eindeutig keltische Überlieferung die Hand im Spiel hatte.

Die zwischen Karpaten und Donau siedelnde indoeuropäische Urbevölkerung der Thraker läßt sich etwa gegen Ende des zweiten Jahrtausends vC in Daker (Karpartenraum) und Geten (nördlich der Donau) unterscheiden. In die Landstriche dieser Völker drangen im vierten Jahrhundert vC keltische Stämme ein, die zu einem Teil nach Kleinasien weiterzogen (wo sie im dritten Jahrhundert vC in der Gegend des heutigen Ankara das Reich der Galater begründeten). Ein Teil der Kelten aber blieb und siedelte sich auf freiem Land unter den Dakern und Geten an.

Sie gingen in den folgenden Jahrzehnten und Jahrhunderten unter diesen artverwandten Völkern auf, vermittelten ihnen jedoch nachweisbar starke keltische Kultureinflüsse. Das wirkte sich bis zum ersten Jahrhundert vC zugunsten der Geten aus, denen dadurch für etwa drei Jahrhunderte eine geistig-kulturelle Führungsrolle im Donau-Karpatenraum zufiel (die geto-dakische Zeit, in der keltischer Einfluß bestimmend war). Die nachfolgenden zwei Jahrhunderte wurden eine Zeit allmählichen Übergangs zur dakischen Kultur (in der römischer Einfluß vorherrschend war). Genau auf der Schwelle zur römischen Zeit, sozusagen als letzte Manifestation verblühter Kultur, wurden die nachkeltischen Kalendersteine errichtet. Und waren nur noch eine dumpfe, unvollkommene Erinnerung an einstige Größe und einstiges Wissen.

Und jetzt das Gegenstück, Beispiel und Vorbild: Stonehenge. Lassen wir einmal alle Randerscheinungen beiseite, wie zum Beispiel die Größe der Steine (in Stonehenge viereinhalb Meter hoch, in Sarmizegetusa die größten knapp über einen Meter) und die Transportprobleme. Bleiben wir allein bei dem, was sie uns über das mathematisch-astronomische Wissen ihrer Baumeister erzählen können.

Stonehenge wurde zwischen 2000 und 1800 vC errichtet, und zwar als Mond- und Sonnenheiligtum. Die Hauptlinien zwischen den Steinen entsprachen einer für die Zeit um 1880 vC exakten Peilung zur Sonne während der Winter- und während der Sommersonnwende. Die nach ihrem Entdekker so genannten Aubrey-Löcher, die um das Heiligtum herum angelegt sind, waren den Schlußfolgerungen des amerikanischen Astronomen Dr. G. S. Hawkins zufolge ein Zählwerk, mit dem durch das jährliche Versetzen von Zählstäben auf einige Tage genau Sonnen- und Mondfinsternisse vorhergesagt werden konnten!

Der englische Astroarchäologe A. Thom bewies inzwischen am Beispiel von rund 600 Steinsetzungen der Megalithkultur im dritten Jahrtausend vC – deren Höhepunkte einer Stonehenge ist –, daß zu jener Zeit bereits ein Kalender mit genau 365 Tagen (unterteilt in 16 Monate) einschließlich des alle vier Jahre wiederkehrenden Schalttages gehandhabt wurde. Das Schaltjahr wurde von den Römern erst zur Zeit Cäsars übernommen.

Aber auch die Bahnen heller Fixsterne waren bei den Steinsetzungen da und dort berücksichtigt worden. Ebenso genaue Sonnendaten liefern die Steinsetzungen an den französischen Atlantikküsten wie in Norddeutschland. Und dann entdeckte Thom noch das MY, das »Megalith Yard«, das Einheitsmaß der Menschen der Jungsteinzeit in Europa. In England entsprach es genau 82,9 Zentimeter. Und in Westpreußen, wo der deutsche Astronom Professor Rolf Müller die große Steinkreisanlage von Odry vermaß, entsprach das MY genau 82,7 Zentimeter. Es differierte also nur um zwei Millimeter von der durch Thom entdeckten Maßeinheit. Und das mehr als 1000 Kilometer von den Britischen Inseln entfernt. Eine Tatsache, die Felix R. Paturi zu dem Schluß bringt, es müsse in der Steinzeit ein »internationales Eichamt« gegeben haben, wo die Stöcke oder Maßstäbe in einheitlicher Länge zurechtgeschnitten wurden.

Hätte nämlich jede Gemeinde das Maß nicht von der Zentralstelle, sondern

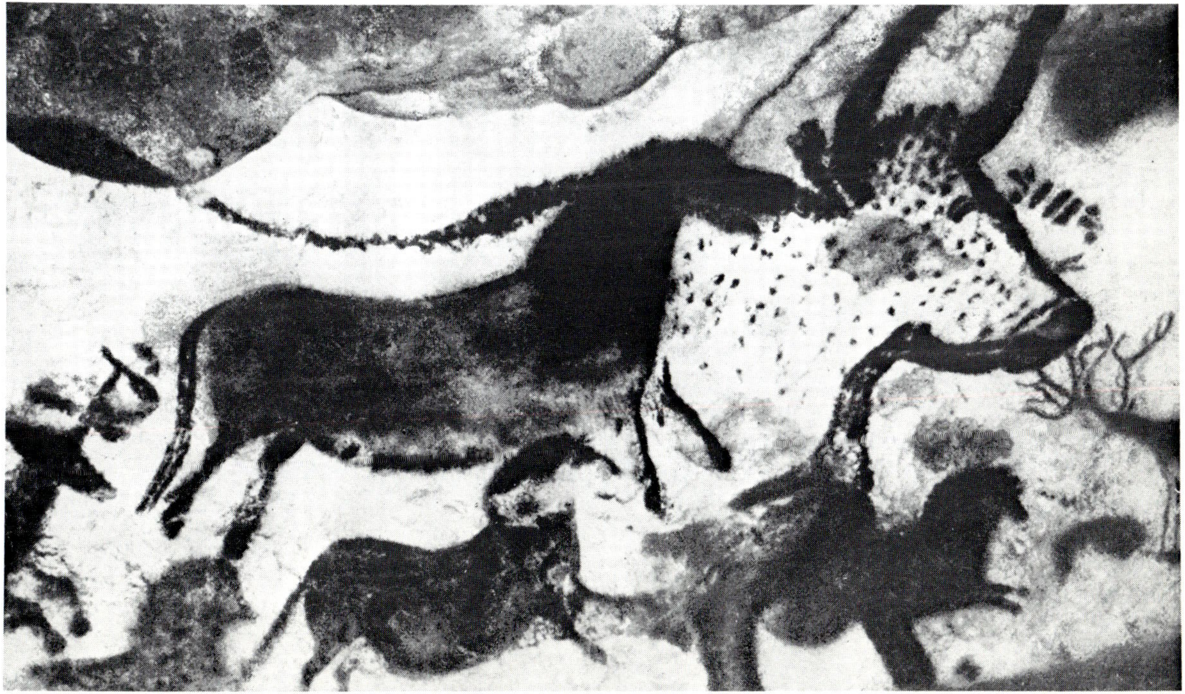

Felszeichnungen in den Höhlen von Altamira, Spanien, 10000 vC.

Etwa 5000 Jahre alt sind die stark stilisierten Symbolfiguren der Felszeichnungen von Fuencaliente.

Stonehenge, nach mathematisch-astronomischen Gesichtspunkten um 1800 vC in die südenglische Landschaft gestellte Riesensteine.

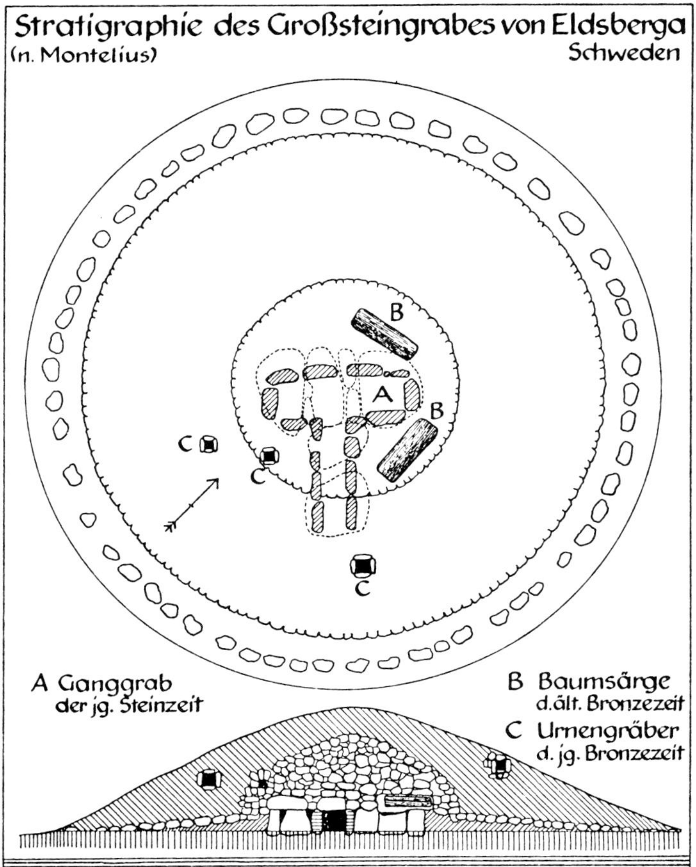
Stratigraphie des Großsteingrabes von Eldsberga
(n. Montelius)
Schweden
A
B
B
C
C
C
A Ganggrab
der jg. Steinzeit
B Baumsärge
d. ält. Bronzezeit
C Urnengräber
d. jg. Bronzezeit

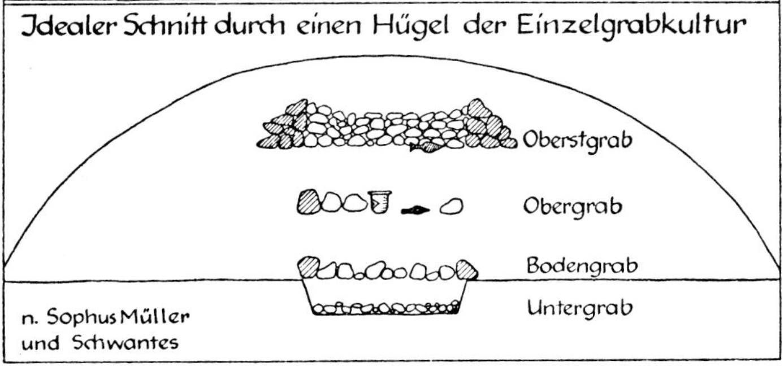
Idealer Schnitt durch einen Hügel der Einzelgrabkultur
Oberstgrab
Obergrab
Bodengrab
Untergrab
n. Sophus Müller
und Schwantes

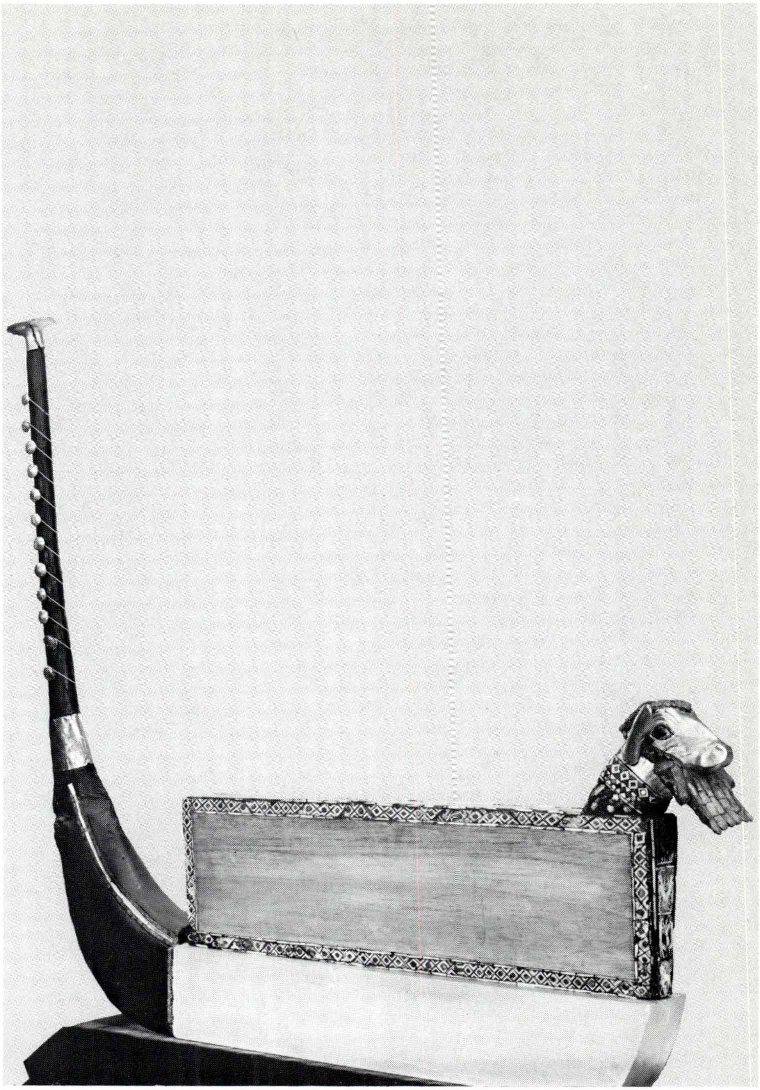

Eine 4600 Jahre alte Leier aus dem Grab der Königin Puabi in Ur, Holz und Gold mit Lapislazuli und Perlmutt.

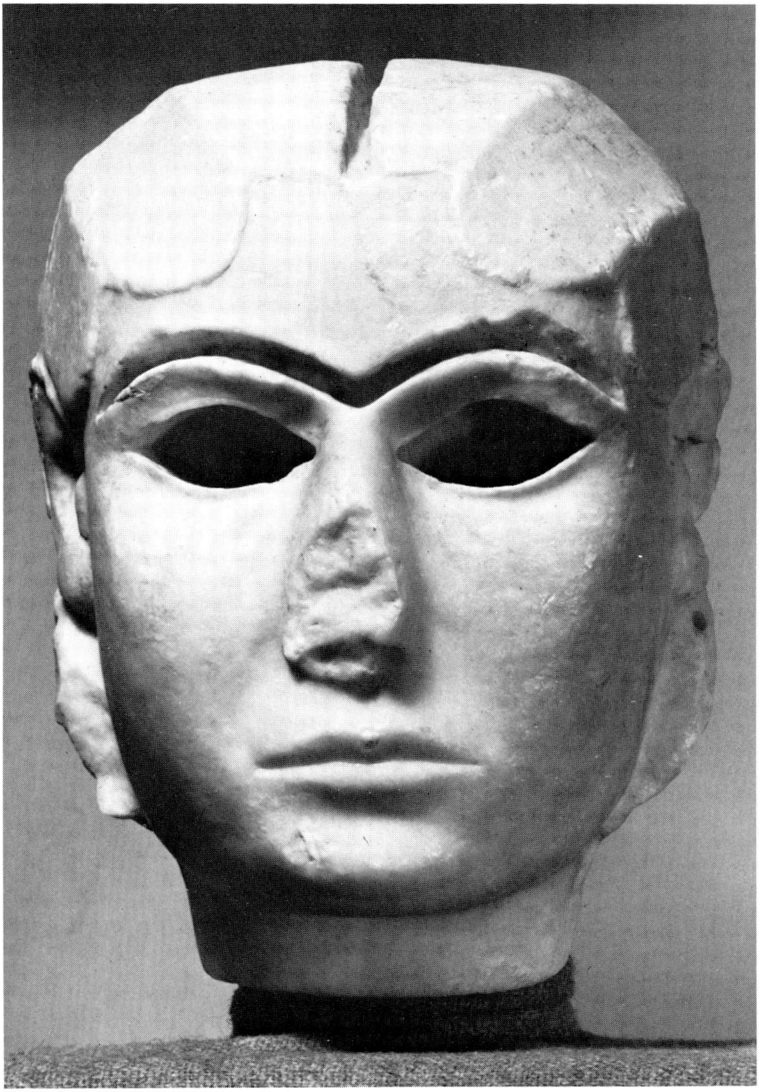

Die »Dame von Warka«, Marmorplastik um 3000 vC.

Kopfschmuck einer sumerischen Königin aus Gold, Lapislazuli und Karneol, etwa 2600 vC.

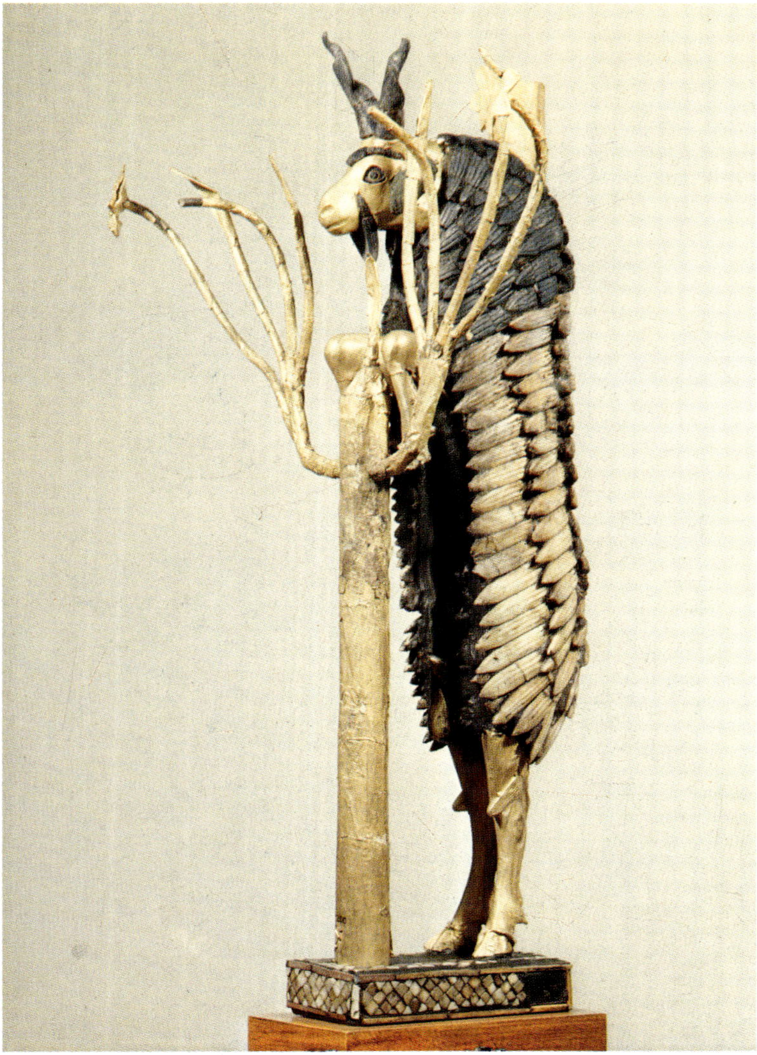

Gold, Silber, Lapislazuli und Muschel sind die Werkstoffe dieses geflügelten Ziegenbocks am Blütenstrauch aus der Zeit um 2600 vC, gefunden in den Königsgräbern von Ur.

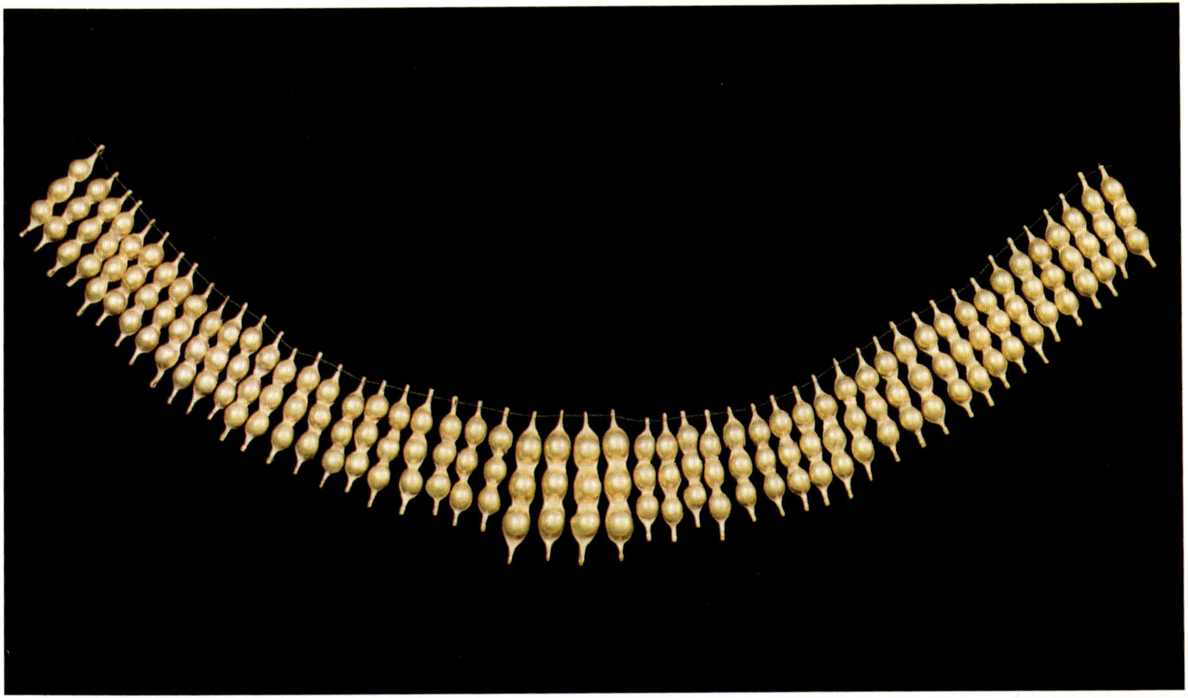

Eine goldene Kette an haarfeinem Faden. Das größte Kettenglied ist 2,7 cm. Um 2200 vC, Anatolien.

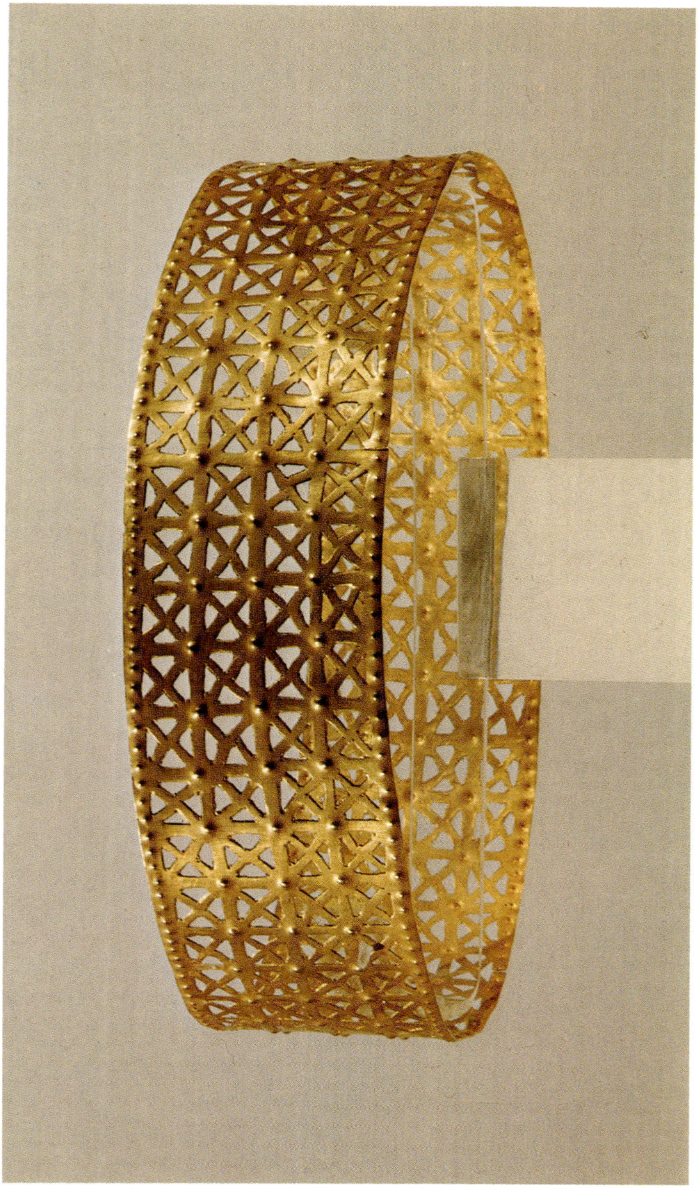

Goldschmiedekunst vor 4000 Jahren: Ein Diadem aus Alaca Hüyük, Anatolien.

Vor über 3000 Jahren geschrieben: Hethitische Bilderschrift. Erst seit 1930 gelang es mehr und mehr erfolgreich, diese Hieroglyphen zu entziffern.

Die Pyramiden von Dahschur (Ägypten). Knickpyramide (links) und Rote Pyramide.

Das Amphitheater von Dodona (Griechenland), im 3. Jahrhundert vC für 18 000 Zuschauer erbaut. An Stätten wie diesen entstand die Form des heutigen dramatischen Schauspiels.

Via Appia bei Rom, eine der Straßen der römischen Legionen, vor annähernd 2300 Jahren angelegt.

Astronomie in Symbolen: Mann und Tier fixieren ein exaktes Zeitmaß. Lange brauchte die Wissenschaft, um den über 10 000 Jahre zurückreichenden Mayakalender zu entschlüsseln.

Ähnlich wie die rätselhaften Riesenzeichnungen auf der Ebene von Nazca, Peru, sind der »Lange Mann von Wilmington« und das »Weiße Pferd von Uffington« (beide England) nur aus der Fliegerperspektive erkennbar.

vom Nachbardorf übernommen, dann wären die Längenfehler mit Sicherheit weitaus größer gewesen (Paturi).

Paturi selbst liefert zuvor schon den Beweis für die Richtigkeit seiner Annahme. Das MY war nämlich als »verge« (französisch: Holzstab, Stock) und »vara« (spanisch) in West- und Südwesteuropa bis zur Einführung des Meters noch gebräuchlich. Und das spanische Beispiel zeigt, wie die Ortsveränderung ein Maß, das nicht mehr an einer Zentralstelle geeicht wird, doch verändert. In Madrid entsprach die »vara« 83,6 Zentimetern, in Mexiko und Peru 83,8 und in Texas und Kalifornien immerhin schon 84,7 Zentimetern.

Abgesehen von der texanisch-kalifornischen »Entgleisung« aber können die Priester-Astrologen der Jungsteinzeit eigentlich nachträglich noch stolz sein. Die von ihnen geschaffene Maßeinheit – wahrscheinlich zu einer bestimmten Minute der Sonnwende am Schatten eines heiligen Steines gemessen, und auch das setzt schon wieder eine ungewöhnlich genaue Berechnung voraus – hat nicht nur weite Räume, sondern auch mehr als vier Jahrtausende mit nur geringfügigen Abweichungen überstanden.

Thom aber fand noch mehr heraus: Viele der Steinkreise waren nämlich keine Kreise, sondern regelrechte Ellipsen – auch wieder ein Beweis für »großes geometrisches Können« (Paturi) – oder seltsam eiförmige Figuren. In diesen ergeben sich jedoch immer als Konstruktionsprinzip rechtwinklige Dreiecke, also »genau das, was in Schulbüchern unter dem Namen pythagoreische Dreiecke bekannt ist. Unsere Mathematiker haben sie nach dem griechischen Gelehrten Pythagoras benannt, den sie für den Entdecker dieser geometrischen Besonderheit hielten« (Paturi).

Diodorus Siculus, griechischer Geschichtsschreiber aus Sizilien und Zeitgenosse Cäsars, berichtet von den Hyperboräern, einem alten Volk auf einer großen Insel im Meer nördlich von Gallien, und ihren Gelehrten, die ihr hervorragendes mathematisches Wissen den Griechen vermittelten.

Überlassen wir trotzdem Herrn Pythagoras die Ehre, denn wenn wir das pythagoreische Dreieck in Zukunft megalithisches Dreieck nennen wollten, liefen wir nur Gefahr, den Namen vielleicht in einem Jahrzehnt schon wieder ändern zu müssen, weil man bis dahin noch eine ältere Quelle entdeckt haben könnte.

Ich bin ganz sicher, daß auch das »pythagoreische Dreieck« genau wie die Schlüsselzahl der Kreisberechnung, wie die Maßangaben der Hochseeschiffe, wie rätselhaftes astronomisches Wissen und ähnliches in den Schatz jener »heiligen« Überlieferungen gehört, deren Quelle für ewig versunken ist. Dafür spricht unter anderem, daß gleiches Wissen zu verschiedenen Zeiten, aber oft in nachweisbarer Unabhängigkeit voneinander, urplötzlich in Erscheinung tritt. Und in der Regel, ohne daß jemand das Urheberrecht dafür anmeldete, wie es die Griechen gern taten. Aber die waren ja von der ursprünglichen Quelle und all jenen, die noch etwas von ihr ahnten, zeitlich schon so weit entfernt, daß sie ganz sicher sein konnten, keinem Erben der Urheber mehr zu begegnen, der ihren Anspruch hätte anfechten wollen oder können.

Die Ägypter waren da in einer etwas anderen Situation. Sie datieren ihren genauen Kalender mit dem Anfangsjahr 4221 vC. Der Kalender richtet sich nach dem Siriusaufgang und gibt Jahreszahlen von 32 000 Jahren an. Daß die Ägypter aber bei all diesen Berechnungen auf einen Ursprung zurückgehen, der weit im Dunkel der Vergangenheit liegt, fiel schon Ignatius Donelly auf, der bei astronomischen Aufzeichnungen der Ägypter – und übrigens auch der Assyrer – ein Zusammentreffen des Zodialkreises mit dem Mondkreis fand. Ein Zusammentreffen der Bahn, auf der sich die Gestirne unserer Tierkreiszeichen bewegen, und der Mondbahn aber konnte, so gibt Donelly die Aussage der Astronomen seiner Zeit wieder, zuletzt im Jahr 11 542 vC beobachtet werden.

Ohne Fernrohre sehen wir die Fixsterne am Himmel, nicht aber ihre Planeten, die Sumerer jedoch waren seltsamerweise noch in der Lage, nicht nur einige Fixsterne aufzuzeichnen, sondern dazu auch die entsprechenden Planeten. Und die Babylonier als Erben der Sumerer zeichneten nicht nur die Mondfinsternisse der Vergangenheit, sondern gleich noch die der Zukunft auf. Wie auf einer Tafel im Britischen Museum in London zu sehen ist.

Die Himmelskunde und astronomische Berechnungen hatten bei den Babyloniern ohnehin den Rang exakter Wissenschaft erreicht. Babylonische Priester berechneten die Bewegungen des Planeten Merkur genauer als im zweiten Jahrhundert vC der griechische Astronom Hipparchos, und sehr viel genauer als der von 87 bis 156 nC lebende Begründer des »ptolemäischen Weltbildes«, der Astronom und Geograph Claudius Ptolemäus, ein in Alexandria lebender Ägypter, der endlich und generös alle alten Überlieferungen als unwissenschaftlichen Unfug beiseite schob und der Welt die Erde als flache Scheibe und absoluten Mittelpunkt bescherte. Bei ihm dürfen sich Männer wie Galilei (»Und sie bewegt sich doch!«) für ihre jahrelange Verfolgung durch die wissenschaftlichen Koryphäen der christlichen Kirche bedanken.

Zweitausend Jahre vor Ptolemäus aber waren babylonische Priester noch in der Lage, »den Mondumlauf nur um 0,4 Sekunden schlechter zu bestimmen als unsere mit hervorragenden technischen Hilfsmitteln ausgerüsteten Astronomen« (Ceram). Die Ägypter waren noch in der Lage, bei der Konstruktion ihrer gewaltigen Pyramidenkörper einen einfachen Stollen einzuplanen, der – bei der Pyramide von Meidum – exakt wie ein Teleskop aus der Tiefe der Pyramide heraus gegen den Himmelspol gerichtet ist.

Athen und Rom aber rechneten mit Mondjahren, wobei die Griechen unter Solon immerhin noch mit einer Korrektur von 30 Tagen (!) auskamen, die alle drei Jahre (!) eingeschaltet werden mußten; bei den Römern aber endete das Ganze mit einem »Jahr der Verwirrung« (annus confusionis), das 46 vC auf 445 Tage verlängert werden mußte, damit man den Kalender – jetzt nach alt-ägyptischem Vorbild - wenigstens einigermaßen dem astronomischen Jahr anpassen konnte.

Zu dieser Zeit aber begannen mesoamerikanische Urwaldindianer nach Weisung ihrer Priester einen Kalender in Stein zu meißeln, der damals schon 8,64 Sekunden pro Jahr genauer war als unser Kalender von heute. Sie hatten auf mehr als 6000 Jahre gerechnet nur einen Tag zuwenig. Es wird vermutet, daß die Genauigkeit des Maya-Kalenders durch die Kombination von Sonnenjahr und Venusjahr (584 Tage) zustande kam. Wie die Maya auf diese Kombination kamen, wissen wir nicht. Wir wissen ja auch nicht, wer ihnen den Kalender vererbte. Darüber, daß die zuvor wie danach mehr oder weniger in einer relativ bedürfnislosen Steinzeit lebenden Indianer der zentralamerikanischen Urwaldstämme ihn nicht aus eigenem entwickelt haben, wird heute immerhin schon vielfach diskutiert. Aber woher kommt der Kalender?

Landen wir etwa wieder bei den Kelten? Oder bei den Phöniziern? Oder bei ihren gemeinsamen Vorfahren, den uns nur wenig bekannten Nord- oder Seevölkern? Der Tag wird kommen, an dem auch diese Fragen ihre Antwort finden. Das ist im Moment ja auch gar nicht so wichtig. Für unsere Betrachtung ist allein entscheidend, daß auch hier älteres – aus unbekannten Quellen überliefertes – Wissen wissenschaftlich exakter ist als späteres.

Nur eines stört mich – am Rande vermerkt – immer wieder, wenn es um den Maya-Kalender geht. Da taucht, fast seitdem es gelang, diesen Kalender zu entziffern, immer wieder eine Zahl auf, sozusagen als Tag 0 dieses Kalenders. Thompson sagt:
Die Basis ihrer Berechnung war ein bestimmtes, dem Jahr 3113 vC unseres Kalenders entsprechendes Datum, von dem aus normalerweise alle Daten berechnet wurden. Es war dies ein fiktiver Ausgangspunkt . . .

Und so, wie es hier steht, wird es ähnlich seit Jahrzehnten immer wieder von allen Autoren abgeschrieben, die, in welchem Zusammenhang auch immer, den Maya-Kalender erwähnen. Dagegen bezieht sich Otto Muck nun auf eine Veröffentlichung des Astronomen Henseling, die er in seinem Atlantis-Buch folgendermaßen zitiert:
Aber – und dies ist das Entscheidende – nur bei einem einzigen der 21 Großperiodenanfänge (Baktun-Nulltage) der Mayas zwischen -613 und -8498 war in der Natur selbst ein angemessener Anlaß für das Einsetzen auch nur eines der drei Zeitrechnungselemente gegeben. Dieser einzige mit dem chronologischen System der Mayas harmonierende Großperiodenanfang war der erste Baktun-Nulltag überhaupt, Anfang Juni -8498 (Greg).

Ja bitte, was denn nun? Der Archäologe Thompson sagt: »Die Basis war . . . 3113 vC . . .«; wohingegen der Kulturhistoriker Prof. Dr. Werner Stein erklärt: »Der auf -3372 datierte Beginn der Maya-Zeitrechnung in

Mittelamerika hat nur mythischen, aber keinen realen historischen Charakter«; und nun der Astronom Henseling: ». . . Großperiodenanfang war der erste Baktun-Nulltag überhaupt . . . -8498.»

Können sich die Herren nicht bitte irgendwann demnächst einmal einigen? Ich finde es einfach unbefriedigend, solche Differenzen im Raum stehenzulassen. Und ich meine sogar, daß es gerade für ernstzunehmende Wissenschaftler nicht korrekt ist, eine Zahl in den Raum zu stellen, ohne stichhaltig zu begründen, warum die andere – oder die anderen – als widerlegt gelten müssen. So werden von Forschern wie Heyerdahl oder namhaften Autoren wie Lissner diese oder jene Zahlen als »mythisches Anfangsdatum« übernommen, weiterverbreitet, und hinterher stimmt das alles nicht. Eine Methode, die unseligerweise immer nur zu einem führt: Daß Irrtümer oft für Jahrzehnte festgeschrieben werden und nur sehr schwer wieder auszuräumen sind. So wie die Geschichte mit den roten Knochen der »indogermanischen Leichen« von Marija Gimbutas und ihren Hockergräbern.

Aber damit sind wir schon beim nächsten Thema.

Die Wege ins Jenseits

Auch darin unterscheidet sich schon der Mensch der Frühzeit vom Tier: Er läßt seine Toten – wenn es die Umstände erlauben – nicht einfach liegen, er bestattet sie. Und es gehört zu den ältesten Begräbnissitten, die Toten in jener Kauerstellung beizusetzen, in der das Kind im Mutterleib ruht, und die auch der Schlafende oft genug einnimmt. Die Wissenschaft wählte dafür den meines Erachtens recht unpassenden Begriff der Hockerstellung. Einer der ältesten Funde, in der noch zwei ganz erhaltene Skelette aus einer Zeit von vor 150 000 Jahren ausgegraben werden konnten, wurde 1886 gemacht. Wendt schreibt darüber:

In der Höhle von Spy d'Orneau, unweit der Stadt Namur, erblickten die belgischen Geologen Fraipont und Lohest ein eindrucksvolles Panorama aus der Neandertaler-Zeit. Fünf Erdschichten lagen hier übereinander. Die unteren vier enthielten Mammut- und Wollnashornknochen und rohe Steingeräte, Messer und Lanzenspitzen. Sie stammten also sicher aus der Eiszeit. Und in der vierten Schicht von oben, in der zweitältesten also, befanden sich zwei Skelette in der zusammengekauerten Stellung von Schlafenden. Es waren Neandertaler . . .
Der Fund von Spy war der erste seiner Art, der mit aller wissenschaftlichen Korrektheit registriert wurde. Die Geologen prüften die Erdschicht: sie zählte zur letzten Zwischeneiszeit und war doppelt so alt wie die Schicht, in der der Cro-Magnon-Mensch gefunden worden war.

Der Neandertaler, der, offensichtlich aus der Riss-Würm-Warmzeit stammend, die letzte große Eiszeit überlebte, bis sich vor 30 000 Jahren seine Spuren in den zu dieser Zeit heranwachsenden Menschenrassen von Aurignac, Grimaldi, Cro Magnon, Brünn und Chancelade (jeweils nach den ersten Fundplätzen so benannt) verlieren, kannte ohne Zweifel bereits regelrechte Bestattungen.

Er hob Gruben aus und legte seine Toten unter feierlichem Ritus in die Gräber. Daß die Gruben künstlich angelegt waren, steht heute fest. Sie waren sogar durch große Knochen oder durch Steine geschützt. In Le Moustier, in La Chapelle-aux-Saints, in La Ferrassie, am Berg Karmel (Palästina) und in Teschik-Tasch (Usbekistan) hat man solche Gräber gefunden (Lissner).

Und fast immer – wenn das Skelett noch erhalten war – fand man es in der Stellung von Schlafenden mit leicht angezogenen Beinen auf die Seite gelegt. Mitunter war auch schon eine westöstliche Ausrichtung der Gräber erkennbar. Dann lag der Tote mit dem Kopf im Westen, den Blick bei seiner Seitenlage also zwangsläufig gegen Süden beziehungsweise Südosten gerichtet, »dorthin wo das aufgehende Licht ihn erwecken würde«, vermutet Lissner. Diese Ausrichtung war jedoch nicht überall verbreitet und auch nicht über all die Jahrtausende gleich.

Immerhin aber läßt sich fast durchgehend der Totenkult – welche Form er im einen oder anderen Fall auch zeigen mag – nachweisen. Der Neandertaler, und darin – finde ich – liegt die eigentliche Sensation, kannte bereits den Glauben an das Jenseits. Er gab seinen Toten Feuersteingeräte und Nahrungsmittel mit auf den Weg. Und – er bestreute die Gestorbenen bereits mit Ocker.

Die rote Farbe – das wissen wir von heutigen Naturvölkern – sichert dem Dahingeschiedenen Atem, Wärme und Leben. Denn rot ist das Blut, und rot ist der Feuerball der Sonne, wenn das große Himmelslicht über den Horizont der ewigen Ebenen und Meere zu springen scheint (Lissner).

Der Cro-Magnon-Mensch war höher gewachsen als der Neandertaler (bis zu 1,80 Meter) und hatte ein größeres Gehirnvolumen, fast schon das des heutigen Mitteleuropäers, aber er bestattete da und dort seine Toten noch immer auf die gleiche Weise.

In der Grotte »des Enfants« von Grimaldi bei Baoussé-Roussé wurden die Skelette eines seltsamen Totenpaares gefunden: eine alte Frau und ein Jüngling, beide eng aneinandergeschmiegt, sie mit dem Rücken zu ihm, in der Stellung von Schlafenden auf einer Herdstelle ruhend.

Auch hier war die Herdmulde mit roter Ockererde ausgestreut, und beiden Toten waren Hals- und Armschmuck aus durchlöcherten Schnecken, Muscheln und Hirschzähnen beigegeben. Auch der Tote von Chancelade war in Rot gebettet. Er war etwas kleiner als die Cro-Magnon-Leute, hatte einen langen, schmalen Schädel und mit 1700 Kubikzentimeter mehr Gehirninhalt als der Durchschnittseuropäer von heute. Was die Denkfähigkeit anbelangt, hat sich also zwischen jenem Mann, der vor 30 000 Jahren in Südwestfrankreich begraben wurde, und dem Bürger, der in dieser Gegend heute mit seinem Auto über die Straßen fährt, nicht viel verändert.

Um neben die zeitliche auch die räumliche Ausdehnung zu stellen: In Sibirien, 85 Kilometer von Irkutsk, wurde ein steinzeitlicher Wohnplatz des Spätaurignacien (etwa 60 000 Jahre vor unserer Zeit) ausgegraben. Darunter eine ovale Grabgrube, in der das Skelett eines etwa vierjährigen Kindes auf der Seite lag. Es blickte nach Osten und war mit einem Stirnreif sowie weiterem Schmuck und Geräten aus Knochen und Feuerstein bestattet worden.

In den Nach-Sintflut-Städten Catal Hüyük und Hacilar wurden die Gerippe der Toten in den Häusern der Stadt unter den Schlafstellen der Lebenden beigesetzt. Allerdings erst, nachdem ihren Knochen kein Fleisch mehr anhaftete. Eine solche Sitte der Exkarnation (Entfleischung) finden wir noch später im Orient, wo in offenen »Türmen des Schweigens« die Toten den Geiern und der natürlichen Verwesung ausgesetzt wurden, bis das »Unvergängliche«, die Knochen, gleichsam von allem Irdisch-Fleischlichen gereinigt, offenlag und bestattet wurde.

Danach aber wurden auch die Toten von Catal Hüyük im siebten Jahrtausend vC wie im Schlafe kauernd begraben und – soweit es sich um die besonderen Toten jener in der sogenannten »Kulträumen« lebenden Menschen handelte – wurden die Knochen zuvor mit rotem Ocker bemalt. Grabbeigaben waren auch in diesem Fall üblich. Ähnliche Funde konnten die Archäologen in Gräbern Europas und Südrußlands immer wieder machen. Und sogar im westlichen Zentralteil von Britisch-Honduras – um nur ein Beispiel für den amerikanischen Kontinent zu nennen – wurden bei San José Maya-Gräber gefunden, in denen die Toten auf der Seite lagen und ihre Knie in Kauerstellung an den Körper herangezogen hatten. Und auch hier waren Grabbeigaben selbstverständlich. Ein toter König (oder wie Thompson sagt: Häuptling) wurde bei Guatemala-City in einem Grab aus der Zeit von Christi Geburt entdeckt. Er lag rot angemalt auf einer hölzernen Bahre im Inneren einer 18 Meter hohen Tempelpyramide. Der wesentliche Teil der offensichtlich reichen Grabbeigaben war späteren Grabräubern zum Opfer gefallen.

Soweit unser kleiner Streifzug durch die Jahrtausende und über die Länder Europas, Asiens und Amerikas. Natürlich gab es auch bemerkenswerte andere Grabsitten, von den Hünengräbern der Megalithzeit über die Schiffsgräber Norddeutschlands und Skandinaviens bis zu der Beisetzung von Mumien in Ägypten, auf den Kanarischen Inseln und in Südamerika (um nur die wichtigsten Plätze zu nennen). Aber auch die Etrusker und die Ägypter gaben – wie wir wissen – ihren Toten Schiffe mit auf den Weg. Der

Glaube, daß der Weg ins Jenseits über das Wasser führe, war zu Zeiten weit verbreitet.

Ich habe mir aber hier nicht die Aufgabe gestellt, alle Bestattungsbräuche der verschiedenen Länder und Zeiten aufzuzählen, wie zum Beispiel die uns heute grausam erscheinende Sitte, ganze Gefolgschaften von Männern und Frauen, Pferden, Rindern und anderen Haustieren tote Könige oder Fürsten in ihr Grab begleiten und dort mit ihnen sterben zu lassen. Sumerische und skythische Grabstätten enthüllten uns diesen Brauch, aber auch von germanischen und indischen Stämmen ist er uns überliefert. Es würde ein eigenes Buch füllen, all dies aufzuzählen, und vor allem, es würde uns weit von dem hier gestellten Thema hinwegführen.

Mir kam es nur darauf an, durch die wenigen Beispiele der sogenannten Hockergräber, die wir vor hunderttausend Jahren bei den Neandertalern finden wie um die Zeitenwende bei den Maya, deutlich werden zu lassen, daß die Linie der über Jahrzehntausende und riesige Entfernungen reichenden Kontinuität den Menschen nicht nur in seinem Leben, sondern sogar noch über seinen Tod hinaus begleitet.

Ich halte es dabei für unbedeutend, wenn eine Sitte zwischenzeitlich von einer anderen abgelöst wurde, um später wieder aufgenommen zu werden. Moden kommen und gehen, die Menschen bleiben. Seit der letzten Feuerbestattung eines germanischen Toten auf mitteleuropäischem Boden sind viele Jahrhunderte vergangen, in denen ausschließlich die mit dem christlichen Glauben übernommene Erdbestattung üblich war. Als nun im vergangenen Jahrhundert von Italien herauf wieder die Sitte der Feuerbestattung mit anschließender Beisetzung in Urnen da und dort eingeführt wurde, hat sich am rassisch-politisch-kulturellen Leben der zwischen Sizilien und Skandinavien angesiedelten Völker im übrigen – wie wir alle bezeugen können – wenig geändert. Und keineswegs brachen irgendwelche Heerscharen kühner Feuerbestatter aus dem Süden in die müde gewordenen Erdbestatter-Kulturen des Nordens ein. Was zu beweisen war.

Eher war im Gegenteil die Intensität des religiösen Lebens zu dieser Zeit im Norden Europas deutlicheren Abnutzungserscheinungen unterworfen als im Süden. Trotzdem wurden die ersten Eisenbahnen in England von Engländern, in Deutschland von Deutschen und in Italien von Italienern gebaut. So war es vor hundert Jahren, und so war es vor tausend und auch vor zehntausend Jahren: Völkerwanderungen und Vernichtungszüge haben, wie wir inzwischen wissen, deutlichere Spuren hinterlassen als eine neue Begräbnissitte, eine andere Topfverzierung oder die Einführung einer neuen Waffe.

Selbst der missionarische Eifer neuer Religionen hat die Völker in ihrer Substanz kaum verändert. Die Kreuzzüge haben aus den Arabern keine Europäer gemacht, und die grüne Fahne des Propheten machte aus den Spaniern keine Berber und aus Serben und Ungarn, aus Rumänen, Bulgaren und Griechen keine Türken.

Die Intoleranz der Glaubenseiferer übersah und übersieht, daß der Mensch – wahrscheinlich schon von den Tagen seiner menschlichen Bewußtwerdung an – den unmittelbaren religiösen Bezug zu Gott kennt. Und daß es für diese Mensch-Gott-Beziehung nie entscheidend sein darf, welchen Namen Gott führt und welche Formen der Verehrung der Mensch pflegt. Die natürlichen Formen sind die der schlichten Anbetung. Eine Form inniger Konzentration, die dem Menschen eine Ahnung des Göttlichen, des Unendlichen und Ewig-Wirkenden vermitteln kann. Die Formen der Dekadenz dagegen sind jene, in denen er glaubt, durch Opfer – vor allem durch Opfer fremden Lebens, sei es Tier oder Mensch – seinem Gott dienen, ja ihn in gewissem Sinne bestechen zu können.

Diese Opferungen waren und sind nicht nur Erscheinungen der Dekadenz, sondern sie sind in ihrem innersten Wesen auch immer anarchistisch: Sie leugnen die Stufen in der Daseinsform des Lebens bis hin zur Gottesferne. Der anarchistische Gläubige wie der gläubige Anarchist holt seine Götter immer herunter auf die Ebene der persönlichen Ansprechbarkeit, ja der Kumpelhaftigkeit. Jedes dem naiv-natürlichen Menschen von Anbeginn an innewohnende Gefühl für die Absolutheit und Unabänderlichkeit göttlichen Wirkens geht ihm ab und wird von ihm bis zur letzten Konsequenz bekämpft.

Am Anfang war Gott

Wir wissen nichts von der Anbetung des Urmenschen. Wir lernen seine Religiosität erst in jener zweiten Stufe kennen, in der er zu opfern beginnt. Aber daran, daß er schon vor 70 000 Jahren nachweisbar Schädel und Langknochen von erbeutetem Wild seinem Gott als Dankopfer in den Nischen über den Feuerstellen heiliger Höhlen niederlegte, können wir erkennen, wie lang er schon eine göttliche Macht anbeten mochte. Seine Studien bei Naturvölkern des Nordens bringen Lissner zu dem Schluß, daß wir uns auch in bezug auf die Gläubigkeit der Urvölker ein falsches Bild machten:

Der Hochgott ist nicht das letzte Glied einer langen Entwicklung, sondern steht ganz am Anfang der Menschwerdung und eines langen dunklen Weges durch die Jahrtausende bis zu uns . . . Die Opfer der sibirischen Völker der altarktischen Kulturschicht sind eindeutig an das eine unsichtbare Wesen gerichtet, das Himmel ist und Licht und Weltall, eben Gott.

Und auch andere Autoren stellen inzwischen in einer fast überraschenden Einmütigkeit fest, daß die Götter, die Geister und Gespenster, daß Zauberei und Magie und damit das, was wir Schamanentum nennen, erst sehr, sehr viel später kamen. Gegen Ende der Eiszeit mehren sich die Höhlenbilder, die erkennen lassen, wie das Beutetier durch die Zeichnung und durch Beschuß mit Speer und Pfeil bereits »magisch« erlegt wurde.

Die Geister aber datiert Paturi für Europa in die Zeit nach dem vierten Jahrtausend vC:

Sie waren aus dem Osten, aus Kleinasien, aus Mesopotamien gekommen. Dort war der Geisterglaube zu Hause, und von dort aus verbreitete er sich mit dem in dieser Zeit einsetzenden Handel im ganzen Mittelmeerraum.

Die meisten Naturvölker kommen noch heute ohne sie aus, ohne die Waldschrats und Klabautermänner, die Elfen und Kobolde. Meist gibt es einen Guten und einen Bösen Geist. Sache des Menschen ist es, dem einen zu vertrauen und den anderen zu fürchten. Man muß nur als Junge Karl May gelesen haben, um in den Felsengebirgen des Westens dem »Großen Geist« der

Indianer, um Manitu begegnet zu sein. Und das Bild, das wir seitdem von Manitu mit uns tragen, wird durch die Wissenschaft bestätigt. Das ist, nebenbei bemerkt, das Großartige bei Karl May, daß er, zwischen all seine Abenteuer und Märchen hineingestreut, in bezug auf Geographie und Völkerkunde echte Bildung vermittelte.

Auch Atius Tiràwa, der »Vater Geist« der Pawnees, ist wie Manitu unerreichbar, allmächtig und wohltätig. »Er durchdringt das Universum und er ist dessen höchster Herrscher« (George Bird Grinell: »Pawnee Mythology«).

Auf der einen Seite also über die Jahrtausende hinweg bei den Naturvölkern der eine Gott, »Vater Geist«, »Großer Geist« oder wie auch immer sie ihn in ihrer Sprache bezeichnen mochten, und auf der anderen Seite die Götter-Vielfalt der Kulturvölker, von denen es wie in jenem konkreten Fall zum Beispiel hieß: »Tausend Götter haben die Hethiter!«

Es ist möglich, daß bei den Kulturvölkern in der Zeit nach der Sintflut zwei Faktoren zusammenkamen, die diese Entwicklung, wie überhaupt die Geburt der Vielgötterei ermöglichten. Zur Dekadenz die Tatsache, daß all jene Kulturvölker, bei denen wir eine Vielzahl von Göttern finden, diesen Göttern – soweit man ihren Überlieferungen und Mythen folgt – irgendwann einmal begegnet sind.

Wir brauchen uns nur des Beispiels aus Ägypten zu erinnern, wo der Pyramidenbaumeister Imhotep Jahrhunderte nach seinem Wirken vergöttlicht und als Gott angebetet und verehrt wurde, um zu erkennen, daß in den alten Mythen durchaus die Wahrheit realer Begegnungen primitiver Bevölkerungen mit überlegenen Persönlichkeiten enthalten sein kann. Sehen wir uns dann die überlieferten Umgangsformen dieser Götter noch genauer an, erkennen wir schnell, daß außer einigen pseudogöttlichen Eigenschaften – sie brachten die Schrift, sie lehrten den Ackerbau, sie vernichteten ein feindliches Heer – nicht allzuviel Göttliches an ihnen war.

Daß ein Gott wie Zeus mit Vorliebe irdische Mädchen schwängerte, halte ich in diesem Zusammenhang ebenso für möglich wie glaubwürdig. Daß er den jeweiligen Damen seines Herzens als Stier oder Schwan oder Goldregen erschien, spricht damals wie heute für die Erfindungsgabe junger Mädchen, die ihren Müttern erklären sollen, wieso sie in andere Umstände gekommen sind. Wobei ich – unter uns – die Sache mit dem Goldregen zum Beispiel als eine ausgesprochen charmante Umschreibung des bei einem freigiebigen Freier wohl gegebenen Sachverhalts empfinde. Bei dem Vergleich mit einem Stier wird das Fräulein wohl ein wenig übertrieben haben, wohingegen Ledas Erinnerung an das zärtliche Streicheln ihres Schwans eine liebenswert-erotische Eigenschaft des Zeus offenbarte, die man ihm gemeinhin gar nicht zugetraut hätte. Und daß Vater Zeus einige seiner Kinder im eigenen Kopf oder Schenkel ausgetragen hat – du lieber Himmel, was brüten wir gelegentlich in unseren Köpfen oder unserem Fleisch alles aus?

Die alten Griechen waren ein fabulierfrohes Völkchen, und wir sollten die Dinge daher so sehen, wie sie wirklich waren. Bevor ich aber nun darangehe, mit großem Vergnügen den ganzen Olymp samt sämtlichen umliegenden Götterthronen von Ägypten über Mesopotamien und Anatolien bis hinauf ins nebelverhangene Germanien der Mythenschleier zu entledigen und die Götter mit dem Alltagsgewand der möglichen Realitäten zu bekleiden, will ich angesichts der schier unendlichen Zahl von Mythen und Göttern doch lieber gleich zum nächsten Punkt übergehen.

Nehmen wir einen Augenblick mal an, einige tausend der Sippen, die nach der Sintflut wieder mühsam anfingen, Körner und Insekten zu sammeln, hätten ihre speziellen Götterbegegnungen gehabt, so können wir ganz sicher sein, daß sie keine Veranlassung sahen, das für sich zu behalten. Warum sollten ihnen jene »Götter« auch ein Schweigegebot auferlegen? Im Gegenteil, je mehr sich ihre Überlegenheit herumsprach, desto mehr hob sich ihr Renommee.

Da die Menschen zu allen Zeiten gerne tratschten, tauschten die Sippen und Völkchen also mit großem Stolz ihre »göttlichen« Erfahrungen aus. Dabei ergab es sich dann, daß der eine Gott dies konnte und der andere jenes. So tauschte man dann die Götter und, wo es sie nicht mehr gab, zumindest doch das göttliche Wissen aus. Und schon hatte der Jäger einen anderen

Gott als die Hausfrau, der Landwirt einen anderen als der Fischer und die Krieger von A-Dorf einen anderen als die Krieger von B-Dorf.

Das Ganze wurde im Laufe der Zeit dann recht familiär. Die Götter wuchsen an Zahl und Erdenferne, und wo immer sich mehrere Stämme mischten, warf man die Götter zusammen und suchte sich für die weitere Religionsausübung die am besten passenden aus. Mit einer Einschränkung. Wer da glaubte, den einen oder anderen Gott so einfach loszuwerden, der hörte spätestens tausend Jahre, nachdem die Götter sich ins Land der Seligen zurückgezogen hatten, er habe die Rechnung ohne die Priester gemacht. Denn ein Priester gibt ja nicht so einfach seinen Gott auf. Solange ein Gott also noch einen Priester hatte, blieb auch der Gott und mußte weiterhin angebetet und mit entsprechenden Opfern versorgt werden. Auch Priester wollen schließlich leben.

Und daran sehen wir, daß auch der Rentenanspruch keine neue Errungenschaft ist. Genausowenig wie die Emanzipation. Vor 30 000 bis 40 000 Jahren waren es nämlich auf Sardinien beispielsweise noch Priesterinnen, die den Gläubigen zur ewigen Wahrheit verhalfen. Und wo es Priesterinnen oder Priester gab, da gab es seit Urzeiten die Frage nach der Zukunft. Noch die Etrusker sagten wie die Babylonier aus der Schafsleber weis, und in Delphi, dem Ort der heiligen Schlange, der großen männlichen Python, ließ sich die Seherin, die Pythia, ihre Erleuchtung aus den Dämpfen der Erde aufsteigen. Und das seit mindestens 1600 vC. Denn damals war Delphi – oder Pytho, wie es zu jener Zeit noch hieß – schon als Orakelstätte »weltbekannt«.

Da aber die oft unklaren und wirren Antworten der Pythia von Priestern gedeutet wurden, die damit auch wesentliche politische und dynastische Entscheidungen maßgeblich beeinflußten, dürfte es wohl niemand überraschen,
daß die Orakelstätten, bei denen in geheimnisvoller Weise durch den Mund einer Priesterin Apollos Rat kundgetan wurde, nicht zu so hohem Ansehen gekommen wären, hätten nicht ihre Priester über eine große politische Sachkenntnis verfügt. Sie waren es ja, die die verlangte politische und militärische Lagebeurteilung gaben. Sie waren Ratgeber, die gegen Bezahlung

– sprich Geschenke – arbeiteten. Durch ihren politischen Einfluß waren die Orakelpriester von Delphi die heimlichen Herrscher Griechenlands – sagt Heinz Siegert. Vergaß aber hinzuzufügen: Auch durch ihre relative Unabhängigkeit. Sie waren bezahlte, aber keine gekauften Ratgeber. Und da liegt in den meisten Fällen doch wohl der wesentliche Unterschied. Mögen sie auch – wie Siegert vermutet – in ihrer Rechts- und Wahrheitsfindung »nicht immer objektiv« gewesen sein. Handlanger, Scharlatane oder Lügner waren die Priester des Apollo sicher nicht. Lissner nennt sie ausgezeichnete Menschenkenner und fährt fort:

Sie kannten die Geschichte der verschiedenen Staaten, die Geschichte der vornehmen Familien, sie wußten in Geographie Bescheid und verstanden etwas von Handelspolitik.

Aber eines Tages wurde die Orakelstätte zerstört (373 vC), wieder aufgebaut, aber dann mehr als siebenhundert Jahre später durch den christlichen Kaiser Theodosius (390 nC) endgültig zum Schweigen gebracht. Die Götter der Hochkulturen hatten zwischenzeitlich den Hochgott der Natur- und Steinzeitvölker abgelöst, nun aber waren die Kulturen zerstört oder in Auflösung begriffen. Die Völker kehrten zu dem einen, einzigen Gott zurück. Sicher nicht für ewige Zeiten.

Wie die Völker der Vergangenheit Götter und Götzen anzubeten lernten, so werden sie auch in Zukunft nicht zögern, gelegentlich der »Götternähe«, das heißt also der Verehrung irgendwelcher Idole und scheinbarer Übermenschen zu verfallen. Um dem fernen Gott der Allmacht nahe sein zu können, brauchte man vor 70 000 Jahren und braucht man noch heute die starke Empfindungsfähigkeit natürlichen Gefühls. Um Pseudogöttern Opfer – auch Menschenopfer – zu bringen, sind andere Eigenschaften vonnöten: Egoismus, Selbstgerechtigkeit und ein dekadentes Hirn.

Priester, Ärzte, Philosophen

Unter den vielen eiszeitlichen Bildern in der Höhle von Lascaux, die 1940 erst bei Montignac-sur-Vézère in der französischen Dordogne entdeckt wurde, hat eines schon viele Wissenschaftler besonders beschäftigt: Da ist ein Büffel, in kräftigen, fast genial treffenden Linien hingeworfen. Er steht und wendet wie verstört den relativ kleinen Kopf zurück, dorthin blickend, wo ihm das Geschlinge aus dem von einem Speer durchbohrten Unterleib quillt. Und dann ist da, schräg liegend oder fallend, vor dem Büffel ein Männlein. Wie von anderer Hand, in fast kindlich anmutender Strichmännchenmanier unproportional und mit deutlichem Vogelkopf an die Wand gezeichnet. Unterhalb von dem Männchen sehen wir noch einen Vogel auf einer senkrechten Stange und eine Art Harpune.

Für diese Szene bietet Lissner nun den Vergleich mit Bräuchen an, die er bei sibirischen Naturvölkern kennenlernte. Da werden Schamanen, die Medizinmänner der Stämme, oft mit Vogelkopfmasken dargestellt. »An den letzten Ruhestätten verstorbener Schamanen werden hölzerne Vogelfiguren auf Pfähle gesetzt«, weil »bei vielen zirkumpolaren Völkern holzgeschnitzte Vogelbilder auf Stangen die Seelenfahrt des Schamanen symbolisieren« (Lissner). Und aus dem Jahr 1896 nC stammende Beobachtungen schildern ein Rinderopfer der Jakuten nach dem Tod eines Schamanen. Und konsequenterweise zieht Lissner den Schluß:

Damit scheint das sehr hohe Alter des Schamanentums noch stärker bewiesen zu sein. Vielleicht tönte der dumpfe Trommelklang dieser echten Magier schon vor 20 000 und 30 000 Jahren in den Höhlen Südfrankreichs und Nordspaniens genau so, wie wir es noch in der nordmandschurischen Taiga erleben . . . Es muß also . . . Schamanen gegeben haben, die echte Magie ausübten, die Seelen von Kranken aufzufinden und zu retten vermochten, ja die mit ihrer eigenen Seele eine Reise in das Jenseits antreten konnten. Vielleicht waren das die Ärzte der Eiszeit. Wären sie schlechte Ärzte gewesen, so wäre unsere Art wahrscheinlich längst ausgestorben.

Das Wort Schamane für die Magier und Medizinmänner Zentralasiens und Sibiriens ist sicher keine 30 000 Jahre alt, ich vermute, daß es mit dem Sonnengott Schamasch zusammenhängt, der zumindest seit dem vierten Jahrtausend vC in Mesopotamien angebetet wurde und als Shimish, Sonne, auch in den Wortschatz der arabischen Völker zwischen Kaukasus und Atlantik einging. Aber ich empfinde es als sensationell, daß es diese Helfer in Seelensachen schon in jener grauen Vorzeit gegeben hat, die wir bis vor kurzem noch für »unbeseelt« hielten. Die Priesterphilosophen Griechenlands und die Druiden der Kelten können also auf eine lange Ahnenreihe zurückblicken.

Am Beispiel der Maya-Kultur und der europäischen Megalithkulturen konnten wir erkennen, welche Rolle die Astronomie, die Himmelskunde in nachsintflutlichen Tagen spielte. Und wir haben gesehen, daß es einzig und allein die Priester waren, die hier jahrtausendealtes Wissen offenbarten. Wenn also nun das Strichmännlein vor dem Büffel wirklich ein »Kundiger« der Vorzeit war, der schon das Stieropfer, die Vogelmaske, den Vogel auf der Stange, vielleicht auch – wie Lissner vermutet – die Trance und all diese Dinge kannte, müßte er dann nicht auch in Sternkunde und Medizin ein wenig bewandert gewesen sein, um wirklich als Ahnherr der späteren europäischen Priesterastronomen gelten zu können?

Eine Frage, die mir deshalb von Bedeutung scheint, weil ich ja von der Kontinuität des Lebens ausgehe. So gut sich ohne Zweifel Kulturen gegenseitig befruchten können, so schlecht gedeiht Kultur auf unvorbereitetem Boden. Fertige Kulturen verpflanzen zu wollen hieße Pfirsichblüten bei einer Roßkastanie aufzupfropfen. Im Endeffekt leiden beide darunter. Entwicklungshilfe kann tödlich sein.

Wenn ein Naturvolk erst einmal die Überzeugung gewonnen hat, daß ein ortsfremder Lebensstil den eigenen überlieferten Sitten und Gewohnheiten überlegen ist, dann beginnt meist der unaufhaltsame Verfall. Als die Feuerländer erkannten, daß man in Segel- und Motorbooten besser vorwärtskommt als im Kanu und im Einbaum, als sie Bretterhütten und Häuser sahen, die auf ihren Sturminseln besseren Schutz boten als ihre alten Windschutzschirme, Stangenzelte und kuppelförmigen Stabgerüstbehausungen, als sie wußten, daß das Streichholz zuverlässiger ist als Feuerschlagen mit Schwefelkies und Feuerstein, als sie merkten, daß die Kugel tödlicher wirkt als die Pfeilspitze aus Schiefer, Knochen oder Kieselstein, da begannen sie das Vertrauen zu ihrer eigenen Kultur zu verlieren und hielten es für praktischer, die fremden vorbeifahrenden Schiffe um wenige westliche Güter anzubetteln, als das viele Eigenerfundene weiter zu erschaffen (Lissner).

Und wie schnell das Eigenerschaffene in Vergessenheit geraten kann, erzählte mir Gerd Heidemann nach einer Reportagefahrt, die ihn in mexikanische Urwälder führte. Dort hat ein Eingeborenenstamm um die Jahrhundertwende herum zwei oder drei Gewehre bekommen. Seit dieser Zeit ernährt sich der Stamm – außer den üblicherweise gesammelten Pflanzen und Früchten – nur noch von dem, was mit diesen Gewehren gejagt wird. Ein Teil der Jagdbeute aber muß in tagelangen Märschen gelegentlich zur Stadt gebracht und dort verkauft werden, damit der Stamm für das Geld neue Munition bekommen kann. Wenn Gewehre oder Schützen einmal ausfallen, hungert der Stamm. Denn bereits nach zwei Generationen – und das ist das schier Unglaubliche – war kein Mensch in diesem Eingeborenenstamm mehr in der Lage, Pfeil und Bogen herzustellen, geschweige denn damit zu jagen. Auch für diese Menschen gilt also, was Lissner sagt:
... daß nämlich mit dem materiellen Wechsel die eigene geistige Kraft erlahmt. Sie, wie auch wir, haben nicht begriffen und werden nie begreifen, daß der Mensch im festen Hause die Jahrzehntausende nicht besser überdauert als hinter dem Windschirm. Alles das ist nicht die »Schuld« der Naturvölker. Der technische Fortschritt und die ihm eigene Neigung, sich auszubreiten, das ist eine Kur, die nur wenige Völker überleben. Selbst Hochkulturen können in Fabriken zugrunde gehen. Und wo der Medizinmann durch den Arzt ersetzt wird, beginnt die Anfälligkeit des Körpers größer zu werden als in der Taiga-Wildnis, im Staube Turkestans oder auf der Tierra del Fuego.

Wie war das also nun mit den Priesterastronomen der europäischen Megalithzeit, den Druiden der Kelten, den Heilkundigen der Thraker, haben sie ihr Wissen zugetragen bekommen wie die Maya, wie die Ägypter, oder gibt es hier Spuren einer eigenen, jahrtausendealten und ursprünglich primitiven Tradition? Der Amerikaner Alexander Marshack hat mit Infrarotfilmen, Ultraviolettlampen und unter dem Mikroskop solche Spuren entdeckt und analysiert.

Auf einem 30 000 Jahre alten Rentierknochen fand Marshack 69 geschnitzte Zeichen. Sie wurden mit 24 verschiedenen Werkzeugen, also nicht alle zur gleichen Zeit, eingekerbt. Die Zeichen stellen den Mond in seinen täglich veränderten Phasen dar. Die Gravierungen bieten somit eine Art Notierung regelmäßig über zweieinviertel Mondmonate hinweg durchgeführter systematischer Mondbeobachtung. Rund 25 000 Jahre vor Stonehenge.

In einer anderen Höhle fand Marshack einen weiblichen Torso mit ausladendem Becken mehrfach nebeneinander in die Wand geritzt. Auch hier ergab sich für den amerikanischen Wissenschaftler nach genauem Detailstudium eine interessante Schlußfolgerung: Seiner Meinung nach wurden in diesem Fall verschiedene Phasen der Schwangerschaft skizziert, möglicherweise aufbauend auf monatlichen Notizen des Menstruationszyklus. Pyrenäen- oder Alpenhöhlen als vorgeschichtliche Hörsäle für angehende Medizinmänner? Wer hätte das gedacht?

Jahrzehntausende später heilen die thrakischen Priesterärzte mit Pflanzen und psychotherapeutischen Methoden. In ihnen lebte noch die Tradition der keltischen Druiden, der steinzeitlichen Priester und der vorgeschichtlichen Schamanen fort, die spätestens bei dem griechisch-römischen Arzt Galen (129 – 199 nC) verloren war. Galen brachte es fertig, den Menschen nach einem Affenskelett zu beschreiben und damit sich, seine Zeit und die ganze mittelalterliche Ärzteschaft um die primitivsten anatomischen Grundkenntnisse zu betrügen.

Erst ein Andreas Vesalius mußte kommen (1514 – 1564), um neu ein anatomisches Wissen zu erschließen, daß wahrscheinlich jedem Medizinmann der Eiszeit besser bekannt war als den nach Galens Schriften geschulten Chirurgen des Mittelalters.

Die thrakischen Priesterärzte, aus deren Stamm der griechische Gott der Heilkunst – Äskulap, der Mann mit dem von einer Schlange umwundenen Stab – hervorging, diese Priesterärzte haben nicht nur durch Beschwörungsformeln geheilt, sondern ebenso
. . . durch die Einnahme bestimmter Pflanzen in einer bestimmten Reihen-

folge, durch das Auflegen von Heilkräutern auf Wunden, ja selbst durch chirurgische Eingriffe – das Einrenken luxierter Gelenke ist an mehreren Skeletten nachgewiesen worden . . . (Siegert)

Mineralbäder, Bergluft, Wald, Feld und entsprechende Kräuter waren die Medizin, die zum Beispiel im Asklepius-Heiligtum (Asklepius = Äskulap) in Kjustendil verabreicht wurde. Aber dazu kamen damals schon als gleichberechtigte Psychotherapie Musik- und Theateraufführungen, Volksfeste mit Tanz und Gesang. »Keine Heilung des Körpers ohne Heilung der Seele« war in den Donauländern um 1500 vC feststehende Regel.

Auch hier war die Medizin übrigens eine Kunst der Könige. So wie in Ägypten der Sohn des ersten Pharao Arzt war und anatomische Schriften hinterließ. So wie der chinesische Kaiser Shennung um 3000 vC das erste große Kräuterbuch der Menschheit verfaßte, in welchem er mehr als tausend Heilpflanzen beschrieb. So wie ein anderer chinesischer Kaiser, Hwang-Ti, um 2650 vC ein medizinisches Lehrbuch schrieb, nach dem Jahrtausende lang Ärzte in China, Indien und Kleinasien ausgebildet wurden. Der thrakische König-Arzt war der legendäre Zamolxis, der im zweiten Jahrtausend vC lebte und bereits um 500 vC als Gott verehrt wurde.

Trepanationen – das heißt operative Schädelöffnungen – hat es nachweislich in Europa schon seit dem zehnten Jahrtausend vC gegeben. Und das ist immerhin ein chirurgischer Eingriff, der mehr Wissen und Können erfordert als die Amputation eines Beines und das Einrenken einer Hüfte. Die Knochenfunde beweisen, daß mehr als fünfzig Prozent dieser Schädeloperationen erfolgreich durchgeführt wurden. Zumindest insofern erfolgreich, als die Wunden wieder gut verheilten, die Patienten diese Operationen also lang genug überlebten.

Die gleichen Schädeloperationen wurden später übrigens auch von den Maya-Priestern in Mittelamerika und von den Priestern der Inka in Peru ausgeführt. Die Ägypter sollen sich sogar auf operative Behandlung des grauen Stars verstanden haben. Zahnärzte jedenfalls gab es bei ihnen so sicher wie bei den Etruskern. Die Funde von Goldplomben und Gebissen aus Gold legen dafür Zeugnis ab.

Wirkungsvoller als ihr Kalender-Heiligtum war auch bei den Priestern von Sarmizegetusa ihre ärztliche Kunst. Auch hier wurden nämlich gut verheilte Knochennarben gefunden, die auf gelungene Schädeloperationen schließen lassen. Und in der ausgegrabenen Wohnung eines Priesters entdeckten die Archäologen sogar ein regelrechtes Arztbesteck mit Skalpell, Pinzetten und kleinen Salbdosen. Von einer Platte aus Vulkangestein vom Ätna wurde damals Wundpuder abgeschabt, das offensichtlich blutstillende und heilungsfördernde Wirkungen hatte.

Ob Himmelskunde oder Medizin, Geographie, Mathematik oder Religion – insgesamt haben die »Medizinmänner« Europas doch wohl schon seit der Eiszeit die kulturellen Traditionen und Errungenschaften des Abendlandes gut vorbereitet.

Werkzeug und Technik

Die Sache mit dem Bumerang

Sie liefen durch die Wälder, lebten an Berghängen und vor Höhleneingängen, und sie pusselten an ihrem Werkzeug herum, von dem im einen oder anderen Fall der glückliche Jagdausgang abhängig war. Aber es eilte nichts. Wenn sie irgendwann, vor 120 000 Jahren oder vor 60 000 Jahren, eine neue Methode gefunden hatten, den Stein noch etwas feiner zugespitzt, noch etwas schärfer geschliffen zu bekommen, dann reichte ihnen das eine Weile. Und weil die Menschen jener fernen Tage weder Flugzeug noch Telefon, noch Auto hatten, dauerte es auch immer eine Zeitlang, bis sich eine neue technische Errungenschaft herumgesprochen hatte.

Trotzdem – und das müssen wir uns auch als eine wichtige neue Erkenntnis einprägen – es sprach sich herum. Zum Beispiel hatten die Menschen vor etwa 20 000 Jahren einen Trick herausbekommen – oder es erschien ihnen plötzlich der Mühe wert –, den Feuerstein so fein zu bearbeiten, wie das bisher entweder nicht möglich oder nicht üblich war. Und siehe da – von Europa bis Nordafrika und umgekehrt, überall, an der Eisgrenze entlang, über die Berge und durch die Urwälder, hatte sich die neue Kenntnis oder die neue Mode innerhalb einiger Jahrhunderte herumgesprochen, und die Archäologen finden allerorts für einen Zeitraum von rund 10 000 Jahren jene Feuersteinwerkzeuge, die sich in ihrer kunstfertigen Gestaltung so ähnlich sind, daß sie – nach dem ersten Fundort benannt – alle der Stufe des Solutréen zugeordnet werden können.

Wissenschaftler wie Geoffrey Bibby sprechen nur vom Können der Menschen von Solutré:

Ihre blattförmigen Klingen aus Feuerstein, manchmal über 30 Zentimeter lang, sind an den Oberflächen so fein und zart »retuschiert«, wie das später erst die Handwerker konnten, die mit Gegenständen aus Bronze in Konkurrenz zu treten suchten. Ihre sonstigen Geräte – Schaber, Messer und asymmetrische Speerspitzen – sind ebenso fein geformt. Andererseits hatte der Mensch des Solutréen überhaupt kein Gerät aus Knochen und besaß keinen Sinn für reine Kunst.

Hoppla! Hier schließt Geoffrey Bibby wieder einmal messerscharf, daß es etwas – was er oder seine Kollegen noch nicht gesehen haben – einfach nicht gibt. Das ist genau jene Art von Wissenschaft, die ständig mit sich im Streit liegt, weil sie sich dauernd korrigieren muß. Was ein Mensch naturgemäß nicht gerne macht. Da unterscheiden sich Herr Bibby und seine Kollegen in keiner Weise von den Menschen, die in den Jahrzehntausenden vor Solutré lebten.

Die Aurignac-Leute hielten mit absoluter Sicherheit die Art ihrer Steinbearbeitung für völlig ausreichend. Obwohl sie es – und diese Behauptung wird kaum zu widerlegen sein – wahrscheinlich bei einigem Nachdenken und einiger Mühe auch schon sehr viel besser gekonnt hätten. Aber Können kommt eben sehr oft auch von Kennen. Und darum dachten sie damals schon wie manche Wissenschaftler noch heute (und natürlich nicht nur Wissenschaftler): Was ich nicht weiß, macht mich nicht heiß. Oder – für unsere Zeit als Frage formuliert: Warum über Dinge nachdenken, die gewesen sein könnten, wenn man nicht sicher ist, daß sie waren?

Ich meine, wir sind es unserer Vergangenheit schuldig, etwas darüber nachzudenken. Vor allem, wenn wir davon ausgehen, daß der Mensch sich im wesentlichen – und in seinem Wesen – seit damals kaum verändert hat, daß also in jedem von uns ein Stückchen des Menschen von Solutré lebendig ist. Wenn zum Beispiel Frau A heute zu ihrem Mann sagt, er könnte doch auch endlich ein Auto anschaffen, weil es sie ärgert, daß bei B vis-à-vis seit einem halben Jahr ein kleiner schicker Wagen vor der Tür steht, dann handelt sie genauso wie Frau Solutré, die vor 20 000 Jahren ihrem Mann vorhielt, mit seinen altertümlichen aurignacischen Steinwerkzeugen mache er sie allmählich vor der ganzen Nachbarschaft lächerlich. Worauf der Gute, zwar fluchend und brummend, aber wie eh und je um den häuslichen Frieden besorgt, zu seinem Nachbarn ging, um sich die neumodische Art von Klinge mal genauer anzusehen.

Dinge, die uns gelegentlich als Fortschritt erscheinen, waren und sind nämlich oft nichts anderes als ein modischer Verrat an guten alten und geruhsam erprobten Gewohnheiten. Und das Argument, die neuen Dinge hätten sich nicht durchgesetzt, wenn sie nicht wesentlich besser gewesen wären und eindeutige Vorteile gebracht hätten, stimmte damals so wenig wie heute. Beispielsweise bescherten sich die Menschen vor zwei Generationen noch ein kleines festliches Erlebnis, wenn sie abends ins Theater gingen. Sie zogen ihre besten Sachen an und etwas vom Strahlen des Lichterglanzes im Foyer strahlte aus ihren Augen und Mienen wieder. Sie beschenkten sich selbst mit einigen leuchtenden Stunden der Freiheit vom Grau des Alltags. Heute ist es modern, im Alltagskittel zur Premiere zu gehen und Tannhäuser oder Aida zu konsumieren wie ein heißes Würstchen im Kaufhaus. Niemand wird ernsthaft behaupten wollen, daß diese triste Unlust zur Freude auch nur einem einzigen Menschen Vorteile brächte oder allgemein besser wäre.

Wenn wir die geschichtliche Entwicklung der Jahrtausende also realistisch betrachten wollen – und nicht nur die –, dann müssen wir uns endgültig von dem Gedanken verabschieden, daß Fortschritt grundsätzlich etwas Positives sei.

Eine Erkenntnis, die uns allerdings genausowenig hilft wie dem alten Herrn Solutré. Er mußte sich an die asymmetrischen Speerspitzen gewöhnen, aber – und das freut mich nun wieder an ihm – er behielt sie anschließend für zehntausend Jahre bei. So lange etwa dauerte nämlich die Kulturstufe des Solutréen.

Aber nun bitte: Diesem Menschen wird jetzt in einem einzigen lapidaren Satz unterstellt, er habe kein Gerät aus Knochen und keinen Sinn für reine Kunst besessen! Ich will mich nicht wegen der Knochen streiten. Vielleicht waren Knochen wirklich eine Weile aus der Mode geraten, und Familie Solutré verwendete mehr Gerät aus Holz, Leder und Flechtwerk. Aber ich bin absolut überzeugt, daß sie trotzdem noch die gleichen Knochen verwendet haben wie zu Großvater Aurignacs Zeiten. Auch wenn bisher keine davon gefunden wurden. Was beweist das schon? Und was, um Himmelswillen, berechtigt einen Mann, zehntausend Jahre Menschheit mit dem Etikett »keinen Sinn für reine Kunst« abzuurteilen?

Zehntausend Jahre Menschheit: Das ist von uns aus gesehen einmal Stonehenge und zurück! Das ist die Goldschmiedekunst von Sumer und die Sphinx der alten Ägypter, das sind die Venus von Milo, sind Michelangelo und Picasso mal zwei. Zweimal fünftausend Jahre Menschheit: zehntausend Jahre! Und dann ganz lapidar der Satz: »Kein Sinn für reine Kunst.«

Das ist eine Art von Geschichtsbetrachtung, die so vorgestrig ist, daß sie wissenschaftlichem Analphabetentum nahekommt.

Was wissen wir denn, was Menschen in den zehntausend Jahren Solutréen alles geschaffen haben? Sie haben mehr als für ihre Zwecke geeignetes, sie haben hervorragendes Werkzeug geschaffen. Sie haben an Gott geglaubt und gebetet. Sie haben Höhlenbilder gekannt, Zeichnungen, die ganz aus linienhaften Konturen leben und heute 30 000 Jahre alt sind. Gewiß, es gibt dann eine Zeit – zwischen 20 000 und 15 000 vC –, die nach unserem derzeitigen Wissensstand arm ist an Wandmalereien, aber aus dieser Zeit stammen dafür eine ganze Reihe von Lehm- und Felsplastiken.

Was wissen wir – Lissner weist mit Recht darauf hin – von den Holzarbeiten jener Zeit? Konnten nicht Kleidungsstücke aus Leder kunstvoll genäht, Matten kunstvoll geflochten sein? Wir wissen es nicht. Aber dieses Nicht-Wissen darf korrekterweise nur eines bewirken: in unserem Urteil über jene Zeit und ihre Menschen sehr behutsam zu sein.

Je tiefer wir nämlich in das Dickicht der Vergangenheit eindringen, desto mehr Überraschungen erleben wir. Wir wissen inzwischen, daß die Menschen schon vor 20 000 Jahren das riesige Mammut und das wollhaarige Nashorn jagten. Bei dem kleinen Dorf Predmost im Tal der Betschwa zwischen Olmütz und Prerau am Ausläufer der Sudeten wurden nicht nur die Artefakte einer jahrhundertelangen Besiedlung (mit drei einander folgenden Besiedlungsperioden) in dieser Zeit, sondern auch die Überreste von rund 900 Mammuts »sowie die einer beträchtlichen Anzahl anderer arktischer Tierarten freigelegt«, berichtet Bibby. Und sagt dazu:

Hier gab es nun den Beweis, daß der primitive Mensch die Waffen, die »Organisation« und zumindest die Courage und Initiative besessen hatte, auf diese kolossalen Tiere zu jagen und seinen Lebensunterhalt, seine Existenz von ihnen abhängig zu machen.

Aber es geht noch weiter: In der Drachenhöhle bei Mixnitz in der Steiermark wurden die Reste von 50 000 Bären gezählt. Darunter mächtige Burschen mit Schädeln, die länger als einen halben Meter waren. Mehr als siebzigtausend Jahre lang wurden die Bären hier immer wieder gefangen und erlegt (pro Jahr gerechnet waren es demzufolge manchmal nur wenige oder gar keine). Vor so langer Zeit also hatte der Mensch schon Waffen und Mittel ersonnen, den riesigen Gevatter Bär zu seiner Beute zu machen.

In der ähnlich genannten Drachenlochhöhle in der Schweiz, in der ebenfalls die Überreste jahrtausendelanger Bärenjagd gefunden wurden, konnten die Vorgeschichtsforscher feststellen, daß die ersten Hinterlassenschaften der Steinzeitmenschen mindestens 50 000 Jahre zurückreichen! Und in dieser Höhle haben die Menschen sich unter anderem regelrechte Steintruhen gebaut, »die absolut ältesten von Menschen hergestellten Bauwerke, die bisher bekannt sind« (Lissner).
Und jetzt kommt schon die Technik. Aus der Zeit des Aurignacien – wir erinnern uns: Das ist die »primitive« Zeit vor dem Solutréen – berichtet Ivar Lissner:
Beinerne Lanzen- und Pfeilspitzen waren zum Teil mit Blut- und Giftrillen versehen. Ein- und zweireihige Zackenharpunen wurden für den Fischfang benutzt und sogar für die Jagd auf Hochwild. Dem Mammut stellten die Jäger mit der Lanze nach, wie schon im Moustérien (das liegt noch vor dem Aurignacien, nämlich bis zu 130 000 Jahre zurück), *oder sie legten ihm Fallgruben. Auch die Schwerkraftfalle wurde konstruiert und benutzt. Sie erschlug das Tier mit einem Gewicht, meist durch einen schweren Baum. Baumschlagfallen wenden auch die Tungusen und andere arktische Völker Sibiriens an. Aber es bleibt doch erstaunlich, daß man ein so gewaltiges Tier wie das Mammut mit der Schwerkraftfalle erlegte. Eine Wandgravierung*

aus Font-de-Gaume zeigt uns so ein Mammut in der Falle. Im Kreise Johannisburg (Ostpreußen) wurde eine Steingravierung gefunden, die das Mammut und eine Schwerkraftfalle darstellt.

Baumschlagfallen und Schwerkraftfallen also schon vor 100 000 Jahren. Aber noch vor wenigen Jahren wurde in wissenschaftlichen Veröffentlichungen behauptet, die Sumerer und Ägypter, die Erbauer der Megalith-Tempel auf Malta und von Stonehenge in England hätten noch keine Hebebäume, Winden und Flaschenzüge gekannt. Dabei weiß jedes Kind, das erst mal ein Tau über einen Ast geworfen und etwas daran hochgezogen hat, die Wirkung des erleichterten Anhebens richtig abzuschätzen, auch wenn es sie nicht so berechnen kann wie die alten Griechen.

Aber wie schon der Fall Pythagoras zeigte: Die Griechen haben wohl das wenigste von dem, was sie uns als ihre angeblichen Errungenschaften hinterließen, wirklich selbst erfunden. Ihr Verdienst liegt auf einer ganz anderen Ebene. Sie haben mathematische und technische Dinge geordnet und in ein System gebracht. Oder um es noch positiver auszudrücken: Sie haben erstmalig jahrtausendalte Handhabungen wissenschaftlich zu Ende gedacht und damit die Basis für einen Neubeginn geschaffen.

Wir haben die Hebebäume und Winden derjenigen, die unsere Hünengräber bauten, nicht gefunden. Wir werden sie auch nie finden, weil das Metall weiterverarbeitet wurde und weil Holz und Tauwerk zerfielen. Denken wir an Eggers Feststellung der tendenziösen Bodenfunde: Ein Flaschenzug ist keine Grabbeigabe. Technisches Gerät nutzt man, solange es geht. Dann nimmt man es auseinander, baut die Teile, die noch verwertbar sind, in neues Gerät ein und läßt den Rest verrotten. Wie es heute noch jeder Schrotthändler macht, der alte Autos aufkauft.

Was im einen oder anderen Fall in vor- und frühgeschichtlichen Zeiten für technisches Gerät genutzt wurde, können wir also mit Sicherheit nie mehr anhand von Funden feststellen. Wir können es nur aufgrund der Leistungen rekonstruieren, die erbracht wurden. So wie Wissenschaftler jetzt zum Beispiel rekonstruierten, daß die Künstler der stein- und eiszeitlichen Höhlenmalereien nicht nur Pinsel aus Röhrenknochen und Tierhaaren und nicht nur Tupfer verwendeten, sondern sogar schon die »höchst moderne« Spritztechnik angewendet haben. Sie bliesen trockenes Farbpulver durch Holz- oder Knochenröhrchen auf die feuchten Höhlenwände. Die kalkhaltige Feuchtigkeit hielt die Farben fest, durchdrang sie, das Wasser verdunstete, der gelöste Kalk wurde »zu einem festen steinernen Film, der die Farbteilchen dauerhaft mit der Wand verband« (Paturi).

Die Eiszeitmaler haben kein Lehrbuch über diese Methode geschrieben. Sie haben sie schlicht angewandt. Mit dem Erfolg, daß ihre Bilder vor hundert Jahren und länger noch von Wissenschaftlern als Fälschungen abqualifiziert wurden. Neue Generationen von Wissenschaftlern dagegen konnten nicht nur beweisen, daß die Bilder wirklich 10 000, 20 000 und 30 000 Jahre alt sind, sie können uns jetzt auch erklären, wie sie geschaffen wurden. Zum Beispiel in moderner Spritztechnik.

Andere Dinge gibt es, die lassen sich nie mehr erklären. Die können wir nur staunend registrieren. Wie etwa die Sache mit dem Bumerang. Das berühmte Wurfgerät der australischen Ureinwohner, das selbständig auf seiner Flugbahn kehrtmacht und in die Hand des Werfenden zurückkehrt, wenn es sein Ziel verfehlt hat, galt bis in die zwanziger Jahre unseres Jahrhunderts als ureigenste und einsame Erfindung der Australier. Und dann fand man es plötzlich in den Höhlen von Tuc d'Audoubert auf den Bildern. Da sind »Wisente, Wildpferde und Rentiere, die von Pfeilen, aber auch von Bumerangs umschwirrt« werden (Wendt).

Eine Sensation! Und nicht nur für die Fachgelehrten. Wer sagt uns jetzt, wie der Bumerang aus der Steinzeithöhle nach Australien kommt? Und wie alt er dort ist? Und ob er wirklich eine eigenständige australische Erfindung – also eine Parallel-Erfindung – war? Oder ob Segelschiffe, wie sie Noah und Ziusudra benutzten, damals auch schon zwischen Europa und Australien verkehrten? War Europa damals eine Art Serengeti-Steppe der Mitgard- und Asgard-»Götter«, der Bewohner des Gartens Eden, die dort ihre Jagdsafaris veranstalteten und Bumerangs als Souvenirs mit sich nahmen?

Fragen, auf die es wohl nie eine Antwort geben wird. Wir wissen nur, daß es den Bumerang nach der Sintflut nicht mehr bei uns gab. Unsere überlebenden Vorfahren hätten bald auch nichts mehr mit ihm anfangen können. Als das Eis wich und aus den Steppen und Tundren die Urwälder wuchsen, wäre der Bumerang ohnehin sinnlos geworden. Er ist eine Jagdwaffe für die freie Ebene, nicht für den Wald. Vielleicht wurde er deshalb nicht neu entwickelt oder nicht weiter gebraucht. Wie auch immer er in Vergessenheit geraten sein mag, er ist ein Musterbeispiel dafür, wie eine alltägliche technische Fertigkeit so vollkommen aus der Erinnerung der Menschen verschwinden kann, daß nicht einmal eine Legende, ein Märchen, nicht einmal mehr eine Ahnung des Gewesenen übrigbleibt.

Noahs Erben

In seinem 1962 erschienenen Buch »Der Weg aus dem Gestern« geht Hanns Leo Mikoletzky auch auf die »Gewebe aus gesponnener Luft« der alten Ägypter ein und meint, daß solche überlieferten Hinweise darauf hindeuten, »daß die Textilkünste im Nillande damals sehr alt gewesen sein müssen«. Wie alt aber, konnte Mikoletzky 1962 beim besten Willen nicht ahnen. Denn als er diese Zeilen schrieb, hatte der Archäologe James Mellaart gerade erst angefangen, in Catal Hüyük zu graben.

Von Felix R. Paturi stammt der Satz: »Bereits um 4000 vor Christus gehört Metall in Vorderasien zum Alltag.« Das ist – veröffentlicht 1976 – so vorsichtig korrekt formuliert, daß es schon fast wieder nicht mehr ganz korrekt ist. Denn an einigen Plätzen Vorderasiens gehörte Metall bereits zweitausend Jahre vorher schon zum Alltag. Eine junge Frau, die um 6000 vC in Catal Hüyük beerdigt wurde, »trug einen Streifenrock, dessen Streifenenden – schon in der Steinzeit! – mit kleinen Kupferzylindern beschwert waren« (Lehmann).

Es ist kaum zu glauben, wieviel althergebrachte Vorstellungen allein durch die Funde, die in den letzten zehn Jahren in Anatolien und im Kaukasusvorland gemacht wurden, über den Haufen geworfen werden. Das Buch der Steinzeit – und speziell jener Zeit nach der Sintflut – muß heute schon neu geschrieben werden. Warten wir ab, wie es in zehn Jahren geschrieben werden muß. Ich bin sicher, daß uns da noch einige Überraschungen bevorstehen.

Es war nämlich bis in die fünfziger Jahre unseres Jahrhunderts hinein sehr spärlich, was wir über die Zeit zwischen dem neunten und dem fünften Jahrtausend vC in Erfahrung bringen konnten: In Europa zog sich immer schneller, und mitunter katastrophale Folgen auslösend, das Eis zurück. Erdbeben, Überflutungen, Wirbelstürme blieben nicht aus. Feuchtwarme Nebelluft bedeckte das Land. Innerhalb von Jahrzehnten schossen Wälder aus dem Boden, wo vordem Eiswinde über die kahle Tundra strichen. Jägersippen lösten sich aus den Berg- und Mittelgebirgstälern und zogen hinter dem Wild her nach Norden.

Mühsam mußten sie sich jetzt an Quellen und Seen Lagerplätze freischlagen, indem sie sich in die jungen Wälder Lichtungen rodeten. Bei Ahrensburg, östlich von Hamburg, taucht in Bodenschichten aus dem neunten Jahrtausend vC ein neuer Fund auf: »34 leichte Beile und Breitbeile, aus den Schaufeln von Rentiergeweihen angefertigt«, berichtet Bibby:
Die Schaufeln waren entweder direkt als Schneide geschärft oder ausgehöhlt, um eine Feuersteinklinge aufzunehmen. Es handelt sich hier um die ersten mit Stiel versehenen Beile der Welt, zweifellos geschaffen, als der Mensch die Notwendigkeit erkannte, sich der wachsenden Wälder zu erwehren.

Bibby vergißt zwar auch hier wieder hinzuzufügen, daß es sich um die ersten *bis heute gefundenen* Beile handelt, und also nicht unbedingt um die allerersten überhaupt. Aber wir wollen gern unterstellen, daß der Mensch dieser Zeit zweifellos mehr Bedürfnis nach einem axtähnlichen Werkzeug hatte als zuvor. Wohlgemerkt, der Mensch dieser mitteleuropäischen Landschaft. Aus Anatolien wissen wir nämlich, daß die Menschen der Nachkatastrophenzeit im Umgang mit Axt und Meißel (aus Grünstein) Meister waren. Und von den Funden bei Catal Hüyük und Hacilar ausgehend können wir sagen, daß die Fertigkeit in der Holzbearbeitung in Anatolien bis zum achten vorchristlichen Jahrhundert – bis zur Zeit der Phryger – »nicht mehr übertroffen worden« ist (Burney/Lang).

Aber für diesen Teil der Welt gelten ohnehin Regeln und Formen des Könnens und Wissens, die für andere Länder bis heute nirgends nachweisbar sind. Die Menschen von Catal Hüyük produzierten bereits für den Handel, als an den Gestaden des Mittelmeeres die Wellen sich noch an menschenleeren Ufern brachen. Und mit diesen Handelserzeugnissen, zum Beispiel kleinen Statuetten aus Ton, gingen die künstlerischen Traditionen von Catal Hüyük ganz offensichtlich auch auf andere Kulturzentren Anatoliens über.

In Catal Hüyük wurde Hartgestein wie Granit auf eine Art und Weise bearbeitet, die Bewunderung auslöst. Und so wie wir bis heute noch nicht das Rätsel lösen konnten, mit welchen Werkzeugen und Techniken die Ägypter viertausend Jahre später das dunkelgrüne und eisenharte Tiefengestein Diorit bearbeitet haben, so ist es auch für die Wissenschaft noch absolut rätselhaft, wie im siebten Jahrtausend vC die Menschen von Catal Hüyük die in Stuck gefaßten Obsidianspiegel, die man dort in den Gräbern fand, so glatt schleifen konnten, daß eine Politur von unnachahmlicher Perfektion erreicht wurde. Aber das ist nur ein Teil ihrer geheimnisvollen Künste. Nicht weniger verblüffend sind zum Beispiel ihre winzigen Bohrungen.

Die Löcher in den Stein- oder Obsidianperlen sind häufig so klein, daß nicht einmal die dünnste moderne Stahlnadel durch die Öffnung paßt. Es herrscht noch große Unklarheit, wie solche technischen Fertigkeiten möglich waren; Kupferbohrer von dieser Feinheit kommen jedenfalls kaum in Frage (Burney/Lang).

Und was, bitte, kommt als Material in Frage, auf dem diese Perlen zu Ketten aufgezogen wurden? Nylon gab es schließlich noch nicht. Also vielleicht ein haarfeiner Kupferdraht? Immerhin wissen wir, daß Kupfer und Blei um 7000 vC im Vorland des Taurusgebirges nicht nur gehämmert, sondern auch schon geschmolzen wurde. Und von der Fundstätte bei Suberde (südwestlich von Catal Hüyük) stammt aus dem siebten Jahrtausend vC eine vier Zentimeter lange Ahle aus Kupfer. Noch weiter im Westen liegt die Fundstätte von Beycesultan, wo die Verwendung von Metallwerkzeug bis ins fünfte Jahrtausend vC zurück nachzuweisen ist: Ahlen, Nadeln, Meißel. Und sogar das Fragment einer Dolchklinge aus Metall wurde dort gefunden.

In Anatolien herrschte also tausend Jahre nach der großen Erdkatastrophe keine reine Steinzeit mehr. Mit Kupfer und Blei hatte die Metallzeit hier bereits Einzug gehalten. Und auch Stein – ob Granit oder Obsidian, die glasige Ausbildungsform junger Ergußsteine, die normalerweise in Vulkannähe zu finden sind – wurde auf eine für die moderne Wissenschaft rätselhafte Weise bearbeitet.

Aber auch die Technik des Spinnens und Webens finden wir zu dieser Zeit bereits in der Konja-Ebene perfekt entwickelt. Unter anderem verstanden die Weber jener Zeit es glänzend, eine sehr fein gesponnene zweifädige Wolle zu verarbeiten. Weil aber in den Häuserstuben Catal Hüyüks, die bisher ausgegraben wurden, weder Webspindeln noch Websteine gefunden wurden, vermutet Lehmann,

... daß schon damals eine spezialisierte Weberzunft existierte, deren Quartier wir noch nicht gefunden haben. Diese kleine Weber-Industrie Tschatal Hüjüks dürfte auch in »großem Stil«, wenn man das Wort »groß« nicht allzu wörtlich nimmt, die Färbetechnik von Stoffen entwickelt und angewandt haben, besser jedenfalls als der einzelne Familienverband.

Natürlich liegen auch für diese Färbetechnik eindeutige Spuren vor. Ein tiefes Rot, ein sattes Blau und ein intensives Gelb waren zu jener Zeit schon durch die entsprechenden Wildpflanzen Südanatoliens zu gewinnen. Was aber wäre eine Weberzunft wert, die nicht zumindest auch verschiedene Webarten kennt? In Catal Hüyük kannte man sie. Mellaart hält es sogar aus den Funden für nachweisbar, daß die Handwerke des Webers und des Holzarbeiters höher bewertet wurden als etwa die des Töpfers oder des Knochenschnitzers.

Auch die Holzbearbeitung wurde nämlich ebenso wie die Webtechnik besonders gepflegt. Jedenfalls schon mal in einem unverhältnismäßig stärkeren Umfang, als bisherige Steinzeit-Darstellungen es deutlich werden ließen. Hölzerne Schüsseln, Löffel und Kästen wurden schon damals, 7000 vC, in Herstellungsarten und Formen gefertigt, die sich bis heute in Anatolien gehalten haben. Das mag einesteils auf ein gesundes Traditionsbewußtsein dieses Volkes schließen lassen, es läßt aber ganz ohne Zweifel auch darauf schließen, daß in den seither vergangenen neuntausend Jahren wenig verbessert werden konnte.

Erinnert uns das nicht fast ein bißchen an die zehntausend Jahre des alten Mannes von Solutré? Und so wie die Menschen dort über Jahrtausende hinweg ihren Formen und Überlieferungen treu blieben, genauso auch in der heutigen Türkei. Hat sich doch zum Beispiel sogar die jüngere Keramik nie ganz von den bewährten Holz-Formen gelöst. In Catal Hüyük war es sogar um 5700 vC noch üblich, Tongefäße so eckig wie Holzkästchen zu machen und ihnen hölzerne Füße zu geben. Allerdings waren die Holzarbeiten eben auch von einer Qualität, die den Töpfermeistern immer als vorbildlich gelten mußte. So gehört zu den Funden beispielsweise ein dünnwandiger Eierbecher aus Tannenholz (!), aber so vollendet in seiner Form und sauber geschnitten, daß ihn kein moderner Drechslermeister heute besser machen könnte.

Wenige Jahrhunderte später zog die Webtechnik im Nildelta ein. Aus dem fünften Jahrtausend vC stammen die Spinnwirtel aus Ton, die dort gefunden wurden, und die erste Ansätze der Webkunst erkennen lassen. Die Landwirtschaft war hier inzwischen soweit gediehen, daß die Menschen sich überlegen mußten, wo sie mit dem Überfluß der reichen Ernten hin sollten. Man begann Vorratswirtschaft zu treiben, und in logischer Konsequenz entstanden die ersten ägyptischen Getreidesilos.

Zur gleichen Zeit siedelten sich von Ostengland bis zum Baltikum die Menschen jetzt näher an den Küsten an. Und wieder war der Grund die Nahrungssuche. Die Menschen hatten an den Küsten eine besondere Art von »Feldern« entdeckt, die sich leicht abernten ließen: Austernbänke. Durch meterhohe Anhäufungen von Austernschalen kamen die Archäologen den Küstenansiedlern auf ihre Spur.

Sie ernteten jahrhundertelang die Austernbänke vor der Küste ab, und nach der Mahlzeit warfen sie die Schalen am Strand auf einen Haufen. Und der Haufen wuchs und wuchs. Gelegentlich verirrten sich auch ein paar Knochen oder andere Gerätschaften hinein, wie das eben bei typischen Küchenabfällen so üblich ist. Und nach den Küchenabfällen nannten die Archäologen dann diese Menschen samt ihrer Zeit und ihrer Art zu leben: die Küchenabfalleute-Kultur. Aber weil das im Deutschen ein sehr umständliches Wort ist, ließ man den Ausdruck, den die Skandinavier prägten und der sehr lustig klingt, lieber unübersetzt. Und daher sprechen wir jetzt von der Zeit der Kjökkenmöddinger.

Weil diese sich aber von den bisherigen Gewohnheiten wenig getrennt hatten, außer daß sie etwas mehr Austern aßen, benutzten sie immer noch die gleichen Werkzeuge wie ihre Handvoll Urahnen, die vor dreieinhalb Jahrtausenden die Sintflut überlebten. Die Werkzeuge waren zwar lange nicht mehr so kunstvoll wie die aus der Zeit von Solutré. Aber sie erfüllten ihren Zweck: Es gab für jeden genug zu essen.

Ein Bevölkerungsdruck wurde damals im Norden Europas noch nicht einmal als Ahnung empfunden. Das Land war noch frei, und keiner trat aus Platzmangel dem nächsten auf die Füße. Also bestand auch noch keine Veranlassung, über Ackerbau und Viehzucht nachzudenken. Noch konnten die Menschen genug ernten, ohne zu säen. Allerdings – die Austernschalen sind ein Hinweis, daß die Verhältnisse sich langsam änderten; neue Formen der Ernährung setzen neues Denken und Fühlen der Menschen voraus.

Vor tausend Jahren noch wurde da oder dort eine Auster aufgebrochen und ausgeschlürft. Sozusagen im Vorbeiziehen, wenn man zufällig an den Strand kam. Jetzt wurden die Austernbänke regelrecht abgeerntet. Auch wenn das Fleisch als Hauptnahrungsmittel noch dominierte, die Jäger jagten es in der Umgebung, die Sippen zogen nicht mehr mit ständig wechselnden Lagern hinter dem Wild her. Sie siedelten sich bereits an, wo die Austern wuchsen, und blieben von nun an jahrhundertelang am selben Fleck.

Für uns ist das eine deutlich erkennbare Zäsur im Leben der bisher nomadisierenden Jäger: Auch wenn das Jagen und Sammeln sie noch ernährte, die Menschen begannen im fünften Jahrtausend vC auch im Norden Europas seßhaft zu werden. Weil aber im Moment noch nicht mehr geschah und die Folgen sich erst ein Jahrtausend später bemerkbar machen, verlassen wir diesen Abschnitt der Geschichte.

Kupfer statt Feuerstein

Um 4000 vC tritt in Ägypten das Kupfer mehr und mehr an die Stelle des Feuersteins. Sowohl in Unter- wie in Oberägypten machen sich im Laufe der jetzt folgenden Jahrhunderte neue Lebensformen bemerkbar, die wohlgefüllten Getreidesilos, von denen wir im vorangegangenen Abschnitt hörten, erlauben das Heraufdämmern einer neuen Kulturepoche. Mit ihr erscheinen neue Herrschaftsformen. Könige und Priester zeichnen sich vor dem Hintergrund des Volkes ab. Es wird nicht mehr lange dauern, und die Menschen am Nil beginnen ihre Pharaonen und Fürsten in besonders ausgestatteten Gräbern mit wertvollen Grabbeigaben zu beerdigen.

Bevor es aber noch soweit ist, begegnen wir 1500 Kilometer weiter östlich einem Volk, das von den Hochebenen zwischen Kaukasus, Taurus- und Zagrosgebirge ins Zweistromland zwischen Euphrat und Tigris kam, um hier die ersten Städte Mesopotamiens zu bauen. Wenn wir seine Spuren zurück verfolgen wollen, müssen wir also zwangsläufig dorthin blicken, wo es bereits zuvor üblich war, in stadtähnlichen Siedlungen zusammenzuleben. Das Volk von Sumer und Akkad – wie es in der Folge genannt wird – lebt nämlich längst nicht mehr in dörflichen Wohngemeinschaften und hat den Ackerbau inzwischen zur kollektiv betriebenen Agrarwirtschaft kultiviert.

Unter Anleitung der von den Göttern abstammenden Könige und der sie vertretenden Priester werden, wie wir bereits hörten, jetzt Kanäle gezogen, Bewässerungssysteme aufgebaut und Städte errichtet. Selbstverständlich arbeiten diese Menschen bereits mit Metallen. Dabei gibt es in Mesopotamien kein Metall. Aber das störte die Sumerer nicht. Bis 3000 vC hatten sie ihre Handelsnetze soweit ausgebaut, daß sie ihr Silber aus dem Taurusgebirge, ihr Gold aus Kleinasien, aus Ägypten und Indien, ihr Kupfer aus Elam und Anatolien ohne Schwierigkeiten geliefert bekamen. Gegen Ende des vierten Jahrtausends blühte in ihren Städten bereits eine Veredelungsindustrie, die uns nicht nur als etwas völlig Neuartiges in der Weltgeschichte, sondern geradezu wie ein Wunder erscheinen muß.

Was brachte diese Menschen dazu, ohne Not plötzlich die Art des seit Jahrhunderttausenden üblichen Nahrungserwerbs aufzugeben, statt Jagd, Fischfang und Ackerbau, statt dem Sammeln von Pflanzen und Früchten, statt dem sich daraus entwickelnden Säen und Ernten sich nun auf schwierigen und gefährlichen Wegen über weiteste Strecken Metalle zu besorgen, sie zu gießen, zu bearbeiten, nur um sie auf nicht weniger schwierigen und gefährlichen Wegen wieder wegzubringen?

Hier ist einer der wenigen Augenblicke in der Geschichte, wo die geordneten Bahnen von Entwicklung und Kontinuität sichtbar verlassen wurden. Anders als in Ägypten, wo durch nachweisbar fremde Kultureinflüsse ein Königtum entstand, das aufbauend auf dem zeitweiligen Überfluß der reichen Ernten in den Überschwemmungsgebieten des Nil schließlich auch die Siedlungen zu Städten verdichtete und in diese Verdichtung hinein ganz zwangsläufig die Arbeitsteilung und somit eine Handwerkerschaft und einen Beamtenstand entwickelte, platzen in Mesopotamien die schillernden Seifenblasen einer neuartigen Lebensform aus dem Nichts.

Selbst wenn wir unterstellen, daß unter den Menschen von Catal Hüyük und Hacilar, von Suberde und Beycesultan die Vorfahren der Lehrmeister von Sumer und Akkad zu finden sind, so erklärt dies noch lange nicht alles. Gewiß wurden an den genannten Orten schon zwischen 7000 und 5000 vC die Formen städtischen Zusammenlebens praktiziert, gewiß war die Arbeitsteilung bereits Tatsache und damit auch gewisse Formen der Industrialisierung und des Handels. Aber alles, was geschaffen wurde, war doch in erster Linie für den eigenen Bedarf bestimmt, und nur ein gelegentlicher Überhang diente dazu, sich auf dem Tauschwege von den Menschen an anderen Orten Dinge einzuhandeln, die einem tatsächlich zum Leben fehlten oder die man gern gehabt hätte.

Das aber sieht jetzt in den heranwachsenden Stadtstaaten der Sumerer völlig anders aus: Hier wird von vornherein über den eigenen Bedarf hinaus produziert. Hier ist der Handel von Anbeginn an Selbstzweck. Rohmaterial wird nur zu dem Zweck eingetauscht, veredelt und wieder ausgetauscht zu werden. Hier schaffen Menschen plötzlich Kulturgüter, die sie gar nicht brauchen, produzieren Werte, die sie gar nicht behalten wollen. Sie schaffen Schönheit, die keinem nützt, setzen in ihrer Stadt Susa, dem späteren Elam, bereits im vierten Jahrtausend vC eine Gütemarke für feinste Keramik, wie sie in dieser einmaligen Vollkommenheit bis in unsere Zeit kaum zu übertreffen war.

Im vierten Jahrtausend entstanden in dieser Kulturmetropole dünnwandige, elegant geformte Schalen, Becher, Vasen und Pokale verschiedenster Größe, die vom kunstvollen Einzelstück bis zur immer noch meisterlichen, tausendfach variierten Manufakturware reichen. Man darf hier angesichts der Fülle des ausgegrabenen hochwertigen Materials nicht nur ein Zentrum der Keramikfabrikation, sondern eine Art Exportzentrale für Sakral- und Profangefäße aller Art vermuten (Uhlig).

Mesopotamischer Kupferguß aus dieser Zeit, gleichfalls bis zur Vollendung entwickelt, fand sich ebenso an weit entfernten Plätzen wie die herrlichen Goldschmiedearbeiten, die wir – wie bereits erwähnt – noch in Ländern nördlich der Donau feststellen konnten. Dabei waren die Thraker selbst in dieser Hinsicht Meister. Ihre Goldarbeiten aus dem vierten Jahrtausend vC sind in Europa ohne Beispiel. Bei dem Goldschatz aus der Zeit um 3200 vC, der im westlichen Industriebezirk der Schwarzmeerstadt Varna ausgegraben wurde, handelt es sich – so wird vermutet – sowohl um »landeseigene« thrakische Erzeugnisse wie auch um Importe. Der Küstenort Varna muß in diesen fernen frühgeschichtlichen Zeiten ein bedeutendes kulturelles und wirtschaftliches Zentrum gewesen sein, »vergleichbar etwa mit der viel später geschaffenen Orakelstätte von Delphi«, sagt Siegert.

Und er ergänzt diese Feststellung an anderer Stelle mit dem Hinweis auf weitere, wenn auch teilweise spätere Goldfunde:
Allein im Laufe der letzten Jahre wurden in Bulgarien neun große Goldschätze gefunden, von denen einige im Hinblick auf ihr Alter und den angewandten Stil als einzigartig in der Welt zu bezeichnen sind. So etwa der Schatz von Chotnitza, dessen goldene Kette aus vierzig winzigen, eineinhalb bis drei Millimeter großen menschlichen Idolen aus der Kupferzeit bisher ein Rätsel geblieben ist.
Aus reinem Kupfer bestehen auch die Kultäxte sowie Werkzeuge unbekannter Art, Meißel und Ahlen, die in der Varnaer Nekropole gefunden wurden. Das Material für die Herstellung dieser Gegenstände wurde in den Kupfergruben in der Nähe der heutigen Bezirksstadt Stara Zagora gewonnen. Dies zeugt nicht nur von dem Vorhandensein einer handwerklichen Produktion im vierten Jahrtausend vC, sondern läßt außerdem den Schluß zu, daß auch der Warenaustausch zu dieser Zeit schon gut entwickelt gewesen sein muß.

Das muß er wahrhaftig. Denn die Sumerer betrieben ihn bereits in großem Stil. Und da wir gerade von der Goldkette mit den winzigen Idolen sprachen: Die Schreiber von Nippur – denn natürlich entwickelten die Sumerer ja im Zusammenhang mit dem Handel auch die Schrift, aber das ist ein Kapitel für sich – lieferten Tontafeln, die zum Teil mit so winzigen Zeilen bedeckt waren, daß die Schrift mit bloßem Auge nicht zu entziffern war. Und da auch die geschulten Archäologen und Schriftdeuter unserer Zeit zum Hilfsmittel der Lupe greifen mußten, ist anzunehmen,
daß im dritten vorchristlichen Jahrtausend sumerische Schreiber bereits über geschliffene Lupen verfügten, obwohl kein Fund bisher diese Vermutung bestätigt (Uhlig).

Wenn aber die handelsfröhlichen Sumerer über geschliffene Lupen verfügten, dann vielleicht auch die thrakischen Goldschmiede. Erinnern wir uns in diesem Zusammenhang noch an die rätselhafte Methode des Obsidianschliffs in Catal Hüyük? Und erinnern wir uns auch daran, daß die Sumerer nicht nur Fixsterne, sondern auch Planeten aufzeichneten, die mit bloßem Auge nicht zu erkennen sind? Aber wer Lupen hat, mit denen er Schriftzeichen vergrößern kann, der kann wohl auch Gläser schleifen, mit denen sich

Planetensysteme erschließen lassen, die dem unbewaffneten Auge verborgen bleiben. So enträtseln sich Geheimnisse, die nur deshalb rätselhaft schienen, weil schon die alten Römer und die mitteilungsfreudigen Griechen nichts mehr von ihnen ahnten.

Bisher wußte man nur, daß die Ägypter bereits Glas schmelzen konnten. Aber was bei ihnen gefunden wurde, war bis in das letzte vorchristliche Jahrtausend hinein undurchsichtiges Glas. Deshalb schrieb man die Erfindung von durchsichtigem Glas den Phöniziern zu. Diese Annahme muß nun korrigiert werden. Denn wer in der Lage ist, geschliffene Lupen anzufertigen, der muß wohl auch mit Glas umgehen können. Anders als mit dem Hinweis auf Vergrößerungsgläser aber ist die Frage, wie die sumerischen Tontafelbeschrifter auf Tafeln von der Größe einer Briefmarke eine ganze Hymne kunstvoll unterbringen konnten, nicht zu beantworten.

Und es geht weiter im Reigen der Überraschungen: Rundum an den europäischen Küsten des Atlantik und auch an einzelnen Orten der Mittelmeeranwohner wurden jetzt riesige Steine aufgestellt oder – wie in Norddeutschland – zu Hünengräbern (auch Dolmen genannt) übereinandergetürmt. Plötzlich bewegten die Menschen gewaltige Felsen – in ihren größten Exemplaren bis zu 20 Meter hoch und drei bis vier Meter dick –, die sie teilweise von weit her holten. Und der »Feenstein« in der Bretagne (bei Locmariaquer) zum Beispiel wiegt schätzungsweise 347 Tonnen.

Nun sind Rad und Achse möglicherweise in unseren Breiten schon 25 000 bis 30 000 Jahre alt, aber allein um solch einen Steinbrocken zu bewegen, müßten heute »fünf der größten modernen Güterwaggons zusammen« eingesetzt werden (Lissner). Manche dieser Felsungetüme wurden über mehr als 200 Kilometer herangeschafft, wie zum Beispiel die Steine von Stonehenge. Hier sind meines Erachtens Beförderungs- und Hebetechniken angewandt worden, die weit über das hinausgehen, was uns bisher erzählt wurde. Kein Volk der Erde kann solche Lasten mit seinen Schultern vorwärtsstemmen. Ein paar Baumstämme als Rollen und ein Dutzend einfache Hebel genügen dazu einfach nicht. Und dadurch, daß ich die Muskelkraft mit der Zahl der Beteiligten multipliziere, komme ich auch nicht weiter, weil die Angriffsflächen an den Steinen begrenzt sind.

Der Hinweis, daß bei einem Gewicht von 300 Tonnen eben sechstausend Menschen angepackt haben, ist einfach albern angesichts der Tatsache, daß sich diese Menschenmasse ja nur gegenseitig auf den Füßen gestanden hätte. Ein Stein von fünfzig Meter Außenkanten bietet nun mal höchstens zweihundert Menschen Platz zum Anfassen. Und auch Seile konnten nicht in endloser Zahl und Länge ausgelegt werden, weil zum einen ihre Reißfestigkeit nicht unbegrenzt war und weil sowohl zum Aufrichten wie zum Vorwärtsbewegen des Felsens ja nur in einer Richtung gezogen werden konnte, was wiederum die Zahl der zu Beteiligenden erheblich einschränkt, wenn sie nicht übereinander stolpern oder sich zumindest gegenseitig im Weg stehen sollen.

Es mußten also schon – ob es nun gefällt oder nicht – »moderne« Gesetze der Mechanik angewendet werden. Und ich sehe da auch offen gestanden überhaupt keine Schwierigkeit. Wir sprachen ja schon beim Thema Schwerkraftfallen darüber, daß bereits in der frühen Steinzeit die Methoden der Mechanik angewendet worden sind. Und ganz zweifellos konnten Noah auf seinem 126 Meter Meter langen Schiff und Ziusudra an seinen 60 Meter hohen Masten keine Rahen ohne entsprechendes Hebezeug und ohne Flaschenzüge anbringen. Und es würde wohl auch kein Mensch daran zweifeln, wenn nicht einige Wissenschaftler heute noch mit Scheuklappen auf die alten Griechen starren würden, die sich stillschweigend das Urheberrecht für einige dieser Dinge aneigneten.

Wie weit die Technik in jener Zeit des dritten Jahrtausends vC bereits reichte, zeigt uns das Beispiel Malta, wo der Felsenboden ein besonderes Transportverfahren ermöglichte. Die Malteser schnitten in den glatten Fels Schienen, meißelten in die Flachseite des zu bewegenden Felsenblocks halbrunde Mulden, »schnitten« sich dann – und das ist eine wahrhaft bestaunenswerte Leistung – gleichgroße runde Steinkugeln zurecht und rollten so tonnenschwere Lasten auf ihren mit Wasser »geschmierten« Kugellagern vorwärts.

Die Sumerer entdeckten inzwischen noch ein neues Material. Irgendwann zwischendurch hatten sie angefangen, Metalle zu mischen und es mit Legierungen zu versuchen, und so finden wir um 2500 vC bei ihnen – und nicht viel später auch bei den Thrakern – das Elektron, jene Leichtmetall-Legierung, die zu 90 Prozent aus Magnesium und im übrigen aus Aluminium und einigen anderen Zusätzen besteht. Damit sind wir bei den Anfängen des Legierens, das wenig später zur Bronze und auf anderen Wegen zu den ersten Ansätzen der Chemie führte, von der die Ägypter sagten, daß sie göttlichen Ursprungs sei.

Keine Frage, daß auch die Ägypter zu dieser Zeit nicht nur Pyramiden bauen konnten, sondern ebenso in anderen Bereichen ausgereifte Handwerkskunst zeigten. So erzählt Wolf von den Fundstücken, die in das Grab der Cheops-Mutter Hetepheres beigegeben worden waren:
... ein Tragsessel, das Bett der Königin, das Gestänge ihres Reisezeltes und ihr Schmuck bezeugen die schlichte Einfachheit und Klarheit der Formen, feines Gefühl für dekorative Wirkung und vollendete Beherrschung der verschiedenen Techniken.

In Anatolien finden wir um 2000 vC Bronzebeile. In Beycesultan fertigt man unter anderem feine Stichel, der Ort Metsamor bei Eriwan entwickelt sich zu dieser Zeit zu einem Zentrum der Bronzeherstellung, und die Nadeln aus dem Westkaukasus finden wir bis hinauf nach Ostdeutschland.

Dort in Nordeuropa hat sich das Bild in diesen vergangenen dreitausend Jahren erheblich gewandelt. Die durch die Kjökkenmöddinger eingeleitete Entwicklung hat sich logisch fortgesetzt. Im gleichen Maße, in dem die Menschen seßhaft wurden, entstanden die ersten Anpflanzungen. Ausgesätes wurde geerntet und wieder ausgesät, und überall in den Siedlungen überwiegen jetzt die Ackerbauern und Viehzüchter. Wobei ich bewußt sage: überwiegen. Denn ganz selbstverständlich starb die Jagd nicht aus. So gut wie es heute noch Bauern und Jäger gibt – und wie oft sind unsere Landwirte beides in einem –, so natürlich erst recht in den Jahrtausenden, in denen diese Entwicklung im Fluß war.

Aber etwas anderes kam auch hier in der Megalithzeit hinzu: das Metall. Die ersten bis heute registrierten Funde weisen Kupfer auf Jütland bereits um 2500 vC nach. Und weil es zwangsläufig eine Folge der Seßhaftigkeit zu sein scheint, finden wir auch im Norden Europas jetzt schon die Arbeitsteilung. Da sind zum Beispiel regelrechte Bergwerke in Dänemark, sogenannte Flintminen, in denen jetzt, zur beginnenden Bronzezeit, bereits von den Männern der umliegenden Siedlungen der Flintstein systematisch abgebaut und dann weiterverkauft wird.

Ähnlich entsteht an anderen Stellen auch der Salzbergbau, und in England arbeiten um 2000 vC auch die ersten Beil-»Fabriken«. Englische Wissenschaftler fanden nämlich heraus, daß die im Lande verwendeten Steinbeile jener Zeit sowohl vom Material her wie auch in der Art ihrer Bearbeitung relativ einheitlich waren, so daß eine Herstellung an tausend verschiedenen Orten durch tausend verschiedene Menschen ausgeschlossen werden mußte. Archäologen und Geologen gingen nun gemeinsam auf die Suche, und siehe da, sie entdeckten vier der sogenannten Beilfabriken. Man darf sie wirklich so nennen, denn abgesehen davon, daß in diesen Fabriken noch keine Maschinen standen und keine Förderbänder liefen, wurde bereits fabrikmäßig gearbeitet:
Es gab »Einkäufer«, die das Material, das aus den umliegenden Gruben gebrochen wurde, herankarrten. Dann gab es Arbeiter, die große Steine zu handlichen Stücken zurechtschlugen, die nächsten Arbeiter glätteten den Stein, die nächsten schärften ihn, bis dann die Verkäufer am Ende der Reihe mit ihren Wagen vorfuhren, um die fertigen Steinbeile über das Land hinweg zu verkaufen beziehungsweise gegen entsprechende Naturalien, vorzugsweise Nahrungsmittel, einzutauschen.

Damit hinkt der Norden der vollendeten Veredelungsproduktion im Zweistromland zwar um mehr als ein Jahrtausend nach. Aber er geht, wie wir sehen, einen eigenen Weg. Genausowenig, wie die Ägypter zu europäischen Ackerbauern wurden, genausowenig wurden die Sumerer zu dänischen Bergarbeitern oder englischen Steinbeilproduzenten. Die Techniken haben sich mit großer Wahrscheinlichkeit weitgehend herumgesprochen. Wenn die Thraker an der Donau, die ja nachweislich mit den Sumerern Handel trieben, schon deren Arbeitsweise und Produktionsmethoden kennenlernten, so ist nicht auszuschließen, daß eines Tages auch ein Sippenoberhaupt in Dänemark oder im fernen England davon hörte. Selbst wenn er den Gedanken aufgriff, er blieb doch der »Däne« oder »Engländer«, der er war.

Monopol in Eisen

Zu Beginn des zweiten Jahrtausends vC setzte sich in Europa wie in China der Gebrauch von Bronze anstelle von Kupfer durch. Bronze ist leichter schmelzbar, aber auch härter und zäher, also sowohl für Waffen wie für Werkzeuge besser geeignet, wobei der Begriff Werkzeug hier ebenso für Äxte, für Gerät zur Feldbestellung wie für Küchen- und Kultgerät (bronzene Kessel) steht. Schmuck wird in Bronze hergestellt und Statuen in Bronze gegossen.

Bronze ist eine Legierung von mindestens 75 Prozent Kupfer mit Zinn. Daß durch Mischen und Zusetzen verschiedener Stoffe Neues entsteht, hat sich also inzwischen herumgesprochen. Wir haben ja im vorhergehenden Abschnitt davon gehört, daß die Sumerer und Thraker bereits von diesen und ähnlichen Verfahren (Elektron, Glasschmelze) Gebrauch machten. Wenn wir aber die Geburtsstunde der Chemie suchen, jenes Zweiges unserer heutigen Naturwissenschaften, der sich mit der Zusammensetzung – aber auch Veränderung – der Stoffe, ihrem Aufbau, ihren Eigenschaften und Umsetzungen beschäftigt, dann müssen wir ebenfalls wieder einmal tief in die Steinzeit zurückschauen, wo schon vor 80 000 Jahren gewisse Gärvorgänge und »chemische« Methoden des Gerbens und Färbens systematisch angewandt wurden. Nicht einmal Catal Hüyük bietet hier grundsätzlich Neues. Es stellt nur eine Stufe in der Entwicklung dar, die neuesten Forschungsergebnissen nach 80 000 Jahre – um uns diese Zahl noch einmal zu verdeutlichen – zurückreicht.

Die Leistungen bei der Gewinnung und Bearbeitung von Metallen, die Herstellung von Glas, Email und Tonwaren, sowie die in Ägypten hochentwickelte Kunst der Färberei weisen auf bemerkenswerte chemische Kenntnisse hin. Dazu kamen die von den Priestern gehüteten Erfahrungen mit mineralischen und pflanzlichen Heilmitteln, mit Giften und mit den Konservierungsmitteln für die Einbalsamierung (Mikoletzky).

Al-Kimijâ ist das arabische Wort für ein flüssiges Mittel zur Metallverwandlung, aber älter ist die griechische Bezeichnung »chyma« oder »chumeía« für Metallguß oder allgemein für Vermischung. Interessanter als die Herkunft der Bezeichnung erscheint mir jedoch die Tatsache, daß es auch auf dem Gebiet der Chemie Kenntnisse gab, die in den Jahrtausenden vor der Zeitenwende angewandt wurden, in den Jahrhunderten danach jedoch verlorengingen.

Kleinasiatische Spinner und Weber des Altertums kannten ein bis heute nicht wiedergefundenes Verfahren, in Gewebe eingeschlossene Silberfäden vor dem Oxydieren zu schützen. Die im Museum von Cluny ausgestellten gotischen Kronen aus dem Schatz von Guarazzar legen – so berichtet Robert Charroux – von einem Verfahren, Gold zu schweißen, Zeugnis ab, das völlig verlorengegangen ist. Werner Keller erinnert daran, daß die Kunst der Granulation, wie man eine raffinierte Art der Goldverarbeitung nennt, aus Vorderasien stammt,

wo sie eine lange Vorgeschichte hat. Das Wissen um ihre Technik ging verloren. Jahrhundertelang haben sich im Abendland später die größten Meister des Goldschmiedehandwerks um Rezept und Verfahren bemüht. Selbst ein Benvenuto Cellini, der große florentinische Künstler des 16. Jahrhunderts. Vergeblich – es blieb ein Geheimnis. Erst in unserer Zeit gelangen der Kölner Goldschmiedin E. Treskow Arbeiten von gleicher Zartheit und Präzision.

Granulation ist die körnchenartige Goldverzierung an Schmuckstücken. Daß die mittelamerikanischen Frühkulturen um die Zeitenwende diese Kunst kannten und beherrschten, erscheint uns, nachdem wir heute von den phönizisch-keltischen Siedlungen in Amerika wissen, nicht mehr erstaunlich. Um so erstaunlicher, ja geradezu wunderbar ist jedoch diese Kunst selbst, die Werner Keller am Beispiel einer goldenen Scheibenfibel, die im Grab einer etruskischen Fürstin aus dem siebten Jahrhundert vC gefunden wurde, folgendermaßen beschreibt:

Die wundervolle Treibarbeit ist über und über durch lange Reihen fast staubfeiner, mit bloßem Auge kaum erkennbarer Kügelchen aus Gold verziert . . . Dabei sind sie so meisterhaft aneinandergefügt, daß sie weder einander noch den Untergrund zu berühren scheinen.

Bereits das Gießen so winziger kugeliger Gebilde erfordert ein profundes metallurgisches Wissen, allerhöchste Geschicklichkeit und unendliche Geduld. Diese Kügelchen dann aber noch so aneinanderzuschweißen, daß sie bei dem dazu unumgänglichen Erhitzen weder ihre Form verlieren noch auseinanderfließen, das grenzt bereits an Zauberei.

Und da wir eben die Kelten erwähnten: Sie erfanden in den Jahrhunderten vor der Zeitenwende eine Art Messing, zu dessen Legierung (Kupfer, 50-90 Prozent, und Zink) sie statt Zink das Mineral Zinkspat verwendeten. Das Verzinnen kupferner Gegenstände beherrschten sie ebenso wie das Versilbern mit Quecksilber. Jenes äußerst giftige Element gewannen und destillierten sie »mit der Sicherheit erfahrener Alchimisten« (Herm).

In jenem zweiten Jahrtausend, das heute allgemein die Bronzezeit genannt wird, bauten sich die Hethiter – wie wir aus dem überlieferten Schriftverkehr vermuten dürfen – ein Monopol der Eisenproduktion auf. Wieder ist es also das Hochland von Anatolien, wo eine Technik und das hierzu erforderliche Wissen erstmalig in Erscheinung treten. Ceram weist in diesem Zusammenhang jedoch mit Recht darauf hin, daß die erste Erwähnung eines neuen Metalls, einer neuen Technik, keineswegs identisch sein muß mit dem Zeitpunkt der Erfindung oder Entdeckung. Wir können für das Jahr 1600 vC nur nachweisen, daß Eisen bekannt war, und zwar als ein seltener Luxusartikel, »fünfmal teurer als Gold, vierzigmal teurer als Silber« (Ceram), wir können nichts darüber sagen, wie lange alte Eisenstücke schon in Gebrauch waren und in immer neue Formen zurechtgeschmiedet durch die Generationen weitergereicht wurden.

Bemerkenswert ist jedoch, daß die Zeit offensichtlich reif war, das Eisenmonopol zu brechen. Wenige Jahrhunderte später waren auch die Ägypter in der Lage, ein Eisen zu produzieren, das in seiner Qualität fast dem Stahl nahekam. Die Ablösung des Kupfers durch das Eisen hatte für die Ägypter jedoch eine schwere Wirtschaftskrise zur Folge. Kupfer hatten sie in ihren Sinai-Minen abbauen können, das Eisen mußten sie aus fremden Machtbereichen einführen. Eine dramatische Geldentwertung ließ in den dreißiger Jahren des zwölften Jahrhunderts vC ihren Getreidepreis auf mehr als das Fünffache hochschnellen. Es dauerte nahezu vier Jahrzehnte, bis sich die Preise wieder einigermaßen stabilisiert hatten. Aber sie gingen nie wieder ganz zurück. Ein Scheffel Korn kostete um 1100 vC doppelt soviel wie noch 1140 vC.

Es war diese Zeit, in der auch die Phönizier technisch – und nicht nur in bezug auf den Schiffsbau – von sich reden machten. Sie begannen ebenfalls mit der Verarbeitung von Metall, phönizische Ingenieure bauten Dämme, Brücken und künstliche Häfen wie jenen von Mozia, wo ein sieben Meter breiter Kanal zu einem Liegeplatz und Schutzhafen für kleinere Schiffe angelegt wurde. Das Becken dieses Hafens wurde in einer Größe von 51 mal 37 Meter ausgehoben. Auf dem nahen Zypern richteten die Phönizier fünf Bergwerksstädte und Metallhäfen ein, wobei hier immer noch das Kupfer die dominierende Rolle spielte.

Die spätere große Konkurrenz im Atlantik, die südspanische Stadt Tartassos, entwickelte zu dieser Zeit (1150 vC) ihre Metallindustrie. Sie erreichte bald eine Größenordnung, die den Vergleich mit einigen Industriestädten des Ruhrgebietes in der Gründerzeit erlaubt. Noch störten sich die Phönizier nicht daran. Vor der Jahrtausendwende lagen ihnen die keltiberischen Völker und der Atlantik noch fern. Noch waren sie voll beschäftigt, ihr Handelsnetz und damit Siedlungen und Kolonien im Mittelmeerraum aufzubauen. Ihre wichtigsten Handelspartner waren die Ägypter, die Völker von Südarabien bis Kleinasien und die Völker des Balkans und Italiens.

Aus Ägypten holten sie den Papyrus, aus dem eine Art Vorläufer unseres Papiers hergestellt wurde; feines Linnen (zum Beispiel Byssus, jenes federleichte Mischgewebe, über das antike Autoren gern berichteten, weil es »so fein wie gesponnene Luft« gewesen sein soll); Seide und Muschelseide und – ein weiteres wichtiges Produkt jener Zeit – Seile. Vor ihren Küsten fingen die Phönizier Massen von Purpurschnecken (eine große Purpurschnecke wiegt etwa 340 Gramm), zerschlugen die Schalen, schnitten die Purpurdrüsen heraus, salzten sie ein und ließen sie so drei Tage lang liegen, und alles begann zu stinken wie die Pest. Das wurde auch nicht besser, wenn nach den drei Tagen die gesalzene Drüsenmasse in riesige Kessel gekippt und mit Wasser verrührt wurde (500 Pfund Masse mit 26 Liter Wasser). Mit langen Rohrleitungen wurde gleichmäßig heißer Dampf unter die Kessel geführt, der die Masse zum Kochen brachte. Die an die brodelnde Oberfläche treibenden Fleischteilchen wurden abgefischt, und zehn Tage später war der Sud klar. In die klare Purpurbrühe wurde dann ausgelaugte Wolle eingelegt, die nach fünf Stunden leuchtende Purpurfarbe annahm. Je nachdem wie lange und intensiv man den Stoff anschließend der Sonne aussetzte, spielte diese Farbe zwischen Violett und Malvenblau.

Übrigens wurde zu dieser Zeit auch bereits Seide aus China im Mittelmeerraum gehandelt. Und wie die Phönizier ihren Purpur, so produzierten und exportierten die Thraker bereits Wein, Gerstenbier und eine Art Whisky. Aus der Mitte des zweiten Jahrtausends vC stammt ein bei Valcitran im Bezirk Pleven (Nordbulgarien) gefundenes dreiteiliges Gefäß. Es besteht »aus drei einzelnen, aus Gold getriebenen blattähnlichen Löffeln, die durch zwei leichtgeschweifte Elektron-Röhrchen so miteinander verbunden sind, daß die Flüssigkeit von einem« in den anderen fließen kann (Siegert). Ein Gerät, das schon von der Beschreibung her an das Modell eines Destillierapparats erinnert.

Natürlich heißt das Destillat bei antiken Autoren nicht Whisky, sondern wird als ein aus Gerste gewonnenes Getränk geschildert, schwerer als der schwerste Wein! Und bei Homer finden wir den Hinweis, daß täglich Schiffe mit großen Amphoren voll thrakischen Weines nach Troja kamen.

Wie Destillierapparate und Dampfleitungen, so waren um diese Zeit bereits Dinge in Gebrauch, von denen sich unsere Schulweisheit vor wenigen Jahren wirklich noch nichts träumen ließ. Es gab Zahnräder, Kolbenpumpen, Wasserhebeschrauben und Flaschenzüge, Drehbänke und Präzisionsmaschinen zum Drehen von Holz und Metall, Druckwasserleitungen für einen Druck von 15 bis 20 Atmosphären, Feuerspritzen und – zum Beispiel in Ägypten – ein reguläres Feuerlöschwesen.

Da wir aber gerade bei Dampf und Feuer sind, sollten wir an jener eigenartigen Erscheinung nicht vorbeigehen, die unter anderem auch Erich von Däniken beschäftigte und bis heute nicht eindeutig zu erklären ist: Riesenbilder, so in eine Landschaft »gezeichnet«, daß sie nur aus der Luft richtig zu erkennen sind. Da ist auf der Bahnstrecke von London nach Bristol bei Uffington das berühmte »weiße Pferd«. Die sehr lebendig und fast modern wirkende Skizze eines überdimensionalen Schimmels, dessen Konturen, aus dem dünnen Rasen ausgestochen, mit dem Weiß des Kreidefelsens seit Jahrtausenden in den Himmel leuchten. Seine Länge: 112 Meter. Vielleicht gab es einst in England Hunderte dieser »Himmelszeichnungen«, die meisten sind im Laufe der Jahrtausende von der Vegetation überwuchert worden. Bei Uffington hat ein uralter Brauch den Schimmel erhalten. Zu jeder siebten Sommersonnwende wurde das nachgewachsene Gras im Rahmen der traditionellen Sonnwendspiele von der Landbevölkerung wieder entfernt. Und das schätzungsweise seit mehr als zwei Jahrtausenden. Inzwischen – da der Volksbrauch erlosch – hat sich die englische Kulturbehörde des »weißen Pferdes« angenommen.

Sie mußte sich noch einiger ähnlicher Riesenfiguren annehmen, unter anderem auch in der Grafschaft Wiltshire bei Salisbury. Dort ist es am Berghang von Bratton Down ebenfalls ein weißes Pferd. Bei Dorchester, nahe der englischen Südküste, ist es der »Gigantenhügel« von Cerne Abbas, wo eine riesige Männerfigur mit einer schweren Keule in der Hand gegen den Himmel droht. Bei Wilmington in Sussex (Südengland) ist vom Flugzeug aus auf dem Windover Hill ein Hüne zu identifizieren, dessen weiße Körperlinien auf dem Boden der Figur, die fast wie auf einem Trapez zu schweben scheint oder – je nach Auslegung – in jeder Hand einen Speer hält, eine Größe von 77 Meter geben. Diese vier sind, wie gesagt, nur einige der vielen ausschließlich vom Himmel her richtig zu betrachtenden, in die Landschaft gezeichneten Riesenfiguren, die mit Sicherheit existiert haben, aber von denen die meisten im Laufe von mehr als zwei Jahrtausenden durch die Vegetation überwuchert wurden.

Und nun finden wir ähnliche Riesenzeichnungen im Stil der Nazca-Periode, einer Zeit in der zweiten Hälfte des letzten Jahrtausends vor der Zeitenwende, im Südwesten von Peru im Nazcagebiet, »in einiger Entfernung vom Meer und hauptsächlich zu beiden Seiten des Palpatals« (Mason). Hier sind riesige Ebenen und keine nahe gelegenen Erhöhungen, von denen her die Figuren zu betrachten wären. Sie sind – einschließlich der geometrischen Figuren, der Linien und Streifen, die Däniken als Landebahnen Außerirdischer bezeichnete – tatsächlich nur vom Flugzeug oder Ballon, also vom Himmel her zu erkennen.

Die Forscherin Maria Reiche ermittelte inzwischen, daß von einem drei Quadratmeter großen Mittelpunkt
dreiundzwanzig gerade Linien ausstrahlen, zwei davon sind Sonnenwendlinien, eine weist zur Tag- und Nachtgleiche. Die meisten davon sind 182 Meter lang. Andere Linien weisen die Hälfte oder ein Viertel dieses Standardmaßes auf. Ein weiteres häufiges Maß, vielleicht ein anderes Grundmaß, beträgt 26 Meter (Mason).

Seltsame Maße: 182 Meter, 91 Meter, 45,5 Meter. Vergleichen wir sie aber einmal kurz mit dem von dem englischen Astroarchäologen A. Thom entdeckten Megalith-Yard, über das wir bereits berichteten und das mit geringen Abweichungen in der Norm etwa bei 82,9 Zentimeter lag, so stellen wir plötzlich fest, daß es in der Elferreihe genau in die von Maria Reiche ermittelten Maße paßt: 8,28 Meter mal 11 ist 91,08 Meter, mal 22 ist 182,16 Meter.

Unabhängig von diesem Zahlenspiel aber fiel dem Amateurforscher Jim Woodman etwas ganz anderes auf: gewaltige Feuergruben am Rande der Nazca-Figuren. Woodman kombinierte nun die technischen Fertigkeiten der Peruaner – Textilherstellung, Bootsbau aus Schilf und ähnliches – und konstruierte anhand dieser Gegebenheiten ein Luftgefährt, wie es altperuanische Inka-Legenden schildern. Was daraus wurde, war ein Heißluftballon in jener Art, wie ihn die Gebrüder Montgolfier am 21. November 1783 zu einem ersten Flug mit einem Menschen, dem 27jährigen Jean François Pilâtre, von der Erde in Richtung Himmel starten ließen. Wir meinen noch heute, daß Pilâtre der erste Mensch war, der frei in der Luft schwebend ein Stückchen unserer Welt von oben sah.

Jim Woodman aber ist überzeugt davon, daß die Vorfahren der Peruaner das auch schon konnten. Er ließ den nachkonstruierten Ballon steigen, und siehe da: 14 Minuten lang schwebten er und sein Begleiter auf der kleinen Rohrgondel hockend über der Nazca-Ebene. Und wenn er es konnte, so meint er, konnten es die alten Peruaner auch. Und demzufolge müßten wir uns dann die Urengländer schon zuvor als kühne Ballonfahrer über Südenglands sanfte Hügel schwebend vorstellen. Nun hänge ich gewiß nicht übermäßig an den Gebrüdern Montgolfier und dem jungen Pilâtre – dessen

Mut wir sicher uneingeschränkt bewundern wollen –, aber Woodmans Versuch ist auch nicht mehr als eine interessante Möglichkeit. Ein Beweis für frühgeschichtliche Luftschiffer ist seine Binsengondelpartie genausowenig, wie die von mir angedeutete Multiplikationsmöglichkeit ein Beweis für den Zusammenhang der 182 Meter langen Bahnen mit dem Megalith-Yard der alten Europäer darstellt.

Wir können über diese Dinge, genau wie über die für den Himmel geschaffenen Riesenfiguren, soviel Vermutungen äußern, wie wir wollen, es gibt in diesem Bereich zur Zeit nur eine Wahrheit: das Eingeständnis, daß wir vor einem ungelösten Rätsel stehen.

Die Gärten der Semiramis

Das ist fast ein bißchen typisch für unsere Art von Bildung, für unser Wissen von einer frühgeschichtlichen Epoche: Wenn von dem Jahrtausend vor der Zeitenwende die Rede ist, dann sprechen wir von den sieben Weltwundern – die uns jetzt, nach all dem, was wir inzwischen gehört haben, gar nicht mehr so wunderbar erscheinen –, und darunter von den »Hängenden Gärten der Semiramis«, aber kaum jemand denkt an den Erzbergbau, die Eisenverhüttungsanlagen, die Weichblech-Walzwerke, denkt an die Metall und Holz verarbeitende Industrie, an Webereien und Glasbläser, an Schiffswerften und Welthandel.

Dabei waren die hängenden Gärten »längst nicht das imposanteste Bauwerk Babylons oder gar der alten Reiche der Sumerer und Assyrer« (Mikoletzky). Auch hier waren technische Fakten in Vergessenheit geraten, während die farbige Schilderung des Griechen Diodor über die immerwährende Pracht der Bäume und Sträucher, der Pflanzen und Blumen diesen »hängenden Gärten« den Ehrenplatz eines »Weltwunders« verschaffte. Jedoch war das, was Diodor um 54 vC zu beschreiben versuchte und was damals schon mehr als 600 Jahre alt war, wirklich nicht mehr als eine ordentliche Fleißarbeit.

Da waren nämlich auf die in Gewölbebauweise errichteten Schutzmauern des babylonischen Königspalastes einige Millionen Tonnen Erde aufgehäuft worden (laut Diodor 14,5 Millionen Tonnen von 13 000 Arbeitern in zehn Jahren). Die Erde lagerte in riesigen Asphaltwannen, wurde ständig durch ein paternosterähnliches und ständig arbeitendes Schöpfwerk bewässert und konnte auf diese Weise zweifellos eine wunderbare Blütenpracht hervorbringen.

Das nicht unwichtige Detail des gigantischen Schöpfwerks aber war zu Zeiten Diodors längst im Schatten der Vergangenheit versunken. Das gesamte und großartige Bewässerungssystem, das nun effektiv eine bestaunenswerte technische Leistung ist, wurde erst bei den Grabungsarbeiten zwischen 1898 und 1917 durch den deutschen Archäologen Robert Koldeway entdeckt. Durch welches Antriebsmittel das Paternosterschöpfwerk, das die zwischengeschalteten Wasserspeicher versorgte, in Bewegung gebracht und gehalten wurde, konnten allerdings auch die Ausgräber nicht mehr feststellen.

Sehen wir uns also erst einmal um, wie es zu Beginn des letzten vorchristlichen Jahrtausends andernorts mit der Technik bestellt war. Da fällt als erstes das Stichwort Ezjon-Geber. Dort glühten die Hochöfen und arbeiteten die Metallfabriken des Königs Salomon, der uns aus der Bibel wie von einigen Sprichwörtern her heute noch vertraut ist. Aber daß er um 950 vC am Golf von Aqaba ein Industriezentrum aufgebaut hatte, das der amerikanische Archäologe Nelson Glueck als das »Pittsburgh von Alt-Palästina« bezeichnete, wußte bis 1938 nC kein Mensch mehr.

Da wurden, nahe bei Kupfer- und Eisenbergwerken, die Hochöfen und Verhüttungsanlagen von den Architekten und Technikern jener Zeit so geschickt angelegt, daß die ständig vom Golf her wehenden Winde eingefangen und durch entsprechende Belüftungskanäle direkt den Schmelzfeuern zugeleitet wurden, die dadurch den notwendigen Sauerstoff bekamen, um ohne weitere Gebläseeinrichtungen sozusagen von Natur aus die erforderlichen Hitzegrade zu erzielen.

Aber auch damals schon waren die Techniker eines Tages mit der Natur unzufrieden, die Luftkanäle wurden abgedichtet und durch Gebläse ersetzt. Holzkohle wurde aus den Palmwäldern der Umgebung gewonnen. Schmiedewerkstätten verarbeiteten das Metall an Ort und Stelle weiter. In nahen Werftanlagen wurden Salomons Tarsis-Schiffe gebaut, jene Hochseeschiffe also, die man dem Modell der keltiberischen Atlantik-Segler von Tartassos nachgestaltete. Und alles in einem Klima, daß – wenn es auch nur annähernd so war wie heute – die arbeitenden Sklaven zu Tausenden gestorben sein müssen. Aber Salomons Schiffe fuhren mit den Metallwaren von Ezjon-Geber nach Südostafrika und nach Indien und kehrten mit ungeheuren Schätzen an Gold und Silber zurück.

Bedeutenden Umfang hatte auch die Metallverarbeitung in den Städten der Ionier an der Mittelmeerküste Kleinasiens. Und dann, um 700 vC, bauten die Etrusker ihre Eisenindustrie auf. In Populonia zum Beispiel, einem etruskischen Industrieort südlich von Livorno, an der Küste nahe der Insel Elba, lagen bis in unser Jahrhundert hinein haushohe Halden mit ungeheuren Mengen von Schlacke, die noch immer zu 35 bis 40 Prozent Eisen enthielt. Als 1917 in Italien das Eisen knapp wurde, erinnerte man sich dieser Schlackenhalden und beutete sie aus. Was Werner Keller zu der nachdenklichen Feststellung veranlaßte, daß die Italiener im Herbst 1917 die schweren Schlachten am Isonzo mit dem mehr als zweieinhalb Jahrtausende alten Eisen der Etrusker durchkämpften.

Aber nicht nur Eisen wurde in dieser etruskischen Industriestadt verarbeitet, sondern auch große Mengen von Kupfer und Zinn. Populonia war zudem ein Zentrum auch der Kupfer- und Bronzeproduktion.

Gewonnen wurden Kupfer und Eisen auf Elba. Im Hafen von Portoferraio wurde es verschifft. Auch die Berge Nordwestitaliens führen Metalle. Diese Monti Metalliferi lieferten Kupfer, Eisen, Blei und Silber. Neben Populonia waren es vor allem Veluonia und das im Tal des Cecina-Flusses gelegene Volterra, die sich im siebten Jahrhundert vC zu Zentren der

Schwerindustrie entwickelten. Tolfa und das benachbarte Allumiere sind weitere Städte dieser frühgeschichtlichen Montanindustrie, die bereits sachverständig angelegte Bergwerksstollen und Verhüttungsanlagen mit Hoch- und Schmelzöfen kannte. (Schon in Ezjon-Geber gab es riesige Schmelztiegel mit einem Fassungsvermögen bis zu fünf Kubikmeter. Und die etruskischen Schmelzöfen standen dem nicht nach.)

Allein bei Massa Marittima in der Provinz Grosseto konnten mehr als zweihundert Minengruben aus der etruskischen Zeit nachgewiesen werden. Wie die Etrusker die Stollen verlassen hatten, nachdem sie in den letzten Jahrhunderten und Jahrzehnten vor der Zeitenwende Stadt für Stadt an die Römer verloren, so – mit teilweise liegengebliebenem oder zerbrochenem Werkzeug – wurden sie vorgefunden, als dann nach mehr als 2000 Jahren, um 1830, der Erzbergbau in dieser Gegend wieder aufgenommen wurde.

Zwölf Kilometer nordöstlich von Populonia gab es auch Zinnvorkommen, so daß die Etrusker zur Herstellung von Bronze von jeder Einfuhr – die damals bereits die Phönizier beherrschten – unabhängig waren. Auch die Etrusker bauten ihre Hochöfen in der Nähe der Minen meist so an die Berghänge, daß die Auf- oder Fallwinde ihnen weitgehend die Arbeit zusätzlicher Gebläse abnehmen konnten. Und im Gegensatz zu den Römern trieben sie planmäßige Forstwirtschaft, um den ungeheuren Bedarf an Holzkohle zu decken, ohne das Land durch den Raubbau an den Wäldern verkarsten zu lassen (wie es in römischer und späterer Zeit vielfach geschah).

Untersuchungen verkohlter Holzstücke zeigen deutlich durchweg zwanzig Jahresringe an: Die Wälder wurden demnach planmäßig Sektor für Sektor in einer genau bestimmten Zwanzigfelderwirtschaft abgeholzt (Keller).

In Norddeutschland und auf Jütland wurde gegen Mitte des letzten Jahrtausends vC bereits in geringerem Umfang Stahl produziert. Im Süden Deutschlands stellten die Kelten feinste Eisenbleche her und scheinen sich auch – wie Herm vorsichtig formuliert – auf den Weicheisenguß verstanden zu haben (er wurde dann nämlich erst wieder gegen Ende des vergangenen Jahrhunderts perfektioniert).

Tauschieren, das heißt Metalloberflächen durch das Einlegen andersfarbiger, meist edler Metalle zu verzieren, konnten die Kelten in Vollendung. Im frühen Mittelalter ging diese Kunst verloren, kam aus Arabien auf dem Umweg über Marokko und Spanien wieder nach Europa, wo im 16. Jahrhundert nC viele Prunkrüstungen, Waffen und Geräte tauschiert wurden. Aber knapp hundert Jahre später war diese Kunst wieder aus dem Bewußtsein der Europäer verschwunden. In Asien wird sie stellenweise heute noch geübt.

Da wir aber gerade bei den Kelten sind, sollten wir uns nicht nur auf ihre Metallarbeit beschränken, sondern uns daran erinnern, daß sie auch hervorragende Weber und Färber waren. Den Meisterwerken der Schmiedekunst stehen ihre Lederarbeiten gleichwertig gegenüber, und das von ihnen erfundene Faß verdrängte immer mehr die tönernen Weinkrüge der Römer und Griechen. In der keltischen Industriestadt bei Manching, südöstlich von Ingolstadt im Donaumoos, werkten die Kelten bereits in großen Fabrikhallen und verarbeiteten dort zum Beispiel das Eisenerz, das vor den Toren der Stadt gefördert und auch verhüttet wurde.

Unweit von Manching, bei Karlskron, kam eine Verhüttungsanlage ans Licht, die zweiundsechzig Schmelzstellen aufwies, wovon allerdings kaum mehr als jeweils vielleicht ein Dutzend gleichzeitig im Dunkel geglüht haben dürften. Die primitiven Rennfeuer jener Zeit waren nicht lange zu benutzen. Kleinere Schmelzöfen scheint ohnehin fast jede der keltischen Städte gehabt zu haben, denn überall, wo sie einst blühten, fand man Schlackenhalden und Reste rohen Gußmaterials (Herm).

Nun, das klingt alles zusammen nicht gar so primitiv wie der Hinweis auf die »primitiven Rennfeuer«. Aber es gab ja bei den Kelten, unabhängig von der Eisenverhüttung, noch die vollendete Verarbeitung von Bronze, Zinn, Gold, Silber und anderen Materialien. Zum Beispiel brachten keltische Glasfabriken und Töpfereien begehrte Handelswaren hervor. Und für ihre Messer stellten die Manchinger Kelten damals schon die gleichen Hirschhorngriffe her wie ihre bayerischen Nachfahren noch heute.

Und wie diese, war man auch vor zweitausend Jahren schon ein bißchen eigenbrötlerisch, was Herm freundlich als ausgeprägten Individualismus charakterisiert, der mehr zu hochentwickeltem Konkurrenzdenken und Lust an privatem Profit befähige als zu organisierter Macht. Die haben – weil es wahr ist – die keltischen Bayern und die bayerischen Kelten schon immer lieber anderen überlassen. Mochten erst die Römer und später die Preußen ihre Macht organisieren, zwischen Donau und Alpen lebte es sich auch ohne dies recht gut. Dafür konnte man dort zum Beispiel in den Jahrhunderten vC purpurviolettes Rohglas gießen, blasen und bearbeiten, eine Kunst, die einige hunderte Jahre später, im Mittelalter, in den Städten Byzanz und Venedig als strenges Geheimnis gehütet wurde (die aber zur Zeit der Kelten auch die Phönizier und die Karthager kannten).

Überhaupt die Karthager: Von ihren Mäh- und Dreschmaschinen haben wir an anderer Stelle schon gesprochen. Daneben aber gab es viele Dinge wie karthagische Kissen, Teppiche und Stoffe, die von antiken Autoren oftmals besonders erwähnt werden. Aus gesalzenem Fisch machten die Karthager eine Salzfisch-Industrie, aus Töpfer- und Holzarbeiten eine importfähige Hausrat- und Möbelfabrikation. Ihre Schalen, Teller, Lampen und Metallspiegel verkauften sich ebenso gut wie ihre Waffen und Bestekke, Scheren, Schermesser, Striegel, Zangen und Äxte, Hämmer und Winkelmaße.

Und nachdem wir nun wissen, daß sie all diese Dinge auch nach Amerika brachten, ist es für uns nicht mehr sehr verwunderlich, daß die Olmeken um die Zeitenwende ihren Kindern die gleichen kleinen auf Rädern rollenden Spielzeughunde schenkten, wie sie durch einige gute Stuben Mesopotamiens gezogen wurden; daß die Mexikaner ähnliche Brettspiele und Würfel wie die Ägypter hatten; daß es in Mexiko ähnliche Schnellwaagen und Schalenwaagen gab wie zuvor nur in Babylon; und daß amerikanische Völker plötzlich auf die Idee kamen, aus zwei bisher unbrauchbaren Arten durch Kreuzung eine verwendbare Baumwolle zu züchten.

Auch die Wasserleitungsrohre aus Gold, die den Spaniern im Sonnentempel zu Cuzco (Peru) in die Augen stachen, müssen nicht unbedingt eine indianische Erfindung gewesen sein. Obwohl es die durchaus auch gibt. Gummi zum Beispiel ist sicher eine Erfindung der Maya. Und auch die

Töpferkunst, die sich in Teotihuacán um 2500 vC nachweisen läßt, entwikkelte sich sehr wahrscheinlich ohne überatlantischen Einfluß. Genauso sind die Steinschneidekunst, mit der die Maya unter anderem Jade bearbeiten konnten, und die Erfindung der Speerschleuder Errungenschaften der Uramerikaner. Und die »älteste Schuhfabrik der Welt«, die im Fort Rock Cave im westlichen Utah entdeckt wurde – der Archäologe L.S. Cressman fand dort noch einen Restbestand von fast einhundert aus Sagebrush-Rinde geflochtenen Sandalen – wurde in das siebente Jahrtausend vC datiert, in eine Zeit also, in der auch die Phönizier und Kelten noch gute fünfeinhalbtausend Jahre von ihren Atlantiküberquerungen entfernt waren.

Schrift und Kunst

Symbolzeichen und Hieroglyphen

Schrift ist die Umsetzung menschlichen Mitteilungswillens in Zeichen. Und dann die gegenseitige Absprache, die Zeichen so zu normen, daß der andere in der Lage ist, die Zeichen zu verstehen wie Worte. In dieser Form ist Schrift uralt und wird immer wieder neu entwickelt. Zum Beispiel, wenn zwei Zwölfjährige sich eine »Geheimschrift« ausdenken, die nur sie entziffern können.

Der erste Ansatz zur Schrift war gegeben, als vor Jahrzehntausenden ein Mensch zum erstenmal mit seinem Steinmesser einige zuvor vereinbarte Zeichen in die Rinde eines Baumes schnitzte. Vielleicht, um seiner nachfolgenden Sippe eine Warnung zukommen zu lassen, oder sie über die Richtung, die er von hier an einschlug, zu informieren. Diese Art »schriftlicher« Mitteilung in Kurzform finden wir bis in unsere Zeit bei militärischen Einheiten, aber ebenso bei Bettlerorden und Diebesbanden.

Unserem steinzeitlichen Vorfahren genügte sie eines Tages nicht mehr. Er begann Bilder zu kritzeln, erst eines, dann mehrere, und er erzählte dazu die Geschichte, die er mit diesem Bild festhielt. Und weil es mehr oder weniger immer die gleichen Geschichten waren, genügte es eines Tages, das Bild zu hinterlegen oder weiterzureichen, auch ohne daß jemand etwas dazu erklärte. Alle wußten Bescheid. Schließlich war es soweit, daß eine Folge hintereinander gezeichneter Bilder nicht nur die Momentaufnahme eines wichtigen Geschehens wiedergeben, sondern den ganzen Ablauf der Geschichte von Anfang bis Ende übermitteln konnte. Damals – in jener grauen Vorzeit – entstanden die ersten Comic-Strip-Serien ohne Sprechblasen.

Wie überall das Komplizierte am Anfang steht und sein Hang zur Bequemlichkeit den Menschen nach Möglichkeiten zur Vereinfachung suchen läßt, so erfand der Mensch vor etwa zehntausend Jahren das Symbol. Die Zeichnung wurde zum Zeichen. Natürlich nicht überall. Die Natur- und Jägervölker haben im allgemeinen über alle Jahrtausende hinweg die Mitteilungsform der gezeichneten Bilder beibehalten. Sie war bis zur Jahrhundertwende, bis zu ihrer Ausrottung, bei den nordamerikanischen Indianern üblich und ist es noch heute bei Jägerstämmen Sibiriens.

Die Verknappung des Ausdrucksmittels Bild zum Symbol deutet für das Ende der letzten Eiszeit eine Kulturstufe an, die schon nicht mehr ganz zum nomadisierenden Jäger paßt. Und siehe da, in der Sierra Morena in Südspanien finden wir an einigen Höhlenwänden Symbol-Fragmente, die von der Vorgeschichtsforschung in die Zeit nach der Katastrophe (um 8000 vC) datiert werden. Deutlich zu identifizieren: das Symbol des Lebensbaumes (der lange Stiel, der sich oben mit zwei kurzen gebogenen Linien nach rechts und links öffnet), ein Symbol übrigens, das wir heute noch in Eisen geschmiedet an manchen Kirchenmauern Norddeutschlands finden; dann das T-Symbol mit verkürztem Stiel; der Q-Kreis mit dem sich nach unten verlängernden Mittelstrich; das X-Kreuz mit Mittelstrich und Halbmondbogen darüber; und dann noch zwei bis drei weitere Zeichen, die an die chinesische Silbenschrift erinnern.

Manche der Zeichen sehen aus, als seien sie Kritzeleien steinzeitlicher Kinder, die etwas nachahmen wollten, aber nicht konnten, andere Symbole sind in ihrer Linienführung klar und bewußt. Und aus der gleichen Zeit stammen jene rot bemalten Kieselsteine, die zuerst in einer Höhle am Nordrand der Pyrenäen in der Nähe des kleinen französischen Ortes Mas-d'Azil gefunden wurden. Sie zeigen ähnliche und weitere Symbole: eindeutig und in mehreren Varianten das T mit weit heruntergezogener Oberlinie und verkürztem Stiel; das Kreuz; der sich öffnende, stilisierte Lebensbaum; und andere Zeichen, die schon Buchstaben sein können.

Ganz ähnliche Steine sind inzwischen bei weiteren Ausgrabungen in Frankreich, Nordspanien, Nordengland und Ostbayern gefunden worden. Aber noch sind es zu wenige und die Symbole nicht eindeutig genug, um sie als

Überreste einer vorsintflutlichen Buchstaben- oder Silbenschrift deuten zu können. Immerhin erinnern mich diese wenigen Symbole doch schon sehr stark an die Buchstaben in einem Setzkasten, die, je nachdem wie man sie hintereinander ordnet, ganz verschiedene Wortbilder beziehungsweise Mitteilungen ergeben. In einigen Jahren wird uns die Forschung sicher sagen können, ob die Überlebenden der Sintflut an anderer Stelle noch einen weiteren, aber vielleicht kompletten »Setzkasten« ihrer Schriftzeichen hinterlassen haben.

Die Frage, ob es möglich ist, daß die Menschheit eine Errungenschaft wie die Schrift wieder verlieren kann, ist eigentlich schon durch die vorangegangenen Kapitel beantwortet. Es gibt nichts, aber auch wirklich gar nichts, was die Menschheit nicht vergessen oder verlieren könnte. Und so etwas Überflüssiges wie die Schrift allemal. Wir werden gleich darauf kommen, wenn wir hören, warum die Schrift überhaupt erfunden (oder wiederentdeckt) wurde.

Sehen wir uns zuvor erst noch einmal kurz den Berg der Götter an. Nördlich von Nizza, nur wenige Autostunden von der Riviera entfernt, liegt er fast 3000 Meter hoch in den französischen Seealpen mit wuchtiger, schneeüberglänzter Kuppe: Mont Bego, Berg der Götter. »Beg« ist ein indoeuropäischer Wortstamm und bedeutet in allen auftretenden Variationen »göttlicher Herrscher« oder »Gottkönig«. Die »göttliche« Fürstin der Ismaeliten, die Begum, trägt noch heute den Titel, der aus diesem Wortstamm gebildet ist.

In den benachbarten Tälern dieses heiligen Berges unserer Vorfahren haben sie vor vielen Jahrtausenden damit begonnen, ihre Symbole in den Fels zu ritzen und zu meißeln. Und wie die Menschen, die um 7000 vC aus dem Taurusgebirge herunterstiegen, um sich in Orten wie Catal Hüyük eine neue Heimat zu suchen und aufzubauen, so war auch für unsere Vorfahren am Mont Bego das Zeichen des Stieres so bedeutungsvoll, daß sie es tausendfach in den Felsen schlugen. Mehr als 40 000 Gravierungen wurden dort über die Jahrtausende hinweg in Stein verewigt. In erster Linie und deutlich überwiegend das Stiersymbol, die zweite gewichtige Zeichengruppe sind Waffen, an dritter Stelle stehen Menschensymbole, dann folgen in geringerer Zahl landwirtschaftliche Symbole (zum Beispiel: Rindergespann vor einem Pflug) und dann noch in vielfachen Variationen geometrische Zeichen. Darunter jenes, das seit der Vorzeit zwischen Pyrenäen und Kaukasus als Symbol des Hauses gilt: das einfache Viereck mit dem teilenden Strich in der Mitte.

Schon aber haben wir die ersten Zeichen unserer heutigen Schrift vor Augen. »Aleph«, das altphönizische Wort für Stier, gab unserem ersten Buchstaben Form und Namen. Ein nach unten spitz zulaufendes Dreieck als Stierkopf, wobei sich die beiden Schenkel über das Dreieck hinaus, die Hörner darstellend, nach oben verlängern. Die Phönizier drehten dieses aus Urtagen stammende Zeichen bereits nach der Seite, und bei den Römern war der ehemalige Stierkopf dann endlich mit den Hörnern nach unten gestellt. Aber sie wußten ja schon gar nicht mehr, wenn sie ihr lateinisches »A« niederschrieben, daß dieses Zeichen einmal ein Stierkopf war.

Nicht weniger interessant ist die Geschichte unseres Hauszeichens: Bei den alten Ägyptern bedeutete dieses Viereck mit dem Strich darin noch »Raum« oder »Mutterleib« (ägyptisch: »chet«), das gleiche Symbol konnte allerdings auch Teich oder Wasserbecken bedeuten. Es wurde im Laufe der Jahrhunderte ebenfalls stilisiert, und die ersten Phönizier notierten es bereits als kleine Leiter mit drei Sprossen. Bei den Griechen der Frühzeit war es noch der geschlossene Kasten mit dem Querstrich in der Mitte, aber einige Jahrhunderte später ließen sie genau wie die Hebräer einfach den oberen und unteren Querstrich weg, und schon konnten die Römer das fertige »H« übernehmen, das sich in seiner Lautbedeutung – ägyptisch: ch; dann: h – bis heute kaum gewandelt hat. Und fast könnte man jetzt ein bißchen philosophieren, ob es mehr als ein Zufall ist, daß »ch« der Anfangslaut des ägyptischen Wortes für den geschützten Raum war (»chet«) und »h« der Anfangsbuchstabe für das nordeuropäische Haus ist.

Andere Forscher bringen das alte Hauszeichen, den Kasten mit der Trennlinie, in Verbindung mit dem lateinischen »B«, weil das Nomadenzelt im Altphönizischen und Hebräischen »Beth« hieß. Das phönizische und später karthagische Symbol für Beth = B aber hatte sich bereits in eine ganz andere Richtung entwickelt, die am ehesten noch den Vergleich mit einem auf den Kopf gestellten kleinen lateinischen »b«, also »q«, anbietet. Aber soweit sind wir noch gar nicht.

Noch haben wir es nämlich – inzwischen um etwa 4000 vC – mit reinen Bildzeichen zu tun, die auch noch nirgends – oder vielleicht jetzt schon seit Jahrtausenden nirgends mehr – im Sinne einer zusammenhängenden Schrift genutzt werden. In den nordeuropäischen Runenzeichen begegnen uns Symbole, die ihren Charakter über Jahrtausende erhalten haben und dennoch im Laufe der Zeit bis zur Buchstabenschrift stilisiert und erweitert wurden, ohne den frühgeschichtlichen Symbolcharakter je ganz zu verlieren. Eine derartige Parallelentwicklung finden wir nachweislich bei keiner anderen Buchstabenschrift der Welt.

Niemand schenkte diesen Dingen jedoch weiter Beachtung, denn die wahrhaft sensationellen Funde am Nil und im Zweistromland lenkten die Blicke der Wissenschaft in eine Richtung, die weitab von den nebelverhangenen Urwäldern Europas lag. Dann aber stießen bulgarische Forscher 1966 bei Ausgrabungsarbeiten in einem Siedlungshügel in Karanovo auf eine blanke Tonscheibe aus der Zeit um 3500 vC. Und diese sechs Zentimeter kleine Scheibe war mit seltsamen Zeichen graviert. Zeichen einer prähistorischen Schrift? Nein, so schnell lassen sich aus einem einzigen Fund keine so gewichtigen Rückschlüsse ziehen. Gewiß, die Figuren konnten der Form nach Schriftzeichen darstellen. Aber es war nur eine einzige kleine Scheibe, und die Forscher konnten – so sehr und gewissenhaft sie auch weitersuchten – keine weiteren Gravierungen entdecken.

Doch dann, nur wenige Wochen später, grub ein anderes Archäologen-Team in Nordbulgarien, etwa 300 Kilometer vom ersten Fundort entfernt, bei Gradeschniza in einer noch älteren Schicht eine richtige kleine Tontafel aus, zwölfeinhalb Zentimeter lang und etwas mehr als zehn Zentimeter hoch. Und auf dieser Tontafel waren – wie ein bald danach durchgeführter Vergleich ergab – die gleichen Zeichen eingraviert wie auf der Scheibe von Karanovo.

Kaum wurden diese Funde in Archäologenkreisen bekannt, meldeten sich rumänische Wissenschaftler, sie hatten bei Tataria in der Dobrutscha gleich drei solche Tafeln gefunden. Und wieder ergab der Vergleich eine weitgehende Übereinstimmung der Schriftzeichen Ja, wir haben richtig gelesen: Jetzt wagten die Forscher nämlich, von regulären Schriftzeichen zu sprechen. Der Nachweis war erbracht, daß mindestens ein Jahrtausend vor der kretischen Linear-Schrift und wahrscheinlich sogar vor, bestimmt aber gleichzeitig mit den Sumerern in den thrakischen Gefilden zwischen Donau und Karpaten eine erste Schriftform entwickelt worden war.

Wie aber war das denn nun mit den Sumerern? Hatte sie plötzlich ein schriftstellerischer, dichterischer Impuls gepackt, dem sie nur noch mit einem Griffel in der Hand gerecht werden konnten? Die Wahrheit ist – und ich habe es vorhin schon angedeutet – fast ein bißchen desillusionierend. Für Dichter und Denker, Philosophen und Sänger war die Schrift bis zu den Tagen der Griechen absolut entbehrlich. So wie ein junger Schauspieler heute noch seinen ganzen »Faust« auswendig lernt und seine Kollegin mehr als nur Goethes »Gretchen« oder Schillers »Jungfrau von Orléans« zu rezitieren versteht, so wurden auch die Epen und Dramen der Vorzeit über Jahrtausende hinweg von Generation zu Generation mündlich weitergegeben, und kein Mensch dachte auch nur eine Sekunde daran, zu diesem Zweck so etwas wie eine Schrift erfinden zu wollen oder zu sollen.

Und welch ein Unterschied auch zwischen dem gesprochenen Wort, vorgetragen in ausgefeilter Rhetorik, begleitet durch die überzeugende Mimik, die unterstützende Gestik; und dagegen das stumme Lesen, das kein Wort zum Klingen bringen, keinen Rücken schaudern läßt und uns nur auf dem Umweg über die – inzwischen allerdings seit Jahrhunderten geschulte Vorstellungskraft – zu einem leisen Lachen oder einer stillen Träne verhelfen kann. Nein, wir sollten uns keine Sekunde wundern, daß die wirklich großen Epen der Welt, Dichtungen, die als einmalige Kunstwerke die Jahrtausende überdauern, aus einer Zeit in unsere Welt herüberklingen, in der noch kein Mensch daran dachte, sie niederzuschreiben, in der sie noch am gesprochenen Wort und durch das gesprochene Wort zu Menschheitsdichtungen wachsen konnten. Wir werden unter dem Stichwort Literatur noch einmal auf dieses Thema eingehen müssen. Beschränken wir uns jetzt darauf, festzustellen, daß die Schrift aus ganz prosaischen Gründen entstand.

Die Schrift wurde dort als Gedächtnisstütze gebraucht, wo die Dinge ein wenig durcheinandergingen. Zum Beispiel bei jenem Händler, der nicht mehr genau wußte, ob er vier Scheffel Korn oder drei geliefert und ein oder zwei Schafe bekommen hatte, weil er am selben Tag fünf Schafe verkauft und elf Scheffel Korn zum Tempel geschickt hatte, eigentlich aber zwei Scheffel Korn und zwei Schafe und so weiter ...

Und dann war die erste Niederschrift ganz zweifellos auch ein Akt des Mißtrauens. Vielleicht so, wie es Günther S. Wegener sehr einleuchtend und amüsant in »6000 Jahre und ein Buch« beschreibt:
Da sitzt in Ur der »königliche Kaufmann« Etana, der seinem Geschäftsfreund in Erech einen Ballen Leinen schickt und dafür vier Ochsen als Gegenleistung fordert. Auf die Intelligenz seines Knechtes will er sich nicht verlassen, er ritzt vielmehr vier Ochsenköpfe in ein Tontäfelchen und gibt es seinem »kaufmännischen Angestellten« mit. Und der Freund in Erech versteht die Botschaft, der Handel kommt zustande, man ist allerseits zufrieden, und der ganze Vorgang bedeutet nichts Geringeres als den ersten »Geschäftsbrief« der Welt.

Es wird nicht von ungefähr kommen, daß wir die ersten Schriftformen, die uns bisher bewußt wurden, bei den Thrakern und den Sumerern finden, denn gerade von diesen beiden Völkern wissen wir ja inzwischen, daß sie die ersten großen Händlernationen der neueren Weltgeschichte waren. Und daß es bei derartig weiträumigem Handel nicht nur um einen etwas unzuverlässigen Knecht gehen konnte, sagt Uhlig sehr drastisch:
Wir nannten die Regierungsform jener Frühzeit theokratischen Sozialismus. Sozialismus verlangt ausgeprägte Ordnungsprinzipien. Individuelle Wunschträume und Machtvorstellungen sollen genau so unterdrückt werden wie die Möglichkeiten des Amtsmißbrauchs und der persönlichen Bereicherung. So lag es nahe, nach Mitteln für ein möglichst perfektes Kontrollsystem zu suchen. Dabei ging es um zwei Grundvoraussetzungen geordneter Güteraufbewahrung und -verteilung. Die Vorräte mußten vor ungewollten Abnehmern, sprich Diebstahl, geschützt und die zur Verteilung bestimmten Dinge gezählt und registriert werden. Dafür bot die im Gegensatz zu der ländlichen, offenen Lebensordnung mit ihren überschaubaren Wohnungen und Vorräten stehende Lebensweise in den wachsenden Städten keine Vor-

aussetzung mehr. Das mag der unmittelbare Anlaß für die beiden wichtigsten sumerischen Erfindungen der Frühzeit gewesen sein: Rollsiegel und Schrift.

Bis hierher ist die Geschichte der Schrift also gar nicht besonders erfreulich. Denn leider beweisen alle frühesten Schriftfunde fast aller Völker, daß die Feststellungen von Wegener und Uhlig zutreffend sind. Gleichgültig, welche Schriften in der Folge geschaffen und genutzt wurden, sie dienten in ihren Anfängen dem Geschäftsverkehr: Die ägyptischen Hieroglyphen des dritten Jahrtausends ebenso wie die südarabischen Schriften des zweiten Jahrtausends vC. 1400 vC verständigten sich Kreter und die Leute von Mykene mit ihren Linear-Schriften A und B über Geschäfte, die Assyrer hielten es nicht anders, und die ersten, die aus der Reihe tanzten, waren die Hethiter.

Aber da befinden wir uns ja auch schon eine Stufe weiter. Zu dieser Zeit – im zweiten Jahrtausend vC – hatten die Babylonier und die Ägypter nicht nur neue Schriftformen, nämlich die Silbenschrift, sondern auch neue Inhalte und neue Themen für ihre Mitteilungen gefunden. Wie die Hethiter nutzten auch sie inzwischen ihre Schrift für königliche und kultische Zwekke. Und es waren die Phönizier, die gegen Ende des zweiten Jahrtausends vC das Rad wieder zurückdrehten. Aber die waren nun schon wieder so geschäftstüchtig, daß sie für ihre Verhältnisse das benötigten, was für unsere Zeit das Stenogramm ist: eine vereinfachte Schriftform, die sich relativ schnell niederschreiben und vor allem nicht nur von einigen wenigen Spezialisten beherrschen läßt. Die Silbenschrift war ihnen viel zu umständlich.

Nun geht seit vielen Jahren der wissenschaftliche Streit darüber, ob die Phönizier nur die Verbreiter oder auch die Erfinder der Buchstabenschrift waren. Ob sie zuerst in Byblos oder in Ugarit entwickelt wurde. Ich weiß nicht, ob sich dieser Streit je entscheiden lassen wird. Ich halte ihn auch nicht für sehr wichtig. Entscheidende Erfindungen werden und wurden nämlich meist nicht gemacht, weil jemand eine glückliche Idee hatte, sondern die glückliche Idee kam, weil sie durch äußere Umstände herausgefordert wurde. Thomas Alva Edison mit seinem Phonographen und seinen

1300 sonstigen Patenten wäre dreihundert Jahre vor seiner Zeit eine ebenso seltsame wie hilflose Erscheinung gewesen. Kein Mensch hätte etwas mit ihm und seinen Erfindungen anfangen können.

Vielleicht wurde die Buchstabenschrift also nicht von den Phöniziern erfunden, aber auf alle Fälle durch sie. Ganz einfach, weil sie für ihren ausgedehnten Überseehandel mit all ihren neuen Küstensiedlungen und Kolonien eine derart vereinfachte Schriftform, die jeder ihrer Kapitäne lesen und begreifen konnte, so notwendig brauchten wie das Wasser, auf dem ihre Schiffe schwimmen sollten. Und sie haben – kaum war sie erfunden – die Buchstabenschrift sofort aufgegriffen. Dieses Verdienst ist auf jeden Fall unbestreitbar. Sie haben sie genutzt und verbreitet. Derart genutzt und verbreitet, daß sie in zahllosen Varianten, als Schrift der Griechen und der Etrusker, der Hebräer und der Römer den Untergang der Phönizier und aller anderen vorchristlichen Kulturen als eine der ganz wenigen echten Errungenschaften überlebte. So gut überlebte, daß sie sich in den letzten zweitausend Jahren sowohl im Abend- wie im Morgendland nicht mehr wesentlich veränderte.

Epen und Gebete

Anders als bei der Schrift, die – wenn es sie vor der Sintflut irgendwo in der Welt gab – wirklich in Vergessenheit geraten und von den Völkern aus den einfachen Anfängen der Bilder- und Symbolschrift heraus neu geschaffen worden war, verhält es sich bei dem, was wir Literatur oder Kunst der Dichtung nennen. Während die Schrift von den Völkern gleichsam erobert und dann Stück für Stück in Besitz genommen und weiterentwickelt wurde – und auf diese Weise der Traumkurve menschlicher Entwicklung nahekommt –, haben all jene kulturellen »Weltwunder«, über die wir bisher berichteten, Kenntnisse und Techniken also, die von den Völkern nicht erworben, sondern ihnen durch Priester und Gottkönige aufgepfropft worden waren, das Jahr Null nicht überlebt. Und ähnlich verhält es sich mit den Errungenschaften der Dichtkunst.

Kaum haben die Menschen schreiben gelernt, so weit schreiben gelernt, daß es zu mehr reichte, als einige Meter Tuch und die Zahl einer zu verkaufenden Ziegenherde zu notieren, da schrieben sie schon Epen, Testamente, Gebete und Gesetze nieder, die sowohl vom Inhalt wie von der Formulierung her wie einsame Blinklichter über den Ozean der Jahrtausende in unsere Zeit herüberleuchten. Es sind tatsächlich immer wieder Jahrhunderte vergangen, bis da oder dort einmal von einem Genieblitz erhellt auch nur annähernd Ähnliches geschaffen werden konnte.

Und seit Jahrzehnten schütteln Literaten, Kunstsachverständige und Wissenschaftler verstört die Köpfe und fragen: Wie ist so etwas möglich? So beim Testament des Hethiterkönigs Hattusilis I.:
Diese Mischung aus Klage und Testament, die etwa um 1620 vC entstanden ist, ist ein Rätsel der Altertumswissenschaft. Soll solche einfache Kraft der Sprache, solch kunstvolle Verquickung von Erzählung und Dialog, von persönlicher Klage und richtungweisender Aussage urplötzlich geboren worden sein? Es gibt kein Beispiel dafür. Dies Testament des Hattusilis kann nach unserer Erfahrung eigentlich nur »Hochpunkt« einer literarischen Entwicklung sein. Aber bis heute fehlen uns Zeugnisse für eine literarische Entwicklung innerhalb des Hethiter-Reiches gänzlich (Ceram).

Mindestens tausend Jahre älter aber ist das Gilgamesch-Epos. Und bei ihm begegnen wir dem gleichen beglückten Staunen:
Die Wissenschaft hat die Geheimnisse dieses Epos erst in den letzten zwanzig Jahren mehr und mehr ermittelt. Es ist 1500 Jahre älter als Homers Ilias und Odyssee. Es zeigt uns den ersten tragischen Helden des Menschengeschlechtes. Es ist von erschütternder Dramatik. Das Erstaunlichste an diesem Epos ist seine Gegenwärtigkeit. Es ist uns so nah, als sei es gestern entstanden. Aber gestern und heute entstehen nicht mehr Schöpfungen von so ursprünglicher Kraft (Lissner).

Der Schlüssel für dieses Rätsel ist nach all dem, was wir inzwischen wissen, gar nicht mehr so schwer für uns zu finden. Die Sprachforscher und Gilgamesch-Übersetzer Schott und von Soden bieten uns zudem einen deutlichen Hinweis, wenn sie in einer Anmerkung zu ihrer Übersetzung festhalten, daß es neben der schriftlichen Überlieferung der Gilgamesch-Sagen eine mündliche gibt, durch die sich manche Motive, »meist mehr oder minder stark umgestaltet, in Sagen, Legenden und Märchen vieler Völker bis in die Neuzeit hinein erhalten« haben. Und sie stellen an anderer Stelle auch die Vermutung an, daß Teile des Epos »auf eine noch ältere, uns nicht bekannte Quelle« zurückgehen. Auf eine Quelle, so müssen wir nun hinzufügen, die wir auch nie kennenlernen können, weil sie eben auch nur mündlich überliefert wurde.

Wie war es denn mit Homer? Ihm verdanken wir die unvergleichlichen Dichtungen der Ilias und der Odyssee, die er gegen Ende des achten Jahrhunderts vC in seiner kleinasiatisch-ionischen Heimat niederschrieb. Schrift und Papyrus gab es damals bereits, aber woher kamen jene gewaltigen epischen Stoffe und die herrlichen Verse? »Die Legende stattete Homer mit den Zügen des wandernden Rhapsoden aus«, heißt es in einem großen Lexikon. Rhapsoden waren die wandernden Sänger, die Barden Griechenlands. Und dann eiferten Wissenschaftler darin, nachzuweisen, daß es nicht einen Homer gab, der diese Epen schuf, sondern daß sie das Werk zahlreicher Dichter seien.

Die Wahrheit dürfte – wie so oft – viel einfacher ein. Es gab nur einen Homer. Aber es gab vor ihm ungezählte Rhapsoden, die diese beiden Dichtungen und wahrscheinlich noch andere erzählten oder sangen. Und im Laufe der Jahrhunderte, in denen diese Dichtungen von Fürstenhof zu Fürstenhof, von Marktplatz zu Marktplatz, von Tag zu Tag vorgetragen wurden, feilten menschlicher Geist und dichterisches Empfinden an Aussage und Form, dramatisierten dort, vereinfachten da, bis die Gewalt des gesprochenen Wortes auch noch den letzten Zuhörer in Bann schlug. So entstanden Dichtungen, so entstanden Epen, die über Jahrhunderte, ja über Jahrtausende hinweg zu dem wurden, was Lissner »Schöpfungen von so ursprünglicher Kraft« nennt.

Ich zweifle daher keine Sekunde daran, daß Homer wirklich und wahrhaftig – und nicht nur in der Legende – einer der großen Barden, der großen Rhapsoden seines Volkes war. Man darf die Odyssee nicht lesen, man muß sie sprechen, auswendig sprechen oder von einem begnadeten Sprecher vorgetragen hören, um ermessen zu können, wie gewaltig das Wort wirkt im Verhältnis zur Schrift. Um begreifen zu können, warum die Ilias, das Gilgamesch-Epos, das Testament des Hattusilis, der Sonnengesang des Echnaton, warum diese Werke alle über teilweise verstümmelte Schriftformen und unglücklichste Buchstabierversuche hinweg immer noch wie Ströme fließen, wo moderne literarische Bemühungen daneben wie dünne Rinnsale plätschern.

Und der letzte Zweifel schwindet, wenn wir uns vor Augen halten, daß in geschichtlicher Zeit noch ähnliches erfolgte wie in den Tagen der Sumerer, der Hethiter und in den Tagen Homers. Im 13. Jahrhundert nC schrieb Snorri Sturluson auf Island wuchtig klingende Stabreime der Edda-Dichtung nieder. Aber – er war nicht der Dichter der Edda. Er war ein christlicher Gelehrter, der das mythologische Material der alten Barden und Skalden sammelte, jahrtausendealte Verse, die noch immer wortgetreu bei Hochzeiten oder Kindtaufen und anderen festlichen Gelegenheiten auf den abgelegenen Höfen Islands vorgetragen wurden, getreu der »Tradition ihrer Vorfahren« (Derolez); denn glücklicherweise führte das Christentum auf Island, damals 200 Jahre alt, »nicht dazu, daß man die eigene Vergangenheit und ihre Schöpfungen mißachtete« (Genzmer).

Hatte Snorri schon keine Veranlassung, die alte Dichtung zu mißachten – auch wenn sie »nur« mündlich überliefert war –, so hatte es Homer gewiß noch weniger. Und für jene Sumerer gar, die als erste das Gilgamesch-Epos in Schriftform brachten, bestand überhaupt noch kein Gegensatz zwischen Mythos und Gegenwart. Für sie war es den Lippen der Vorsänger und Vorfahren abgelauschte Realität, wenn sie der stöhnenden Todesangst des Gilgamesch mit den Worten seines Urahn Utnapischtim antworteten:

Der bittre Tod ist unausweichlich!
Bau'n wir ein Haus, das ewig steht?
Und siegeln wir für ewig je?
Wenn Brüder teilen, ist's für ewig?

Sollte denn Haß auf ewig sein?
Die Flut des Stromes steigen nur?

Libellen treiben weit flußab,
Und schlüpfen immer wieder neu,
Der Sonne hellen Glanz zu schauen.

Nicht gibt's Beständigkeit seit ewigen Tagen.
Der Schläfer und der Tote – wie verwandt!
Denn zeigen beide nicht des Todes Bild?
Ob Diener einer oder Herr – was gilt,
Wenn ihrer beider Schicksal sich erfüllt?

Die Anunnaki dort, der Tiefe Götter,
Die halten Rat, und es bestimmt mit ihnen
Mammetum, Schicksalsschöpferin, die Lose.
So Tod wie Leben ist in ihren Händen –
Doch bleibt verhüllt, wann deine Tage enden.

Das ist shakespearesches Format, aber mehr als viertausend Jahre vor seiner Zeit. Und es ist ebenso eigenwillig wie eigenständig. Während die Sumerer ihren dunklen Todesängsten in hektische Betriebsamkeit enteilten und ihre Kultur zu schneller Blüte sich entfalten ließen, hatten die Ägypter durch den Tod und die Wiederauferstehung ihres Gottes Osiris tröstlich wohltuende Gedanken gefunden, die den Tod mit zärtlicher Nachdenklichkeit umkreisten:

Der Tod steht heute vor mir,
wie wenn ein Kranker gesund wird,
wie wenn man nach der Krankheit sein Haus verläßt.
Der Tod steht heute vor mir
wie der Geruch von Myrrhen,
wie wenn man an einem windigen Tag
unter dem Segel sitzt.
Der Tod steht heute vor mir
wie der Geruch der Lotosblumen,

wie wenn man auf dem Ufer
nach Trunkenheit lechzt.
Der Tod steht heute vor mir
wie ein wolkenloser Himmel,
wie wenn jemand sein Haus wiederzusehen wünscht,
nachdem er viele Jahre in Gefangenschaft war.

So dichtet kein Volk, das gerade schreiben gelernt hat und nun, aus dem Analphabetentum erwacht, erstmalig stammelnd zu artikulieren versucht. So dichtet nur ein Volk, das, seit Jahrtausenden eingebunden in die Tradition der Sprache, die Schrift nie vermißt hatte, weil es alle gültigen Formen der Sprache in seinem Gedächtnis beherrschte. Auch in diesem Punkt müssen wir also erheblich umdenken lernen: Kultur setzt durchaus keine Schrift voraus, und umgekehrt bedeutet Schrift durchaus nicht Dichtung!

Rund tausend Jahre später, um 1360 vC, ließ Echnaton, jener ägyptische Pharao, der die Götter zugunsten des einen, Aton (die Sonne), entmachten wollte, seinen berühmten Sonnengesang in Stein verewigen. Und wir spüren, es ist anbetende Dichtung, geglaubte Wahrheit, aber verglichen mit der schlichten Schönheit jener Todesbegegnung, die wir eben »hörten«, sind Echnatons Zeilen nicht tausend Jahre mehr, eher etwas weniger:

Wenn es tagt und du aufgehst im Horizonte
und leuchtest als Sonne am Tage,
so vertreibst du das Dunkel
und schenkst deine Strahlen.
Die beiden Länder sind fröhlich und erwachen
und stehen auf ihren Füßen,
wenn du sie aufgerichtet hast.
Sie waschen ihren Leib und nehmen ihre Kleider.
Ihre Hände preisen deinen Aufgang.
Das ganze Land, es tut seine Arbeit.
Alles Vieh ist zufrieden mit seinem Kraute,
Die Bäume und Kräuter grünen.
Die Vögel fliegen aus ihren Nestern,
Und ihre Flügel preisen deinen Atem.

Alles Wild springt auf den Füßen.
Alles, was fliegt und flattert,
das lebt, wenn du für sie aufgehst.
Die Schiffe fahren herab
und fahren wieder hinauf,
und jeder Weg ist offen,
weil du aufgehst.
Die Fische im Strom springen vor deinem Antlitz;
deine Strahlen sind innen im Meere.

Rund tausend Jahre zuvor, in jener Heimat, die wir nicht kennen, die jedoch – wie uns das nachfolgende Gebet verrät – im Osten von einem weiten Meer begrenzt worden war, entstanden wohl jene ebenfalls die Sonne anbetenden Verse der Hethiter, die dann um 1300 vC niedergeschrieben wurden:

Des Himmels Sonnengott, der Menschheit Hirte!
Du steigst aus dem Meer empor –
des Himmels Sonne!
Hinauf zum Himmel wandelst du dahin.
Des Himmels Sonnengott, mein Herr!
Dem Menschenkind, dem Hund, dem Schwein,
dem wilden Tier des Feldes
sprichst Recht du, Sonnengott,
Tag für Tag!

Genug der Zitate. Wir wissen nun in etwa, wie wir die Jahrtausende vor der Zeitenwende in bezug auf die Dichtkunst einzuschätzen haben. Wir begegneten bei unserem kurzen Streifzug den imponierendsten und teilweise in ferne Vergangenheit zurückreichenden Epen der Menschheitsgeschichte (der Sintflutbericht ist zum Beispiel ein Teil des Gilgamesch-Epos). Und wir sehen, wie spätere Namen vor dem Leuchten archaischer Ausdruckskraft verblassen. Nennen wir noch den um die Zeitenwende lebenden Ovid, um auch den Römern Gerechtigkeit wiederfahren zu lassen, aber dann umfängt das Dunkel des Mittelalters auch diesen Teil abendländischer Kultur.

Die Schreibkunst und Papier allein machen eben noch keinen Dichter. Und je besser die Europäer in den nachfolgenden Jahrhunderten schreiben lernten, desto bescheidener wurde ihre Ausdruckskraft. Da ging es ihnen wie mit dem Papyrus. Dieses aus Papyrusmark und -fasern in Kreuz- und Querlagen gehämmerte kostbare Schreibutensil konnten bald nach der Zeitenwende nicht einmal die Ägypter selbst mehr produzieren. »Die Kunst, auf diese Weise richtiges Papier herzustellen, ist so kompliziert, daß das moderne Papyrusinstitut in Kairo mehrere Jahre experimentierte, ehe es kürzlich gelang, die Papyrus-Produktion des Altertums zu kopieren« (Heyerdahl).

Bilder, Formen und Trompeten

Die Werke der bildenden Kunst vermitteln, ähnlich wie das gesprochene – und später aufgeschriebene – Wort, einen besser fundierten Eindruck von der kulturellen Entwicklung der Völker als manche da oder dort zutage tretenden technischen Scheinblüten. Kunst läßt sich nie in gleichem Maße übertragen oder aufpfropfen wie technisches Wissen, sie geht immer unmittelbar von dem gestaltenden Menschen selbst aus, ist Wort, Bild, Gestalt oder Melodie gewordener Ausdruck seines Fühlens und Denkens. Niemand kann, wie Wolfgang Liebeneiner schreibt, einen Maler bei seinem Werk stören; »höchstens hereinreden könnte jemand, aber dann muß es wieder der Maler selbst sein, der diesen Einwand verwirklicht, wenn er ihn als berechtigt anerkennt«.

Wenn manche Wissenschaftler nun die Überzeugung vertreten, daß frühe Kunst immer ein Ausdruck der Religion war – was auch nicht ganz stimmt –, so wissen wir heute, daß der Umkehrschluß auf keinen Fall zutrifft: Frühen Religionen war das Ausdrucksmittel der Kunst noch fremd. Schon an den Steinwerkzeugen der Neandertaler können wir nämlich erkennen, ob jene Menschen bei der Gestaltung nur den Nutzeffekt oder auch schon ein gewisses Formgefühl gelten ließen. Groben Schätzungen zufolge beginnt die Kunst vor etwa 40 000 bis 50 000 Jahren. Aber schon vor 100 000 Jahren bestatteten Menschen die Toten ihrer Sippe unter noch heute nachweisbaren Begleiterscheinungen, die auf einen Glauben an das Jenseits, auf religiöses Empfinden schließen lassen.

Unbestritten flossen späterhin Religion und Kunst immer wieder einmal zu einem starken einheitlichen Impuls zusammen. Manche Höhlenbilder der Steinzeit lassen dies erkennen. Tausend Jahre nach der großen Katastrophe trennten die Einwohner von Jericho die Schädel ihrer Toten von den Körpern und modellierten auf den nackten Schädelknochen mit Gips die Gesichtszüge der Verstorbenen nach, ihnen so eine Art »ewigen Lebens« gebend. Kunstsinn paarte sich auch unzweifelhaft mit dem Totenkult und dem ungeheuren religiösen Bemühen der Ägypter und der amerikanischen Hochkulturen (wobei ich jetzt nicht das technische Abenteuer des Pyramidenbaus meine). Und noch unsere christlichen Kathedralen und Dome sind nicht ohne das eine oder das andere denkbar.

Auf der anderen Seite aber wissen wir heute sehr genau, daß kulturelle Strömungen oft noch lange weiterwirken und sich oft neue Impulse suchen, wenn die alten verklungen sind. Es war die mitreißende religiöse Begeisterung des 14. Jahrhunderts nC, die zum Beispiel zwischen 1377 und 1494 das Ulmer Münster erstehen und den 162 Meter hohen Turm, den höchsten Kirchturm der Erde, planen ließ. Aber es war der Aufbruch stolzen Nationalgefühls, der diesen Turm mit Spenden aus ganz Deutschland zwischen 1844 und 1890 vollendete. Und zwar getreu nach den Plänen des 1392 berufenen Baumeisters Ensinger.

Ein Beispiel, wie über fünf Jahrhunderte europäischer Geschichte hinweg ein einziges Bauwerk, zwar aus wechselnden Motiven, aber in einem einheitlichen Stil gestaltet und vollendet wurde. Und es ließen sich noch mehr Beispiele für die menschliche Kontinuität im kulturellen Bereich bis in die Gegenwart hinein anführen. Der Wiederaufbau Danzigs und einiger anderer deutscher Städte durch die Polen sollte dabei nicht vergessen werden. Auch dort wurden jahrhundertealte Traditionen bewahrt und neu belebt.

Angesichts dieser greifbaren Tatsachen finde ich es keineswegs erstaunlich, daß uns zum Beispiel das aus den verschiedensten Stämmen und Stadtbevölkerungen zusammengesetzte, in sich selbst so heterogene Volk der Hethiter erst aus Bildern und Skupturen so recht vertraut wird, »die aus einer Zeit stammen, da das Reich, das Imperium, bereits fünfhundert Jahre aufgehört hatte zu existieren« (Ceram).

Die lebendigsten Bilder hethitischen Lebens werden uns nämlich nicht in den Monumenten der imperialen Zeit geboten, sondern in den zahllosen Reliefs und Skulpturen der (nach der Zeit des Imperiums) *überlebenden Stadtkönigtümer Carchemish, Zinjirli usw., auch Karatepe, also aus der Zeit von 800 bis 700 vC ...*
Das »Reich der Hethiter« – das ist allein das Großreich, das von 1800 bis 1200 vC kleinasiatische und vorderasiatische Geschichte prägte ... Es ist interessant, aus einer »Times«-Meldung vom Dezember 1954 entnehmen zu können, daß die amerikanisch-deutsche Gemeinschaftsgrabung am Nimrud-Dagh in Commagene (Miss Teresa Goell und Dr. Friedrich Karl Doerner) ergeben hat, daß sich noch im 1. Jahrhundert vC hethitischer Einfluß in der bildenden Kunst dieser Landschaft nachweisen läßt – aber wichtig für die Erkenntnis hethitischen Wesens ist es nicht ...
meint Ceram, und er leitet daraus die Schlußfolgerung ab, es habe im zweiten Jahrtausend vC ein hethitisches Reich, aber keine hethitische Kultur gegeben, die Größe dieses »Herrenvolkes« habe sich im »Beherrschen und Führen« erschöpft.

Und dann fünfhundert, ja tausend Jahre danach noch »hethitischer Einfluß in der bildenden Kunst dieser Landschaft«?

Da haben wir nun ein mustergültiges Beispiel dafür, wie unsere herkömmliche »historisch forschende Geschichtsschreibung« oft nahezu genußvoll an den Wirklichkeiten des Lebens vorbeigeht. Wie in diesem Fall, da die Hethiter in jenem Augenblick nicht mehr zählen sollen, von dem an sie keine siegreichen Schlachten mehr schlagen und ihre Könige sich nicht mehr in den Werken ehrfürchtiger Hofberichterstatter verewigen. So als ob das Volk der Hethiter von einem Tag zum anderen vom Erdboden verschwunden sei. Als ob es nicht vielmehr offensichtlich jetzt erst die Ruhe und Selbstbesinnung gefunden hätte, die Impulse der »imperialen Zeit« zu Kunstwerken zu verarbeiten, die Jahrtausende überdauerten und jetzt ausgegraben werden können.

Was wäre denn die ganze »imperiale Zeit« anderes als ein Windhauch der Geschichte, wenn die »nach«-geschaffene Kunst dieses Volkes nicht von seiner überdauernden Existenz Zeugnis ablegen würde? Und woher käme wohl der hethitische Einfluß auf die bildende Kunst, wenn im Volk der Hethiter kein Gefühl für Kunst lebendig gewesen wäre? Sie hatten vielleicht vor lauter imperialem Bemühen zeitweise keine rechte Muße, aber Kunst hatten sie wohl immer. Die hatten sie schon fünf Jahrtausende (!) zuvor, als sie noch Chatti oder sonstwie hießen und die weißen Wände ihrer Häuser in Catal Hüyük mit bunten Bildern bemalten.

Wir finden auf diesen Bildern religiöse Motive und die Vorstellung magischer Kraft verewigt. Nicht viel anders als in den Höhlenmalereien der Vorsintflutzeit. Aber – und damit sind wir schon beim nächsten Thema – wir finden hier wie dort auch Bilder, die nicht unbedingt etwas mit Religion oder Magie zu tun haben müssen.

Etwa in die Zeit von Catal Hüyük sind auch jene Ritzzeichnungen und Gemälde zu datieren (7000 bis 6000 vC), die zwischen Nil und Atlantik zu Tausenden die Felswände der Sahara bedecken. Insbesondere war es der deutsche Völkerkundler Leo Frobenius, der sich jahrelang diesem »reichsten prähistorischen Kunstzentrum der Welt« widmete.

Die Gravierungen im Bergland von Tassili finden durch ihre außerordentlichen Dimensionen nirgendwo ihresgleichen: Elefant und Nashorn sind in ihrer natürlichen Größe, zuweilen sogar noch gewaltiger, dargestellt, Giraffen in einer Höhe von acht Meter, Menschen bis zu dreieinhalb Meter groß. Die Anzahl der Felsbilder ist kaum zu zählen. Mit Mühe hat man auf einer Länge von nicht ganz 30 Kilometer annähernd 4000 Gravierungen festgestellt (Gööck).

Mögen bei der Entstehung vieler dieser Felsbilder religiöse und magische Motive eine Rolle gespielt haben, Frobenius hat einige von ihnen auch einmal als »Chronik in Stein« bezeichnet, und mir scheint, daß damit ein Aspekt angesprochen wurde, der bei manchen wissenschaftlichen Betrachtungen der Steinzeitbilder zu kurz kam. Sicher begegnen wir in der Sahara, die bis 2000 vC noch eine blühende Landschaft war, genauso dem Stierkopf und dem Sonnensymbol wie in den steinzeitlichen Siedlungen zwischen Kaukasus und Taurusgebirge oder in den Tälern des Mont Bego, aber wir sehen eben auch Bilder aus dem Leben der Menschen jener Zeit: Hirten, die ihre Rinderherden treiben; Frauen und Kinder bei spielerischer Jagd; und wir erinnern uns jetzt der »Landschaftsaufnahme« in Catal Hüyük. Bei dem Gemälde des ausbrechenden Vulkans kann natürlich durchaus eine religiöse Überlieferung mitgespielt haben. Wir wissen, daß zum Beispiel in der Edda die Sintflut mit dem Feuer ausbrechender Vulkane in Widerstreit lag:

Der Lande Gürtel gähnt zum Himmel:
Gluten sprüht er, und Gift speit er ...
Die Sonne verlischt, das Land sinkt ins Meer;
Vom Himmel stürzen die heitern Sterne.
Lohe umtost den Lebensnährer;
Hohe Hitze steigt himmelan.

Andererseits aber ist der unmittelbare Bezug auf den in Sichtweite liegenden Hasan Dagh, den 3253 Meter hohen einzigen doppelgipfligen Vulkan Zentralanatoliens, zu eindeutig, als daß die Aussage des Bildes noch mißverständlich sein könnte. Ob die ferne Erinnerung an die größere Weltkatastrophe nun eine Rolle gespielt hat oder nicht, hier wurde ein erlebter Vulkanausbruch des Hasan Dagh aufgezeichnet. Zu dem gleichen Schluß kommt auch Johannes Lehmann bei seinem Vergleich des Bildes mit einem »Dokumentarfoto unserer Tage«.

Nicht anders war es bei den Ägyptern, die neben ihren sakralen Bildnissen durchaus auch solche kannten, die der Information – und sei es auch nur zum Zweck der Verherrlichung eines Herrschers – dienten. So ließ um 1500 vC die Königin Hatschepsut die Pfeilerhallen ihres Totentempels ausmalen. Da finden wir unter anderem nun buntfarbige Reliefs, die den Transport zweier Obelisken schildern, und die Darstellung einer Fahrt der ägyptischen Flotte nach dem Weihrauchland Punt.

Hier sind der Habitus der Puntleute, ihre Behausungen, das Land und seine Erzeugnisse, selbst die Fauna des Roten Meeres mit einer Sorgfalt wiedergegeben, die an einen wissenschaftlichen Forschungsbericht denken läßt (Wolf).

Auch jene Bilder, die vor einigen Jahrzehnten jenseits des Atlantik in dem farbenprächtig ausgestalteten Innenraum einer der größten Pyramiden von Chichén Itzá gefunden wurden, rechne ich in die Reihe der Informations- und Dokumentationszeugnisse. Thor Heyerdahl schildert sie folgendermaßen: Die Malereien stellen
einen dramatischen Überfall auf nackte weiße Männer dar, die in gelben Booten mit hochgebogenem Bug und Achtersteven steuerten ... Dunkelhäutige Krieger mit Federn in den Haaren nehmen die weißen Seefahrer an Land in Empfang, binden ihnen die Hände, skalpieren ihre blonden Locken und legen einen von ihnen auf die Opferbank, während andere nackt von ihrem gekenterten Fahrzeug über Bord springen und ihre langen gelben Locken zwischen Rochen und Meeresfischen in den Wellen schwimmen. Während einige der hellhäutigen Männer hilflos an ihren blonden Haaren davongezogen werden, haben andere ihre ganze Habe zusammengepackt und gehen ruhig mit großen Bündeln auf dem Rücken über den Strand.

Wir wissen heute nicht mehr, welches den Maya wesentlich erscheinende Ereignis durch diese Bilder im dunklen Inneren der Pyramide für die Ewigkeit festgehalten werden sollte – wir können es jedoch in etwa rekonstruieren, weil uns die Maya-Künstler diese Dokumentation einer ebenso dramatischen wie ungewöhnlichen Begegnung mit den Menschen einer fremden Welt hinterließen. Und genauso bieten die Höhlenmalereien der Steinzeit nicht nur magische Jagdbeschwörung, nicht nur die aus religiösem Antrieb erfolgte Darstellung heiliger Tiere oder Tiergötter.

Für letzteres spricht zwar auch die Tatsache, daß die meisten der Höhlenbilder an völlig unzugänglichen Orten entstanden sind, oft in den entferntesten, finstersten Nischen, die kaum mit modernen Lampen, geschweige denn mit dem brennenden Span oder dem Tranlicht der Steinzeitmenschen zu erleuchten waren. Dennoch kann ich mich des Gedankens nicht erwehren, daß da oder dort, wo um Ecken und Felsvorsprünge herum noch der unzugänglichste Winkel genutzt wurde, um die Konturen eines Urtieres in minutiöser Genauigkeit in die Wand zu gravieren, doch in vielen Fällen wohl auch das vielleicht unbewußte Bedürfnis eine Rolle gespielt haben mag, ein Stück erlebter Wirklichkeit über die eigene Gegenwart hinaus festzuhalten. Was ja auch gelungen ist.

Vielleicht sollten wir an diesem Punkt noch einmal kurz festhalten, daß die Bilder der Aurignacien-Périgordien-Kulturen (50 000 bis 20 000 vC) und der Solutréen-Magdalénien-Kulturen (20 000 bis 9000 vC) ausschließlich in West- und Südwesteuropa gefunden wurden. Plastiken, vor allem die berühmten »Venus«-Darstellungen mit den überdimensionierten weiblichen Geschlechtsmerkmalen, gab es in dieser Zeit auch in Osteuropa, schlank und schmal dagegen sogar in Sibirien. Um nur zwei der bekanntesten Figürchen zu erwähnen: die »Venus von Willendorf« (1908 bei Willendorf an der Donau, südwestlich von Wien gefunden und etwa elf Zentimeter groß) und das »Köpfchen von Brassempouy« (1894 bei Brassempouy im Departement Landes, dem südwestlichsten Zipfel Frankreichs zwischen Biskaya und Pyrenäen, gefunden und nur drei Zentimeter hoch aus Elfenbein geschnitzt), ein ganz zauberhaftes Köpfchen, die Darstellung eines jungen Mädchens von herber, »aber echter Anmut, obschon Mund und Augen fehlen« (Lissner).

Dagegen finden wir die Bilder der Jungstein- und Bronzezeit (7000 bis 1000 vC) mit ihren deutlich übereinstimmenden Motiven – Stierkopf, Sonne, Spirale – in ganz Europa und Nordafrika, vom Atlantik bis zum Kaukasus, von Skandinavien bis in die Sahara. Und zwar – um auch das noch am Rande zu vermerken – deutlich im Laufe der Jahrtausende von den Bergen und Hochtälern abwärtssteigend zu den Felsen an den Küsten und im flachen Land. Zwischen dem neunten und dem siebten Jahrtausend konnten bis heute keine derartigen Kulturzeugnisse nachgewiesen werden.

Fast beispielhaft ist der Unterschied der »Liegenden Dame von Malta«, einer Figur, ähnlich ausladend wie die »Venus von Willendorf«, jedoch deutlich mit langem und im unteren Teil gefälteltem Rock bekleidet und seitlich auf einer Bank ruhend, zu der »Dame von Warka«, einem Frauenantlitz aus weißem Marmor und von geradezu klassischer Schönheit. Auf Malta im fünften Jahrtausend vC noch deutlich steinzeitlichen Traditionen verbunden, hatte der Mensch, als er von den Bergen niederstieg, um in Mesopotamien eine der ersten Hochkulturen aufzubauen, bereits jenen Weg beschritten, der uns über die minoische und griechische Kultur bis zur Renaissance des Abendlandes führte. Das Frauenantlitz aus Warka, dem sumerischen Uruk, nimmt zu Beginn des dritten Jahrtausends vC mit seinen reinen, reifen Zügen und seiner das Gesicht geradezu durchsichtig erscheinen lassenden Linienführung alles vorweg, was wir noch heute als abendländisches Schönheitsideal empfinden können. Hier reicht die Kontinuität künstlerischen Fühlens und Ausdrucksvermögens – so unglaublich das klingt – über nahezu fünf Jahrtausende hinweg.

Auf Kreta begegnen wir im zweiten Jahrtausend einer Kultur, deren Spuren (Stierkult, die überflüssigen Holzpfosten im Steinmauerwerk) genauso über die Jahrtausende in das Bergland Anatoliens zurückführen wie tausend Jahre zuvor die Spuren der Sumerer. Und wieder finden wir Paläste, Herrensitze und Villen, Schalen und Krüge in herrlichen Farben. Wurde im dritten Jahrtausend vC die »Mosaikstandarte von Ur«, eine phantastische Einlegearbeit von Lapislazuli, Perlmutt und Muschelstückchen auf Holz, geschaffen, die heute unsere uneingeschränkte Bewunderung auslöst, so auf Kreta die unvergleichlichen, farbenprächtigen Fresken, die von dem wohl feinsten Geschmack zeugen, »den Europa je gehabt hat« (Lissner).

Und dann das göttliche Gold. Seit der Entdeckung Amerikas durch Kolumbus zog es wie ein unendlicher Magnet Millionen Menschen über den Atlantik. Cortez, der Eroberer Mexikos, fand einen unermeßlichen Schatz im Palast des »Königs Wassergesicht«, des Vaters von Montezuma, hinter einer zugemauerten Tür:

Die Tür ging auf eine enge Treppe hinaus, und diese führte hinab in eine Flucht unterirdischer Kammern.
Cortez stieg die Treppe hinab, betrat die erste Kammer. Ein hellgelber Glanz schimmerte ihm entgegen, entzündete sich am Kienfackelschein, auflodernd wie ein Feuerstrom. Der Goldschatz des Königs Wassergesicht lag da ausgebreitet. Aus schwarzer Nacht glomm er empor wie ein sich gebärender Stern.
Cortez schritt weiter. Schatzkammer reihte sich an Schatzkammer. Neben

Goldbarren standen Edelsteinkisten, goldene Hausgötzen, goldene Trinkgefäße. In den letzten drei Kammern wetteiferte der Hort von Tezcuco mit dem altmexikanischen an Pracht (Stucken).

Am 21. September 1532 begannen 177 Mann, darunter 67 Reiter und drei Büchsenschützen, unter Führung von Franzisko Pizarro den Marsch in die Berge Perus, in das Reich der Inka. Sie holten sich den Inka Atahuallpa aus Tausenden seiner Krieger und ließen sich von ihm einen Raum mit mehr als 35 Quadratmetern bis zu der nach oben gereckten Hand mit Gold füllen: Mehr als achtzig Kubikmeter Gold!

Er wandte sich zur Tür und schrie der Wache einen Befehl hinaus. Nach einiger Zeit brachte ein Soldat ein Stück Rötel. Den Rötel drückte Pizarro in die braune, schmalfingrige Hand Atahuallpas. »Zeichne einen Strich, so hoch wie du reichen kannst, an die Wand. Wenn das Gold bis zu dem Strich gestapelt ist, bist du frei« (Zedtwitz).

Er wurde niemals mehr frei. Und das Gold wurde als Kriegsbeute verteilt, eingeschmolzen und für was weiß ich nicht alles ausgegeben, verschleudert, verloren. Es ging den Spaniern dieser Zeit nur um das Gold, nicht um die Kunst, nicht um die einmalig herrlichen Gegenstände, die aus Gold geschaffen waren. Die Europäer dieser Zeit, ob Abenteurer, Soldaten, Feldherren oder Priester, sie waren unfähig, den Wert jener kunstvollen Werke aus Menschenhand zu sehen, sie sahen nur das gleißende Metall. Wie Kinder das Glitzern eines Spielzeugs lieben, das sie zerstören. Jahrtausende vor ihrer Zeit aber wurden auf europäischem Boden auch aus Gold nicht weniger kunstvolle Schätze geschaffen. Um ebenfalls zerstört zu werden oder in Gräbern bis in unsere Zeit zu überdauern.

Der an der Schwarzmeerküste gefundene Goldschatz von Varna stammt aus dem vierten Jahrtausend vC. »Die Technik der Bearbeitung der aus purem Gold angefertigten Armreifen, Ketten und Gürtel ist in Europa ohne Beispiel« (Siegert). Einen Goldschatz von solcher Schönheit und Kunstfertigkeit mußte die Fachwelt als Sensation empfinden, er beweist eine Kultur, die man bis dahin für die europäische Frühgeschichte einfach nicht akzeptiert hätte.

Aber auch das Wunderwerk sumerischer Goldschmiedekunst, ein Schwert mit goldener Scheide, »die wie aus geflochtenem Gras erscheint« (Uhlig), wurde von Fachgelehrten, die mit den Fundumständen nicht vertraut waren, als arabische Arbeit des 13. Jahrhunderts nC eingestuft. Und doch stammte das Schwert, genau wie der herrliche »Goldhelm des Meschkalamdung«, aus den Königsgräbern von Ur und somit, wie die wundervoll gearbeiteten Behälter und feinsten Toilettengeräte, aus dem dritten Jahrtausend vC. »Unter den kostbaren Schmuckstücken aus den Königsgräbern von Ur«, sagt Ceram, »befinden sich Stücke, deren sich heute Cartier in Paris nicht zu schämen brauchte.«

Tartassos, Metallmetropole des europäischen Westens, schon um 1000 vC nachgewiesener Handelspartner des phönizischen Königs Hiram von Tyros und um 500 vC von den Karthagern erobert und zerstört, lieferte und verarbeitete nicht nur Kupfer und Zinn, sondern auch Edelmetalle. Und auch dort wurde goldener Schmuck gefunden, »außerordentlich fein und kunstvoll geschmiedet. Es wären wahre Prunkstücke im Schaufenster eines modernen Juweliers!« (Lissner). Erwähnen wir noch – um das Bild abzurunden – die Goldschmiedekunst der Skythen (600 bis 300 vC) und der Skandinavier. Aber auch hier setzte überall in bezug auf Kunstfertigkeit und Geschmack, wie wir schon am Beispiel der Goldbearbeitung der Etrusker und der Kunst der Granulation feststellen konnten, eine rückläufige Entwicklung ein. So sehr den Landsknechten deutscher Kaiser und spanischer Könige der Sinn nach Gold stand, ihr Kunstsinn war so wenig gebildet, daß ihre eigenen Vorfahren zweitausend Jahre zuvor nur verwundert den Kopf hätten schütteln können. Nachdem die technischen Möglichkeiten der Gestaltung in Vergessenheit geraten waren, erfuhr auch die in Wort, Bild, Form und Melodie gestaltende Kunst eine deutliche Unterbrechung. Sie hat zwar in einzelnen genialen Schöpfern auch in den dunkelsten Tages des Kulturverfalls überlebt, erwachte aber zu neuer Blüte tatsächlich erst in den Tagen der Renaissance.

In einem wesentlichen Punkt jedoch unterschied sich die Kunst von der Technik: Sie mußte nicht von Grund auf neu beginnen, sie konnte – wie nach einer Atempause, einer Stunde des Besinnens – dort fortfahren, wo Europa nach dem Verdämmern der griechischen Kultur im römischen Imperium stecken geblieben war. Mit kräftigen Mollakkorden setzten die Choräle ein und fanden über wenige Jahrhunderte hinweg den Weg wieder zu den hellen, verspielten Klängen der hellenischen Hirtenflöten; Jagdhörner und Trompeten übernahmen das Schmettern und Dröhnen der Luren und Alphörner; Trommeln wirbelten wie je zuvor, und an den Höfen der Renaissancefürsten erklang die Laute wie die Leier bei den fröhlichen Gastmählern der Etrusker. In den nordafrikanischen Bergen aber sangen und spielten die Berber vor fünfhundert Jahren – wie heute noch – in jenen uns fremd klingenden großen melodischen Intervallen, wie dreitausend Jahre zuvor die Jemeniten Südarabiens. Und es sind die ähnlichen Klänge und Melodien, die über den Kaukasus hinüber auch in den tibetanisch-mongolischen Hochtälern zu Hause sind.

Monumente aus Stein und Lehm

Die Steine der Riesen

Wir sprachen schon über Stonehenge und die Hünengräber der Megalithzeit. Trotzdem ist zu diesem Thema noch einiges nachzutragen, denn zu gewaltig sind die Zeugen dieser Vergangenheit und zu viele Irrtümer haben sich durch die verschiedenartigsten wissenschaftlichen Analysen dieser nachsintflutlichen Neuzeit des kulturellen Aufbruchs der Menschheit eingeschlichen.

Nach bisher gängiger und meistverbreiteter Auffassung stellt sich der Beginn der Megalithzeit so dar: Da zogen von Zypern über Spanien, Frankreich, England, Norddeutschland bis nach Skandinavien so um 3000 vC herum einige Missionare an den Küsten entlang – warum eigentlich da? – und sagten den freudig aufhorchenden Menschen dieser Gegenden, sie müßten nun schnell hundert Tonnen schwere Steine stemmen, denn das sei Tius oder Wotan oder Odin oder wem auch immer gottgefällig. Und flugs machten sich die Menschen an die Arbeit, stellten Tausende von riesigen Steinen auf oder türmten sie übereinander.

Die Antwort auf die Frage, um welchen Gott es sich denn gehandelt haben soll, den die Menschen auf Zypern und in Skandinavien gemeinsam anbeteten, blieben jene Fleißarbeiter der Wissenschaft schuldig, und den Kaukasus mit seinen mehr als fünfzehnhundert derartigen Grabanlagen ließen sie gleich ganz außen vor, denn der paßte ja überhaupt nicht in das Bild. Dort wurden die Großsteingräber nämlich erst kurz vor dem zweiten Jahrtausend vC errichtet, während sie in England immerhin schon einige hundert Jahre früher, in der Mitte des dritten Jahrtausends vC, entstanden. Daß die ältesten dieser Ganggräber oder Dolmen, wie sie genannt werden, schon um 3900 vC in der Bretagne aufgetürmt wurden, haben allerdings erst jetzt die neuesten Forschungen ergeben.

Sie bestätigen aber damit nur, was eigentlich schon vorher anzunehmen war: daß die Megalithbauten genau dorther stammen, wo sie am dichtesten verbreitet sind: aus Westeuropa.

Wollen wir also bitte die Missionare aus Zypern ganz schnell vergessen. Sie waren ohnehin in einer falschen Zeit angesiedelt. Wenn nämlich schon von Missionaren die Rede ist, dann sollte sich ein Wissenschaftler daran erinnern, daß es für die Tätigkeit dieser Männer geschichtliche Beispiele gibt. So lange ist es schließlich nicht her, daß die christlichen Missionare über unsere Fluren zogen und daß ein Bonifatius, der »Apostel der Deutschen«, eigenhändig die Donars-Eiche bei Fritzlar in Hessen fällte. Das war 725 nC! Und Bonifatius gründete Klöster und Bistümer, wurde 748 nC Erzbischof von Mainz, aber sechs Jahre später, 754 nC, erschlugen ihn die ebenso ihrer Tradition wie ihrem Glauben verhafteten Friesen.

So einfach war das also nie, Missionar zu sein. Und keineswegs und nirgends in der Welt waren oder sind die ersten Gläubigen, die ein Missionar um sich schart, gleich willens und in der Lage, Dome oder Dolmen zu errichten. Zwischen jenem Tag, da Bonifatius die Donars-Eiche fällte, und dem anderen, da die Ulmer (1377 nC) begannen, aus religiöser Begeisterung ihr Münster zu bauen, mußten mehr als 650 Jahre vergehen. Wieviel Zeit also war wohl vergangen, bis die Menschen aus religiösem Antrieb anfingen, tonnenschwere Steine zu stemmen?

Bedenken wir – bevor wir näher an diese Frage herangehen –, daß sich die Menschheit zwischen der Zeit der ersten Megalithbauer und Bonifatius knapp viermal verdoppelt hatte. Zu seiner Zeit war Europa immerhin schon von etwa 40 Millionen Menschen besiedelt (heute 648 Millionen!), um 4000 vC dagegen waren es noch kaum viel mehr als zweieinhalb Millionen Menschen. Entsprechend geringer war die Kommunikation, entsprechend weniger waren die Sippen und Stämme aufeinander angewiesen. Da bedurfte es doch wohl einer langen, langen Zeit und wohl auch überzeugender Gottesbeweise, um sie zu solchen religiösen Aufwallungen und zu solch einer Verbreitung ihres Glaubens zwischen Atlantik und Kaukasus, zwischen Skandinavien und Nordafrika zu veranlassen.

Bei diesem letzten Satz sollte uns allerdings auffallen, daß wir diese Ortsangabe kurz zuvor schon einmal gelesen haben: Es ging dabei um die Übereinstimmung religiös motivierter Symbole und künstlerischer Ausdrucksmittel in der Zeit zwischen 7000 und 1000 vC, und ich erinnere mich in diesem Zusammenhang gern daran, bei verschiedenen Frühgeschichtlern immer wieder den Hinweis auf die »überraschende kulturelle Einheit der europäischen Stämme und Völker noch der Jungstein- und Bronzezeit« gefunden zu haben.

Diese Einheit des Denkens und Fühlens – und wohl auch des Glaubens – mag den Weg der megalithischen Welle wiederum etwas leichter aufgenommen und weitergetragen haben, als die Seefahrer der französischen Atlantikküste erst einmal damit begonnen hatten, diese grandiose Idee der Götterverehrung nach Portugal und Nordfrankreich, nach Nordafrika und England, nach Norddeutschland, Irland und Skandinavien, auf allen Inseln des Mittelmeeres und schließlich über Griechenland und Kleinasien bis zum Kaukasus zu verbreiten. Spanien, die Schweiz, Österreich und Norditalien waren sicher von Südfrankreich aus über die Pyrenäen und Alpen direkt von dieser Idee erfaßt worden. Als Beweis für diese Folge der Verbreitung dienen übrigens nicht nur die inzwischen wissenschaftlich gesicherten Datierungen, sondern auch – und das ist eigentlich schon wieder so typisch für alles bisher in diesem Buch Gesagte, daß es bald wie eine stereotype Wiederholung klingt – die Tatsache, daß die Dolmen und anderen Großsteinbauten halt auch im Laufe der Jahrhunderte nicht besser, sondern immer kleiner und primitiver wurden. Die großartigsten Zeugnisse der Megalithkultur finden sich genau dort, wo sie ihr Zentrum und ihren Ausgangspunkt hatte: in Westeuropa.

Und was brachte diese Kultur alles hervor: Hünengräber, Dolmen, Menhire und Cromlechs. Mega-Lithos (aus dem Griechischen: Groß-Stein) ist alles. Dolmen ist ein altes bretonisches Wort und bedeutet »Tisch aus Stein«, und nichts anderes sind jene gewaltigen Steinsetzungen, bei denen senkrecht stehende Felsbrocken gewaltige Platten tragen. Ihren Zweckentsprechungen zufolge – sie waren meist Begräbnisstätten ganzer Sippen – heißen sie in Deutschland »Hünengräber«. Daneben gibt es noch die beiden wissenschaftlichen Begriffe für die einsam hoch gegen den Himmel gestellten Riesensteine. Beide Wörter stammen ebenfalls aus der bretonischen Sprache und bedeuten »Mann-Steine« = Menhire, und »Krumm-Stein« = Cromlech.

Aber das alles beantwortet nicht die Frage nach der Zeit der »Missionare«. Natürlich wissen wir sie nicht. Vielleicht sollten wir jedoch einmal darüber nachdenken. Zumindest schon, um die kurzsichtige Unterstellung, die Glaubensvertreter seien hausieren gegangen, während gleichzeitig rund um sie herum die Megalithkultur zu blühen begann, endgültig aus der Welt zu räumen. Die Geschichte aller Religionen, die uns gegenwärtig vertraut sind – Christentum, Islam, Buddhismus –, zeigt uns deutlich, daß es mit absoluter Sicherheit so nicht war. Aber wie dann?

Nehmen wir einmal an, die Götterbotschaft hätte in Westfrankreich von der Verkündung bis zum Bau der größten Dolmen bei gleicher Bevölkerungszahl genauso lang gebraucht wie der Bau des Ulmer Münsters nach der Verkündigung des Christentums in Deutschland. Das wären dann – wie wir gesehen haben – etwa 650 Jahre. Dem steht aber der dramatische Unterschied der Bevölkerungszahl (2,5 gegen 40 Millionen) entgegen. Natürlich können wir jetzt nicht einfach als Kommunikationswert ein Sechzehntel des 8. bis 14. nachchristlichen Jahrhunderts rechnen. So schlecht war die Kommunikation in der Steinzeit auch wieder nicht. Das haben wir inzwischen ja erfahren. Könnte es also realistisch sein, wenn wir annehmen, daß im Mesolithikum zwischen Verkündigung und Glaubensbegeisterung etwa viermal soviel Zeit vergangen sein muß wie in den nachchristlichen Jahrhunderten?

Wenn dies zutreffen würde, wären wir etwa im siebten Jahrtausend vC, also etwa zwei bis zweieinhalb Jahrtausende vor dem Bau der ersten Dolmen. Und damit entsteht für die Glaubensbotschaft eine völlig neue Situation. 7000 vC, das ist genau die Zeit, in der Noahs Erben, die Urenkel der Überlebenden der Sintflut, von den Bergen stiegen. Es ist die Zeit, da wir in Catal Hüyük den ersten überraschenden Spuren einer vergessenen Zivilisation begegnen. Nur eines stimmt bei diesem Gedanken nicht: Die Erben einer versunkenen Hochkultur zogen mit Sicherheit nicht als Missionare über das Land. Durchaus denkbar wäre hingegen, daß sie selbst – auf der Suche nach der versunkenen Urheimat über mühselige Pfade dem Atlantik zu gen Westen ziehend – mit jenem Handgepäck voll überlegenem Wissen und imponierenden Kenntnissen, das sie wohl noch als Restbestand mit sich schleppen mochten, zu den zwei Jahrtausende später angebeteten Göttern wurden.

Zwei Jahrtausende ist übrigens genau die Zeit, die es dauerte, bis die Ägypter dem ehemaligen Pyramidenbaumeister Imhotep als einem Gott den ersten Tempel bauten. Und sangen nicht die alten Skalden des Nordens bis in die Tage des Snorri Sturluson, daß ihre Götter, die Asen, aus Asia kamen? Asia aber war in den Tagen der Barden und Rhapsoden ausschließlich Kleinasien, das Hochland Anatoliens, das Vorland des Kaukasus. Und erzählten nicht die Sumerer und noch die Hebräer, daß genau dort, auf jenen Bergen vor dem Kaukasus, die Überlebenden der Weltkatastrophe des neunten Jahrtausends vC gelandet waren? Und beschrieben die Sumerer nicht das Paradies der Götter noch als eine ferne Insel? Und war es nicht immer ein Traum der Menschen, dieses Thule – Tilmun nannten es die Sumerer – zu suchen und zu finden?

In den alten Überlieferungen entdecken wir nirgends einen Hinweis auf eifrige Missionare, überall aber die Schilderungen von Begegnungen mit den Göttern. Noch manche Gedanken und Schlußfolgerungen drängen sich in diesem Zusammenhang auf, für manche Rätsel bieten sich bei dieser Hypothese brauchbare Lösungen an. Ich will diesen Gedanken, der sich nur am Rande unseres Themas ergab, nicht weiter vertiefen. Trotzdem meine ich, daß es sich eines Tages vielleicht lohnen könnte, die Spur, die wir hier aufgenommen haben, weiter zu verfolgen. Sie könnte über den Atlantik hinweg bis an die mexikanische Küste, bis zu den Riesensteinen der Olmeken, und bis auf das Hochland von Peru, bis nach Tiahuanaco führen. Wir aber begeben uns jetzt zurück zu den Ursprüngen, dorthin, woher die Götter kommen.

Die Berge der Götter

Wir hörten vom Mont Bego, dem Berg der Götter in den französischen Seealpen, wir kennen den Olymp der Griechen, und sogar die Japaner gaben ihren Göttern einen heiligen Berg. Nun ist das kein Problem, wenn man Berge hat. Und sei es auch nur ein hoher Hügel wie der Berg Zion bei Jerusalem. Was aber machen die Menschen im Flachland, in den Ebenen Mesopotamiens und Ägyptens? Da die Götter nun mal seit jenen Tagen, da sie ihr Paradies verloren, das heißt also, da sie seit der Sintflut auf den Bergen zu Hause sind, müssen ihnen eben dort, wo keine Berge sind, Berge gebaut werden.

Und die Menschen in den Flußtälern des Euphrat und des Tigris bauten ihren Göttern Berge. Sie bauten unter anderem den gewaltigen Turm zu Babel. In diesem Punkt ist die Bibel nicht ganz korrekt: Die Sumerer bauten den Turm nicht, um sich einen Namen zu machen, sondern einfach, weil ein Gott eben kein Gott ist, wenn er keinen Berg hat. Und es stimmt ja auch nicht, daß der Herr die Sumerer/Babylonier zerstreut hätte »in alle Länder, daß sie mußten aufhören, die Stadt zu bauen« (1. Mose 11,8). Aber in bezug auf die Babylonier waren die Hebräer nie ganz unparteiisch. Und bei dem Jahrhunderte währenden Streit zwischen diesen beiden Völkern kann man dafür wohl Verständnis haben.

Tatsache ist, daß Stadt und Turm gebaut wurden. Die Sumerer haben sogar eine ganze Reihe solcher Türme gebaut: Ziggurats, Stufentürme, bei denen ein Stockwerk verjüngt auf dem darunterstehenden errichtet wurde. Der erste Turm zu Babel wurde als solcher Ziggurat aus gebrannten Lehmziegeln errichtet. Im zweiten Jahrtausend vC wurde aus der sumerisch-akkadischen Stadt Babylon das Zentrum des Landes Babylon. Immer wieder wird Babylon angegriffen und zerstört. Von den Hethitern, von den Kossäern, den Assyrern, und mehrmals wird die Stadt und oftmals auch der Turm zerstört. Aber sooft die Babylonier wieder zu Macht und Einfluß kommen, bauen sie ihren Turm wieder auf. Die Hebräer haben ihn gesehen, als sie in die babylonische Gefangenschaft geführt wurden. Und Herodot hat ihn beschrieben:

Der Tempel ist ein quadratischer Bau von 400 Meter Seitenlänge mit Bronzetoren. Ich habe ihn seinerzeit gesehen. Er besitzt einen mächtigen Mittelturm, 200 Meter im Quadrat, darauf steht ein zweiter und dann ein dritter Turm und so weiter bis zum achten Turm. An allen acht Türmen kann man außen über eine Wendeltreppe hinaufsteigen ... Auf der Spitze des obersten Turmes befindet sich ein großer Tempel, in dem ein reichverziertes Liegebett und ein goldener Tisch stehen.

Dieses Liegebett hatte eine sehr reale Funktion. Dort vollzogen die Gottkönige der Sumerer jeweils zum Neujahrsfest die heilige Hochzeit mit der Göttin Inanna. Da diese selbst – wie das bei Göttinnen so zu sein pflegt – nicht immer rechtzeitig greifbar war, mußte jeweils ihre Oberpriesterin einspringen. Inanna war die Göttin der Fruchtbarkeit und der Liebe und in der Vorstellung der Sumerer überdies nicht nur eine sehr kluge, sondern auch ausnehmend schöne Frau. Die Gottkönige dürften Wert darauf gelegt haben, daß die jeweilige Oberpriesterin der Göttin zumindest in diesem Punkt sehr ähnlich war. Daß sie auch in bezug auf das Liebesverlangen Vorbild war, beweist eine Stelle aus dem Gilgamesch-Epos, wo Inanna – oder Ischtar, wie sie später bei den Babyloniern hieß – den Helden und Zweidrittel-Gott Gilgamesch für sich gewinnen möchte:

Komm Gilgamesch, du sollst meine Gatte sein!
Schenk, oh schenke mir deine Fülle!
Du sollst mein Mann sein,
ich will dein Weib sein!

Und einige Jahrhunderte (oder Jahrtausende) später eifert ihr die Priesterin des Inannatempels nach, indem sie Schusin, dem vorletzten König von Ur, das bis heute älteste, schriftlich verfaßte Liebesgedicht der Menschheit widmet:

Bräutigam, teuer meinem Herzen,
Groß ist deine Schönheit, süß wie Honig
Löwe, teuer meinem Herzen.
Du hast mich berückt.
Laß mich zitternd vor dir stehen,
Bräutigam.

Du sollst mich in deine Schlafkammer führen,
Bräutigam, laß dich von mir liebkosen.
Meine köstliche Liebkosung
ist würziger als Honig.
In der Schlafkammer, mit Honig gefüllt,
laß uns deine große Schönheit genießen.
Bräutigam, du hast Gefallen gefunden an mir,
sag es meiner Mutter,
sie wird dir Leckerbissen schenken,
sag es meinem Vater,
er wird dich mit Gaben überhäufen.
Deine Seele – ich weiß,
wie ich deine Seele trösten will.
Bräutigam, schlaf in unserem Haus
bis der Morgen graut.
Du, weil du mich liebst,
schenk mir deine Liebkosungen.
Mein Herr und Gott,
mein Herr und Beschützer,
mein Schusin, der Enlils Herz erfreut,
schenk mir bitte deine Liebkosungen.

So geschrieben um 2000 vC (wobei ich einige der in den sumerischen Texten üblichen Zeilenwiederholungen weggelassen habe). Die Ägypter hatten zu dieser Zeit offensichtlich für ihren Geschmack schon genug Götterberge gebaut. Der große Rausch des Pyramidenbauens ist schon mindestens dreihundert Jahre vorbei (ganz sind sich die Gelehrten über die Regierungszeiten der ersten großen Pharaonen, wie zum Beispiel Djoser, Cheops und Chefren, nicht einig, aber es kommt uns bei diesem Zeitabstand ja auch nicht auf hundert Jahre hin oder her an).

Kurt Mendelssohn nennt in naturwissenschaftlicher Nüchternheit die Pyramiden außergewöhnlich nutzlose Bauwerke und weist nach, daß die Vorstellung, die einzelnen Pharaonen hätten sich da so eine Art persönlicher Königsgräber errichtet, nichts weiter als ein logischer Irrtum ist. Die Bauzeit der Pyramiden überschnitt sich viel zu sehr, und wenn sie fertig waren, blieben – wie die Archäologen ja zu ihrer Überraschung feststellen mußten – die sogenannten Grabkammern gelegentlich leer, weil im einen oder anderen Fall gerade kein toter Pharao vorrätig war.

Als Staatsbau-Idee, sagt Mendelssohn, kommt den Pyramiden nichts gleich. Und wenn man seine Beschreibung der Arbeitsleistung studiert, kann man ihm nur zustimmen. Tatsächlich wurden die fünf größten Pyramiden in einem einzigen Jahrhundert erbaut. Alles was dann noch ein Jahrtausend lang an Pyramiden nachkam, wurde »immer kleiner und schäbiger«. Die Sache mit den Pyramiden begann mit der Ernennung von Imhotep Vater zum Direktor der öffentlichen Bauvorhaben in Ober- und Unterägypten. Und wie alle Architekten nur die eine Sehnsucht kennen, sich selbst ein Denkmal zu errichten, so fing auch in Ägypten mit den Imhoteps die Diktatur der Technokraten an.

Zuerst einmal wurde ein richtiges Architekturbüro eingerichtet (deutsche Archäologen fanden so ein Büro aus einer späteren Zeit, in dem sogar ein in Kalkstein gehauenes genaues Modell einer Pyramide stand. Dieses Modell enthielt das ganze komplizierte Kammersystem und die Gänge der geplanten Pyramide, einschließlich der in Stein auszuführenden Barrieren, die später die Pyramidengänge sperren sollten und im Modell in Holz vorgebildet waren). Und dann wurde gerechnet. Bei Vater Imhotep handelte es sich noch um zwar prunkvolle, aber ansonsten normale Grabmäler, wie wir sie ähnlich heute kennen; als dann jedoch bei Imhotep Sohn die Idee der Stufenpyramide Gestalt annahm, wurde klar, daß es sich nicht mehr um ein paar Tonnen Kalkgestein, sondern »um mindestens eine Million Tonnen« handeln würde.

Es war eine reine Frage der Dimension. Man dachte in wesentlich größeren Maßstäben als vorher. Tatsächlich war der Pyramidenbau ein Meilenstein der Menschheitsgeschichte, denn er bedeutete die erste Anwendung von Technologie auf breitester Basis ... Es war also eine Frage der Kapazität, des Potentials (Mendelssohn).

Und dann wurde gebaut. Es begann noch ganz harmlos: mit einem Schachtgrab, tief in die Erde hinein. Darüber dann ein Monument aus

Stein, 63 Meter Kantenlänge und 8 Meter Höhe. Insgesamt ein Aufwand von etwa 10 000 Tonnen Stein und 3000 bis 5000 Arbeitern. Aber dann sagte Imhotep zu seinem Pharao Djoser: »Wo wir nun gerade in Sakkara dabei sind und die ganzen Arbeiter da haben, da könnte man doch – also, ich habe da so eine Idee, und übrigens, die Pläne sind auch schon fertig ...«

Und der Bau ging weiter. Über die 10 000 Tonnen Stein wurden weitere Kalksteinblöcke aufgehäuft: 200 000 Tonnen! Die Beamten von Imhoteps Bauverwaltung waren über das Land »gefahren« (wahrscheinlich auf ihrer »Hauptstraße«, dem Nil) und hatten die Bauern angesprochen. Die Ernte war eingebracht, und bei Sakkara bot sich lohnende Beschäftigung. Wer also Lust hatte, die drei Monate bis zur Frühjahrsbestellung mal mit zuzufassen ...

Das war etwas für die Frauen. Die konnten das sowieso noch nie leiden, daß ihnen die Männer jedes Jahr so lange unnütz herumhockten und nichts taten, als däumchendrehend auf die nächste Überschwemmung zu warten. Also auf zu Herrn Imhotep. Man mußte für den Mann etwas tun. Er sollte schließlich in zweitausend Jahren ein Gott sein. Und die Männer gingen und stemmten die Steine. Mehr als 50 000 Mann müssen es gewesen sein, die jetzt über dem Schachtgrab eine vierstufige Pyramide errichteten. Keine glattwandige geometrische Vierflächen-Pyramide, sondern eine Stufenpyramide. Ähnlich den Ziggurats der Sumerer. Aber doch schon mehr Pyramide als Turm.

Und weil das so gut klappte, sagte nach einigen Jahren, als gerade die letzten Steine auf die oberste Plattform der Vierstufen-Pyramide gehoben wurden und die Ebene von Sakkara sich mit rund 70 000 Saisonarbeitern füllte, die inzwischen schon gewohnheitsmäßig kamen und nun beschäftigt werden wollten, der Architekt Imhotep zu dem Bauherrn Djoser: »Wo wir nun gerade dabei sind – also, ich habe da noch ein paar Pläne ausarbeiten lassen ...«

Und weil der Pharao genau wußte, daß es nur Ärger gibt, wenn er die Bauern jetzt arbeitslos zu ihren Frauen zurückschickt, wurde weitergebaut. Die Fläche wurde vergrößert, und aus der Vierstufen-Pyramide machte man eine Sechsstufen-Pyramide. Das erforderte nur den kleinen Aufwand von zusätzlichen 650 000 Tonnen Gestein. Insgesamt wurden hier also mehr als 850 000 Tonnen Gestein auf- und übereinander geschichtet. Und nicht nur so. Fugengenau wurden die Blöcke ineinandergepaßt. Allein um die Blöcke der äußeren Steinlage mit der hier heute noch erkennbaren Präzision glatt aneinander zu bekommen, müssen 70 000 Quadratmeter Steinoberfläche wie mit Schmirgelpapier geschliffen worden sein.

Das Ganze aber, das sich hier mit ein paar Zeilen hinschreiben läßt, ist in Wirklichkeit eine unglaubliche Leistungssteigerung, durchgeführt und sichtbar geworden an ein und demselben Projekt. Also kein langsames über Jahrhunderte währendes Herantasten an den Pyramidenbau! Als Imhotep die erste Pyramide baute, wurde sie sowohl in der baulichen Ausführung wie in der organisatorischen Durchführung und in ihren phantastischen Dimensionen eines der faszinierendsten Monumente der Menschheitsgeschichte. Erstellt in einer einzigen Generation!

Dann starben Djoser und der spätere Gott Imhotep, zwei weitere Pyramiden wurden angefangen, aber nie vollendet, und vier Pharaonen lang war Pause. Das war beinahe ein Jammer, denn die Leute waren gerade so schön in Schwung. Glücklicherweise kam jetzt jedoch Snofru als neuer Pharao, und der ließ seine Leute wieder Pyramiden bauen, daß es nur so eine Lust war. Gleich drei auf einmal. Immer so in Abständen, wenn die eine über das Gröbste hinaus war, wurde die Arbeit an der nächsten begonnen.

Die erste war Meidum. Als Stufenpyramide begonnen, sollte sie danach zur geometrischen Pyramide ausgebaut werden. 1,5 Millionen Tonnen Stein auf einem Haufen übereinander. Aber da war kein Imhotep mehr, der aufpaßte, die Statiker pfuschten – oder fanden in der Schublade keine überlieferten Berechnungsformeln – und die Pyramide war eben fertig, als es ein ungeheueres Getöse gab: 250 000 Tonnen Gestein brachen wie eine ungeheuere Lawine an den Seiten herunter.

Die Arbeiter und Planer, die inzwischen in Dahschur-Süd bei der zweiten Pyramide gerade das erste Drittel aufgeschichtet hatten, müssen fürchterlich erschrocken sein. Wenn das passiert wäre, während sie noch am Bau waren! Und jetzt arbeiteten sie schon wieder an einer Pyramide, die nicht stufenförmig angelegt, sondern gleich von vornherein mit vier glatten Seitenflächen konzipiert war. Das konnte ja nicht gutgehen.

»Das muß gehen«, sagte der Pharao. »Aber dann dürfen wir den Neigungswinkel wohl nicht so steil machen«, sagten die Architekten, »wenn wir statt mit 54 Grad mit 43,5 Grad Neigungswinkel weiterarbeiten, könnte es vielleicht gehen.« Snofru zuckte mit den Schultern. Ob 54 oder 43,5 Grad, Hauptsache, die Leute wurden beschäftigt und er stand hinterher nicht als der Pharao mit den abgebrochenen Pyramiden da. »Also gut«, sagte er. »Und die nächste wird dann eben gleich so begonnen.« Und so geschah es.

Die Pyramide von Dahschur-Süd hat nach dem ersten Drittel ihrer Höhe einen Knick, weil der neue Neigungswinkel statt auf 135 Meter Höhe nur bis zu 101 Meter Höhe führt. Trotzdem ist sie ein gigantischer Steinhaufen von 3,5 Millionen Tonnen Gestein in einem Quadrat bei 190 Meter Kantenlänge. Die nächste Pyramide – bei Dahschur-Nord – ist mit 220 Meter Kantenlänge eigentlich noch gigantischer, wirkt jedoch gedrungener, weil sie von Anfang an mit dem neuen Neigungswinkel von 43,5 Grad hochgezogen wurde. Welche architektonischen Probleme diese geometrischen Pyramiden außer der Statik noch aufwerfen, wird einem zum Beispiel bei der Überlegung klar, daß schon die vier Seitenkanten, die zur Spitze führen, fadengenau ausgerichtet und bemessen sein müssen. Eine kleine Abweichung um nur zwei Grad würde bei einer Pyramide von der Größe der Cheops-Pyramide in Gizeh eine solche falsch hochgezogene Kante um 15 Meter an der Spitze vorbeiführen.

Und in Gizeh sind wir nun. Inzwischen wurde nämlich Cheops Pharao und machte seinen Vetter Prinz Hemon zum Hof- und Pyramidenarchitekten. Dem aber gefiel der Neigungswinkel der Roten Pyramide (Dahschur-Nord) nicht. Und die Knick-Pyramide erst recht nicht. Irgend etwas konnte da mit dem Verhältnis Grundlinie/Höhe nicht stimmen. Man sollte vielleicht doch noch mal versuchen, an die »heilige Zahl« 3,1415926535 ... heranzukommen. Wenn man sie halbierte und dann mit der Höhe multiplizierte, bekam man eine bessere Länge der Grundlinie. Und dann mußte man die Steine anders setzen: außen etwas höher als innen. Und die Seitenflächen leicht nach innen schwingend. Hemon und sein Planungsstab rechnete, zeichnete und modellierte – und dann wurde gebaut.

Und siehe da, die Cheops-Pyramide stand. Mit einem Neigungswinkel von haargenau 51 Grad und 52 Minuten, was exakt dem Verhältnis von eins zu einhalb Pi entspricht = Höhe zu Grundlinie und den Wissenschaftlern noch heute Rätsel aufgibt. T.E. Connolly, ein Elektronikexperte, kam auf die Idee, die Ägypter hätten überhaupt nicht gerechnet, sondern einfach eine Scheibe am Boden entlanggerollt und dann die Zahl der halben Umdrehungen mal dem Durchmesser der Scheibe nach oben gebaut. Oder umgekehrt den Durchmesser mit der geplanten Höhe multipliziert, und dann den Multplikator durch zwei geteilt am Boden ausgerollt. Eine ganz lustige Idee. Nur – welcher Mensch rollt Minischeibchen auf seinem Schreibtisch entlang, wo er viel einfacher mit einem Meßstab rechnen kann?

Von jenem Augenblick an, da die beiden Wissenschaftler Dieter Arnold und Rainer Stadelmann vom Deutschen Archäologischen Institut in Kairo das »Architekturbüro« des Pharao Amenemhet aus der Zeit um 1900 vC fanden, war klar, daß die Pyramiden genauso berechnet, gezeichnet und modelliert wurden, wie heute berechnet, gezeichnet und modelliert wird. Und kein Imhotep und kein Hemon haben darauf gewartet, was wohl auf der Ebene von Sakkara beziehungsweise der von Gizeh herauskommt, wenn man ein bis zwei dutzendmal eine Scheibe über den Boden rollt.

Hemon ließ zum Bau der Cheops-Pyramide 6,5 Millionen Tonnen Kalkstein heranschaffen und bei einer Kantenlänge von 230 Meter den Steinberg 150 Meter hoch auftürmen. Das bedeutet eine Million Kubikmeter Material für die inneren Strebemauern, 700 000 Kalksteinblöcke als Füllmaterial, jeder einzelne 2,5 Tonnen schwer und sorgfältig behauen, und dann noch 200 000 Kubikmeter Blöcke aus Tura-Kalkstein für die präzise aneinandergefugte Außenverkleidung. Und am Ende stimmte alles, einschließlich der Winkelberechnung, mit der Genauigkeit bis zu einem Tausendstel.

Die Pyramide des Chefren wurde schon nicht mehr ganz so sorgfältig gebaut. Die Kantenlänge ist 216 Meter und der Neigungswinkel 52 Grad und

20 Minuten. Zur Verbesserung der Stabilität des Mauermantels wurde die untere Schicht mit Granitblöcken ausgeführt.

Unter Chefrens Sohn Menkaure wurde die nächste Pyramide mit 108 Meter Kantenlänge, 70 Meter Höhe und einem Zehntel der Gesteinsmasse der beiden Vorgänger-Pyramiden »ein kümmerlicher Knirps« (Mendelssohn). Sie stellt auch keine kompakte Gesteinsmasse mehr dar, zwischen riesigen Kalksteinblöcken von 200 Tonnen ist der Raum plötzlich mit luftgetrockneten Lehmziegeln aufgefüllt. Trotzdem: Diese Pyramiden stehen noch heute.

In einem einzigen Jahrhundert wurden mehr als 25 Millionen Tonnen Stein gebrochen, behauen und transportiert, und darunter vorzugsweise Blöcke, die viel zu groß und zu schwer waren, um allein mit Muskelkraft bewegt zu werden. Mendelssohn rechnete, daß mindestens 10 000 Facharbeiter in diesen hundert Jahren ständig am Stein beschäftigt waren. Weitere 50 000 Saisonarbeiter veranschlagte er für den Transport der Steine, und dann – was nicht vergessen werden darf – mußte ja noch ein Heer von etwa 20 000 Menschen unterwegs sein, um die anderen 60 000 bis 70 000 zu versorgen. Unterbringung, Ernährung und Hygiene einer solchen Masse von Menschen würden selbst heute noch Organisationsprobleme aufwerfen, die jedem Logistiker schlaflose Nächte bereiten können.

Danach – innerhalb einer Generation – war die Zeit dieser Großbauten zu Ende. Die Pyramide von Menkaure war der Abgesang. Vielleicht wollten die Frauen ihre Männer doch lieber wieder zu Hause haben; wahrscheinlich war auch der religiöse Impuls verbraucht; und sicher hatte kein Mensch mehr Lust, noch mehr von diesen Dingern zu schaffen, die doch nur sinnlos herumstehen. Daß man sie schaffen konnte, hatte man sich und der Nachwelt ja bewiesen.

Zweitausend Jahre später entstehen die ersten Pyramiden in Süd- und (um die Zeitenwende) in Mittelamerika. Es sind Stufenpyramiden, meist ein Mittelding zwischen den Ziggurats der Sumerer und den geometrischen Pyramiden der Ägypter. In einem Punkt allerdings ähneln sie alle mehr den sumerischen Tempeltürmen: Sie werden wie diese immer von einem Tempel gekrönt. Und auch eine Liegestatt ist darin. Aber nicht um eine Götterhochzeit zu vollziehen, sondern um Opfer zu bringen, Menschenopfer. Noch Cortez erlebte in Mexiko, wie Hunderten von Opfern das zuckende Herz aus der Brust geschnitten wurde.

Auch hier begann es groß und endete kleiner: mit den Mounds der nordamerikanischen Indianer, die ihre Erdhügel noch auftürmten, als in Mittel- und Südamerika längst die Spanier und Portugiesen herrschten. Den Pyramidenplatz von Tiahuanaco in den Bergen von Peru nannten die Eingeborenen übrigens von alters her Chucara. Ein seltsamer Zufall, daß Ägyptens erster und ältester Pyramidenplatz, auf dem Imhotep baute, Sakkara hieß. Ein verblüffend ähnlicher Wortklang.

Die Geschichte von Teotihuacán, der heiligen Stadt der mexikanischen Völker, begann mit dem Bau der »Pyramide des Sonnengottes«. »Zwingender, überzeugender könnte die Parallele zum ägyptischen Pyramidenzeitalter gar nicht sein« (Mendelssohn). Während Mendelssohn die Pyramiden hier wie dort jedoch für eine ganz natürliche Folge einer aufkeimenden Staatsidee hält, verweist Thor Heyerdahl auf den Kontrast der Menschen diesseits und jenseits des Atlantik, auf ihre unterschiedlichen Daseinsformen und die Differenz zwischen den Welten, in denen sie lebten. Aber dieser wissenschaftliche Streit – ob es eine Kulturübertragung gegeben hat oder nicht – dürfte sich heute, nachdem wir wissen, daß schon mindestens 800 vC ein regelmäßiger Schiffsverkehr über den Atlantik stattfand, von selbst erledigt haben. Und die Frage, wie sich Menschen verhalten, wenn die Bevölkerung zunimmt, wenn sie sich zu größeren Einheiten zusammenschließen müssen, wenn sie sich irgendwie in die Gebilde von Städten und Staaten finden müssen, weil sie nicht mehr gegeneinander, sondern nur noch miteinander existieren können, diese Frage ist ein Thema für sich. Sicher aber nicht – und hier irrt Mendelssohn – zwangsläufig in jedem Fall ein Anlaß zum Pyramidenbau.

Staat und Gesellschaft

Mütter und Könige

Wenn Menschen sich in Gemeinschaften zusammenfinden, die größer sind als ein normaler Sippenverband, ergibt sich aus dem Zusammenschluß meist eine relativ demokratische Ordnung Gleichberechtigter. Dieses Prinzip funktioniert jedoch, wie die Geschichte lehrt, in der Regel immer nur solange, wie die Bequemlichkeit der einen und das Machtstreben der anderen nicht die Gewichte innerhalb der Gemeinschaft verschieben. Selbstverständlich können äußere Einflüsse – Bedrohung durch Feinde oder die Natur, überlegene Kulturen, mächtige Freunde und ähnliches – diesen normalerweise Jahrhunderte währenden Prozeß, erheblich beschleunigen.

Die darauffolgende Periode können wir am einfachsten unter dem Begriff der Königszeit zusammenfassen; wobei es unerheblich ist, ob dieses Führer-Gefolgschafts-Prinzip in der Rolle der Herrschenden die uns bekannten Gottkönige, monarchische Könige, Priester- oder Funktionärscliquen bietet und bis zu welcher Stufe der Abhängigkeit die Gefolgschaft sich entmachten läßt. Auch totale Entmachtung währt in der Geschichte nie ewig. Irgendwann gewinnen auch unterprivilegierte Schichten wieder Besitz. Besitz bietet Einflußmöglichkeiten, und Einfluß verschafft Freiheiten.

Dies ist die nächste Stufe: Die Herrschenden müssen treue Gefolgschaft erkaufen. Der Preis sind Ämter, Pfründen, Eigentum. Da aber seit Menschengedenken Väter und Mütter das Bedürfnis haben, ihren Kindern etwas von dem zukommen zu lassen, was sie selbst erarbeitet haben, kamen nicht einmal die Gottkönige daran vorbei, im Laufe mehr oder weniger langer Generationsfolgen den Erben verdienter Vasallen Privilegien zuzugestehen, die anfänglich abgebeten, später abgetrotzt wurden. Die Zeit der

Herrschaft dieser privilegierten Funktionärserben ist meist die schlimmste Zeit der Abhängigen, die nie so vielfach ausgebeutet werden wie in diesem Stadium. Sie hat nur ein Gutes, diese Zeit Sie währt nie sehr lange (wobei »lange« in der Geschichte ein relativer Begriff ist und zwei bis drei Jahrhunderte bedeuten kann).

Die Phase des Bürgertums folgt zwangsläufig darauf, weil die Funktionärserben als Minikönige wiederum Heerscharen von Privilegierten schaffen, die sich wiederum für ihre Kinder Rechte und Besitz erbitten und ertrotzen. Das so heranwachsende machtvolle Bürgertum schafft alsbald wieder einen Freiheitsspielraum der Gleichberechtigten, an dem – da irgendwann keiner mehr von dieser Schicht auszuschließen ist – dann alle partizipieren. Diese relativ demokratische Ordnung Gleichberechtigter ist jedoch ständig gefährdet, denn ... siehe oben. Der Kreislauf beginnt von neuem.

Er setzt jedoch immer Kulturen voraus, die über das Primitivstadium hinaus sind. In der Steinzeit gab es zweifellos Kämpfe und Kriege, Führende und Geführte, aber dort, wo Sippen ihren Lebensunterhalt mit Jagd und Hausbau, Kleidung und Medizin selbständig bestreiten, gibt es keine Abhängigkeiten wie in Kulturstaaten. Ohne Abhängige aber gibt es keine herrschenden Cliquen. Führung wird es immer geben, wo Menschen das Bedürfnis haben, Verantwortung abzuwälzen. Und dieses Bedürfnis ist so alt wie das Leben und nicht auf den Menschen beschränkt.

Die Frage jedoch, wer vor dreißigtausend Jahren die entscheidende Führungsrolle spielte, ob Männer oder Frauen, ist so nicht zu beantworten. Ich nehme an, es wird so unterschiedlich gewesen sein wie zu allen Zeiten. Der Hinweis, daß damals – soweit wir aus Funden schließen können – nur weibliche Figuren verehrt wurden, als Erdmütter und Fruchtbarkeitsgöttinnen, sagt nichts über die Führung.

Niemals wurden bei uns Frauen inniger verehrt als zur Minnezeit, da die Troubadoure nächtens aus stinkenden Burggräben heraus schmelzende Lieder sangen, und niemals wurden sie mehr entmachtet als eben zu dieser Zeit, da man ihnen die Geschlechtsteile mit Blechriegeln, sogenannten Keuschheitsgürteln, verschloß. Daß Mädchen mit Johlen und Pfiffen gefeiert wurden, weil sie anfingen, sich auf der Bühne auszuziehen, bedeutet kein Matriarchat, und daß es heute auch männliche Stripper gibt, bedeutet keinen Machtzuwachs der Männer.

Matriarchat und Patriarchat existieren in diesen Tagen auf der Erde in verschiedenen Breiten nebeneinander. Und ich nehme an, daß es immer so gewesen ist. Entscheidend ist und bleibt im Endeffekt immer die einzelne Persönlichkeit und nicht das Wunschbild irgendwelcher Möchtegern-Emanzipisten männlichen oder weiblichen Geschlechts.

... in der Felskunst der Vorzeit taucht besonders in Italien die göttliche Mutter, die »Dea Madre«, oder die große Mutter, die »Magna Mater«, immer wieder auf. Die Göttinnen des Südens, Isis und Demeter, gehen in diese Zeit zurück, und mancher alte alpenländische Brauch, wie das »Fensterln«, das nächtliche Werben um die Geliebte, erinnert an die hohe Stellung der Frau in vergangenen Jahrtausenden (Paturi).

Im alten Ägypten kam der Frau als »Mutter des Königs« oder »Mutter der Königskinder« eine bedeutsame Rolle zu. Sie war es, die den jeweiligen Pharao als Herrscher legitimierte. Er mußte Sohn einer Königstochter oder mit einer Königstochter verheiratet sein, um als Gottkönig herrschen zu können. Der Begründer der vierten Dynastie, die um 2575 vC das ägyptische Königtum zur größten Machtfülle brachte, der Pharao Snofru, der die drei Pyramiden zu Meidum und Dahschur bauen ließ, war verheiratet mit Hetep-heres.

Aus der Tatsache, daß sie den Titel »Tochter des Gottes« trägt, hat man geschlossen, daß sie eine Tochter des Huni war und ihrem Gatten die Legitimität zugetragen hat (Wolf).

Aber – regiert hat natürlich der Pharao. Und regiert hat auch der Nachfolger des Cheops, der die Witwe des Kronprinzen Kawab heiratete »und sich vermutlich durch diese Heirat Thronrechte erwarb« (Wolf). Und ebenso war es oft bei den regierenden Beamten und Hohepriestern die Frau, die Stellung und politischen Anspruch des Mannes legitimierte. Und so etwas soll es ja gelegentlich auch heute noch geben.

Eine interessante Geschichte erzählt Herm von der englischen Keltenfürstin Cartimandua, die ihren Mann schachmatt setzte, indem sie sein Land und sein Volk den Römern als Protektorat anbot, und – da wird eine Geschichte zur Historie – auch tatsächlich bei Druiden und Gefolgschaft durchsetzte, daß die Römer alles ohne Schwertstreich übernehmen konnten. Der Anlaß – und da wird die Historie zum Histörchen – für diesen Handstreich aber war die Tatsache, daß sie ihren römerfressenden Ehemann loswerden wollte, weil sie sich in einen jungen Mann verliebt hatte, den sie dann auch bekam. So geschehen kurz nach der Zeitenwende.

Auch die Phönizier verehrten in ihrer Göttin Astarte eine Muttergottheit, aber sie waren offensichtlich auch keineswegs böse darüber, daß dieselbe Dame eine Liebesgöttin war und sich in der Form der Tempelprostitution verehren ließ. Wobei jede Frau die Wahl hatte, sich einmal im Jahr einem Fremden hinter dem Tempel hinzugeben und das so verdiente Geld zu Ehren der Göttin in den Opferstock zu werfen oder sich die Haare scheren zu lassen. Was der im zweiten Jahrhundert nC lebende griechische Schriftsteller Lukian freundlicherweise so herum formulierte, daß eigentlich das Haareabscheren als gottesdienstliche Pflicht bei dieser Jahresfeier vorgesehen gewesen sei, und die Frauen sich durch den kleinen Liebesdienst sozusagen nur freikaufen konnten. So herum kann man es natürlich auch sehen. Aber wer den Trick mit den Haaren ersonnen hat, muß ein Kenner der weiblichen Seele gewesen sein.

Mit Matriarchat – finde ich – hat das jedoch bei aller Verehrung für das liebenswerte andere Geschlecht herzlich wenig zu tun. Das Geschlecht spielt nun mal für den Willen zur Macht keine so erhebliche Rolle wie der jeweilige Charakter. Es kann nur sehr gut als unterstützende Hilfe eingesetzt werden.

Daß man mit dem Geschlecht andere Dinge anstellen kann als Machtansprüche durchzusetzen, müssen übrigens schon die Sumerer begriffen haben. Wahrscheinlich waren sie daher auch die erste Kulturnation, die wir kennen. Wenn wir ihren Texten und Bildern glauben dürfen, gab es nämlich für sie auf dem Gebiet der Sexualität keinerlei Beschränkungen. Ein Begriff wie Unzucht taucht jedenfalls bei ihnen nirgends auf, gleichgültig ob es sich um männliche oder weibliche Varianten der Homosexualität, um Transvestitentum oder Sodomie handelt. Nur Kuppelei, Inzest und Vergewaltigung wurden bestraft. Aber daß Männer normalerweise auch mit anderen als der eigenen Frau schliefen, zum Beispiel mit Sklavinnen, wurde höchstens als Eigentumsvergehen geahndet, wenn es sich dabei um die Frau oder die Sklavin eines anderen handelte. Die Vorliebe einer Hohepriesterin für den Analverkehr und ähnliche Dinge pflegte man dagegen in tempeleigenen Texten genußvoll zu erörtern.

So auch die Verführung des Enkidu, des Mannes aus der Wildnis der Berge, der durch eine Tempelhure zu Erkenntnis und damit zu Kultur verlockt später jener Freund des Gottesenkels Gilgamesch wurde, der, am Tod des Freundes verzweifelnd, bis über den Atlantik ging, um das ewige Leben zu suchen. Ein Jäger brachte die Hure zu der Quelle, an der Enkidu das von ihm geschützte Wild zu tränken pflegte. Und was die Bibel mit einem Griff in den Apfelbaum erledigt, das schildert das Gilgamesch-Epos so:

Ihren Busen machte die Hure frei,
tat auf ihren Schoß,
er nahm ihre Fülle.
Sie scheute sich nicht,
nahm hin seinen Atemstoß,
entbreitet' ihr Gewand,
daß auf ihr er sich bettete,
schaffte ihm, dem Wildling,
das Werk des Weibes.
Sein Liebesspiel raunte er über ihr.
Sechs Tage und sieben Nächte
war Enkidu auf,
daß er die Hure beschlief.

Der deutsche Sumerologe Anton Moortgat bezeichnete die Gesellschaftsform, in der die Menschen jener Zeit lebten, als theokratischen Sozialismus. Das kommentiert Uhlig mit dem Hinweis:
Mit dem Wachstum der Städte entstanden Funktionärsstaaten nach Art heutiger Volksdemokratien, die zunächst insofern sozialistische Züge auf-

wiesen, als sie keinen Privatbesitz kannten und das Eigentumsrecht an Grund und Boden bei Gott, das heißt in den Händen der Tempelverwaltungen lag ... Wahrscheinlich waren die Priester die ersten, denen eine rein repräsentative Machtstellung nicht mehr genügte. Sie zweigten vom Tempelbesitz Privateigentum ab und wurden bald zu Großgrundbesitzern. Diese Stellung als Besitzende, als Privilegierte, konnten sie in der Gemeinschaft nur aufrechterhalten, wenn sie sich einer starken Gefolgschaft versicherten. Diese aber, so fragwürdig sie sich in vielen Fällen auch bald erweisen sollte, mußte erkauft werden.

Damit aber endete irgendwann auch die »Klassenlosigkeit« der Abhängigen. Schon als der erste Tempelschreiber seinen Sohn in die Tempelschule brachte, damit er demnächst das Amt des Vaters übernehmen konnte, hörte die Gleichberechtigung der Unterprivilegierten auf. Nachweislich waren die Tempelschulen bald Familienschulen, in denen über Generationen hinweg die Kinder gleicher Familien das Rechnen und Schreiben lernten. Außerdem Geographie, Biologie und Astronomie. Geschichte und Religion dagegen wurden nicht in der Schule gelehrt. Das waren Dinge, die ohnehin jeder zu wissen hatte. Und die auch jeder wußte.

Als der Städtestaat der Sumerer und Akkader längst vergessen war, lebten ihre Traditionen, ihre Religion und ihre Kultur in den Nachfolgestaaten fort. Die Ägypter fingen so ähnlich an:
Im Zeichen des Gottkönigtums gehörte der gesamte Boden dem König, wir würden sagen dem Staat. Die Bauern waren zu Abgaben und Frondiensten verpflichtet und auch versetzbar. Die Wirtschaftsform war rein naturalistisch. Die Erzeugungsüberschüsse aus der Landwirtschaft wie auch die Erträge der Steinbrüche und Minen wurden an die königlichen Schatzhäuser abgeführt und von da aus zur Bestreitung der Staatsausgaben verteilt. Auch der Handel zum Erwerb von Bau- und Edelhölzern, Gold und Edelsteinen, Gewürzen und Ölen war Staatsmonopol und die Organisation des Volkes war ein vollendeter Staatssozialismus (Wolf).

Es ist wirklich alles schon einmal dagewesen. Auch – natürlich – das Bedürfnis, dem Sohn Amt und Besitz zu vererben, und so das Entstehen eines Beamtenadels. Ein großer Teil des Staatseigentums wurde allmählich »in

Privateigentum überführt. Aus dem zentralisierten Beamtenstaat wurde ein dezentralisierter Feudalstaat« (Wolf). Ein Staat, in dem es dann – wiederum natürlich – eines Tages soziale Unruhen gab; ein Proletariat, das auf die Straße zog, das gegen die schleppende Auszahlung der Löhne und gegen die Bestechlichkeit der Beamten protestierte und sich um 1090 vC, als auch noch die Versorgung mit Nahrungsmitteln zeitweise nicht mehr funktionierte, zusammenrottete und mit dem Ruf »Wir sind hungrig« einen regelrechten Aufstand begann. Es gab Bürgerkrieg, plündernde Banden und marodierende Söldner und endlich, keine zehn Jahre später, den »starken Mann« aus dem Kader der Truppenoffiziere, der – wie Wolf es formuliert – »allen diesen Wirren ein Ende« machte, indem er über die Stufen Generalissimus und Vizekönig und Hohepriester des Amun endlich als König die Macht ergriff.

Dagegen waren die in ihrem Ständestaat schon mit einer Art konstitutioneller Monarchie organisierten Hethiter im zweiten Jahrtausend vC fast ein Beispiel für das England der vergangenen dreihundert Jahre. Und bevor es je einen Ärger zwischen Königshaus und Militär gegeben hätte, war dieser Staat nicht mehr vorhanden.

Die Karthager, weltklug wie sie waren, versuchten von vornherein, sich mit demokratischen Mitteln gegen das Militär zu behaupten. Das gelang ihnen auch so gut, daß ihre Feldherren nie ganz sicher sein konnten und die Macht der Truppenführer stets begrenzt blieb. So begrenzt, daß eines Tages gegen die Militärmacht Rom weder Energie noch guter Wille mehr halfen. Da hätten die Karthager, als ihre Stadt in Flammen stand und sie aus den letzten Winkeln und Verstecken gezerrt wurden, um erschlagen oder als Sklaven abtransportiert zu werden, sicher gern etwas mächtigere Feldherren gehabt. Aber da war es zu spät.

Karthago war tot. Das Prinzip der karthagischen Weltoffenheit jedoch überwand eines Tages auch die Römer. Und wenn es zwei Jahrtausende dauerte. Schade, daß Hannibal das nicht mehr erlebte.

Politik mit gleichen Mitteln

Nach all dem, was wir bis hierher über die Kontinuität menschlicher Verhaltensweisen gehört haben, ist es schon fast eine Binsenwahrheit, festzustellen, daß auch Politik schon immer mit den gleichen Mitteln betrieben wurde wie heute. Auch mit jenen anderen Mitteln, die Krieg bedeuten. Hannibal, der zur Legende gewordene Meister dieses Metiers, schlug als karthagischer Feldherr im Zweiten Punischen Krieg, der entscheidenden Auseinandersetzung der Karthager mit den Römern (aus der die Karthager allerdings nichts lernten), jene berühmte Schlacht bei Cannae (216 vC), die er mit seinem genialen Umfassungsmanöver und der abschließenden Kesselschlacht zu einem Ende brachte, das normalerweise nicht nur Feldzüge, sondern Kriege beendet. Kein Alexander, kein Wallenstein und kein Napoleon haben ähnliches geleistet, und erst einem gleichrangigen militärischen Genie wie Moltke gelang 1866 bei Königgrätz eine ähnliche Umfassung der österreichischen Armee durch die Preußen.

Daß auch Ägypten in Ramses II. (1301–1234 vC) nicht den großen Feldherrn, sondern eher ein Genie im Vertuschen von Niederlagen hatte, ergab erst die neuere Forschung. Berichte, durchaus vergleichbar mit der Siege bejubelnden deutschen Kriegsberichterstattung des Zweiten Weltkrieges, priesen jenen Pharao als größten Kriegshelden, der die Hethiter für alle Zeiten in die Knie zwang.

In Wahrheit muß – so Ceram – der Vorstoß Ramses' an der phönizischen Küste entlang nach Norden, der bei der Feste Kadesh am Orontes lagernden Hauptmacht der Hethiter entgegen, in strategischer Hinsicht als dilettantisch gewertet werden. Ungenügend aufklärend und mit ungenügender Sicherung marschierte er an der Spitze von vier Korps mitten in das Gebiet, in dem die feindlichen Truppen zu vermuten waren. »Als sich die Heere bei Kadesh näherten, sollten sich zwei der größten militärischen Aufgebote begegnen, die das Altertum bis dahin gesehen hatte« (Ceram).

Nach neuesten Berechnungen müssen die beiden Heere damals je etwa 20 000 Mann stark gewesen sein. Mit dem ersten Korps setzte Ramses dann

– etwa zehn Kilometer den nachfolgenden drei Korps voraus – bei einer Furt über den Orontes und zog auf der Suche nach dem Feind westlich an Kadesh vorbei nach Norden. Muwatallis, König und Feldherr der Hethiter, umging darauf, durch Stadtmauer und Hügel gedeckt, mit seiner gesamten Streitmacht die Stadt und das Korps des Pharao im Osten. Auf dem ehemaligen Lagerplatz der Hethiter ließ Ramses sein Korps ruhen und abkochen. Während das zweite Korps – wiederum dem dritten um Kilometer voraus – nun langsam heranmarschiert kam, hatten die Hethiter, mit ihren schnellen Streitwagen das erste ägyptische Korps umgehend, im Norden von Kadesh den Orontes nach Westen überschritten. Sie überquerten ihn jetzt südlich von Kadesh zum zweiten Mal und fielen den ermüdeten und ahnungslosen Truppen des zweiten Korps voll in die Flanke.

Das Korps wurde aufgerieben, und den versprengten Resten, die fliehend zum Lager des Pharao rannten, jagten die Streitwagen der Hethiter hinterher, mitten zwischen den Ägyptern in das sich eben sammelnde erste Korps einbrechend, daß auch dieses in kopfloser Panik die Flucht ergriff. In diesem Augenblick jedoch, da Muwatallis durch eine einfache Schwenkung die Flucht der Ägypter abschneiden und den König einschließen konnte, versagten ihm die Heerscharen der im Hethiterreich föderalistisch zusammengeschlossenen Stämme und Stadtstaaten den Gehorsam. Wie so oft in der Kriegsgeschichte ließen sich die Truppen durch den leichten Sieg täuschen, machten sich über das Lager her und schlugen sich um die Beute. Der Pharao entkam.

In diesem Augenblick erschien von der Seeseite her eine kleine Eliteeinheit der Ägypter, die in einem der Häfen gelandet war und den Anschluß suchen sollte. Der Führer dieser Truppe erkannte im Augenblick die Situation und schlug mit einem blitzschnellen entschlossenen Angriff die hethitischen Plündererscharen zusammen. Ägyptens Kriegsberichterstatter feiern, bei dieser Phase der Schlacht angelangt, den unerschrockenen Mut des Ramses, der, sich in seinem Streitwagen allein den Hethitern entgegenwerfend, dem Feind Furcht und Schrecken eingeflößt habe.

Tatsächlich gelang dem Pharao zusammen mit Versprengten, die er um sich sammelte, und im Geleit jener disziplinierten Truppe, die zu seiner Rettung im rechten Moment auf dem Kampfplatz erschienen war, der Durchbruch nach Süden und ein wohl einigermaßen geordneter Rückzug. Mit den Resten der aufgeriebenen Korps schloß er zu den verbliebenen beiden Korps auf, ließ diese wenden und zog in Eilmärschen mit seiner dramatisch dezimierten Heerschar Richtung Damaskus davon.

Muwatallis tat das Klügste, was in diesem Augenblick einem Feldherrn zu tun bleibt. Er sammelte seine Truppen, behauptete das Feld und ließ den geschlagenen Gegner abziehen, um nicht bei einer leicht zu Einzelkämpfen ausartenden Verfolgung ein zweites Mal Disziplin und Zusammenhalt seines Heeres aufs Spiel zu setzen. Was er errungen hatte war also, militärisch ausgedrückt, nur ein »ordinärer Sieg«.

Er reichte jedoch aus, um den mehr als 30jährigen Krieg, der Syrien und Palästina, das Grenzland zwischen den Reichen der Ägypter und Hethiter, verheert hatte, zu beenden. Ramses unterschrieb einen Freundschaftsvertrag mit dem Hethiterkönig Muwatallis. Das Land Amurru fiel wieder dem Reich der Hethiter zu. Die Grenzstämme in Syrien und Palästina sollten unter ägyptischem »Protektorat« verbleiben, rebellierten jedoch weiterhin. Auch wenn ihre Städte wiederholt geschleift, ihre Bewohner niedergemetzelt wurden.

Und da geschah etwas, was von geradezu peinlicher Aktualität ist: In einem später geschlossenen erweiterten Defensiv-Vertrag zwischen beiden Großreichen – der für 70 Jahre Frieden brachte – war auch eine Regelung über den Austausch politischer Flüchtlinge (!) getroffen. In diesem Vertrag verpflichteten sich die Hethiter, jeden, der »aus dem Lande Ägypten flieht und zu dem Großfürsten von Hatti kommt«, festzunehmen und wieder an die Ägypter auszuliefern. Die Ägypter sagten zu, daß dem Betreffenden dann nichts geschehen, auch »sein Haus und seine Frauen und seine Kinder« nicht verderbt und nicht getötet werden sollten. Und sie sagten auch zu, gleichfalls politische Flüchtlinge der Hethiter auszuliefern. Was ein derartiger Vertrag für die betroffenen Menschen bedeutet, können wir erst wieder seit knapp 30 Jahren ermessen. Er wurde – um des Friedens willen – unterschrieben vor mehr als 3200 Jahren, 1270 Jahre vor Christi Geburt.

Knapp 80 Jahre später beginnt der erste große Wirtschaftskrieg, den wir als solchen erkennen können: der Kampf um Troja. Zehn Jahre Seekrieg und jahrelange Belagerung. Und worum wurde dieser Kampf geführt? Um die Schöne Helena? Das rohstoffarme, aber aufblühende Mykene wehrte sich gegen die beherrschende Stellung Trojas, das durch seine günstige Lage fast ein Monopol im gewinnbringenden Schwarzmeerhandel hatte. Einen Handel, bei dem es um Gold, Silber und Eisen, Zinnober und Schiffsholz, Leinen, Hanf, getrockneten Fisch, Öl und Salz ging.

Ein halbes Jahrtausend später sprengen die Griechen ein zweites Mal ein Handelsmonopol: diesmal das von Karthago im westlichen Mittelmeer. Um 600 vC gründen griechische Kolonisten und Ionier im Herzen des karthagischen Einflußgebietes, an der Südküste Galliens im damaligen Mündungsdelta der Rhone, den Stützpunkt Massilia, das heutige Marseille.

Durch ein Überraschungsmanöver mit ihren Fünfzigruderern, schnellen Kriegsschiffen, hatten die Griechen es geschafft, sich in den Besitz einer Schlüsselstellung zu bringen, die den karthagischen Kauffahrteischiffen die Küstenschiffahrt von Ligurien bis nach Spanien, von den Ufern der Provence bis zu den Gestaden von Katalonien zu verwehren drohte. (Keller)

Wenig später, 564 vC, setzten sich Kolonisten aus der Ägäis auch auf Korsika fest, mitten im Einflußgebiet der Etrusker. Der Städtebund der Etrurier und Karthago schlossen ein Bündnis. 535 vC kam es zur Seeschlacht. Das erste Mal, daß Kolonialmächte um ihre Einflußsphären kämpften. Im Sardischen Meer – vor den Küsten Sardiniens – trafen sie aufeinander, 120 Schiffe der Alliierten gegen 60 Schiffe der Griechen. Beide Seiten erfahrene Seefahrer-Nationen. Der Ausgang war vorherzusehen. Karthago und Etrurien siegten. Die wenigen griechischen Schiffe, die dem Gemetzel enkommen konnten, kehrten zurück zu dem korsischen Hafen von Alalia, holten Frauen und Kinder und segelten davon.

In der ersten großen Seeschlacht unserer Geschichte hatten Karthager und Etrusker gemeinsam sich behaupten können. Für knapp 200 Jahre ist ihre beherrschende Rolle im westlichen Mittelmeer gesichert. Aber nie unangefochten.

Genausowenig wie große Schlachten und geniale Strategie, wie Kolonialismus, Imperialismus, Sozialismus und damit eben auch politische Flüchtlinge und unmenschliche Friedensverträge eine Erfindung der Neuzeit sind, genausowenig sind es die technischen Anlagen der Fortifikation und Stadtbefestigungen.

Zu jener Zeit, da die Gelehrten aufgrund von Nicht-Funden den Mitteleuropäern nicht einmal ein ausgesätes Korn auf dem Feld, geschweige denn eine regelrechte Siedlung, und Befestigungen schon überhaupt nicht zutrauten, gab es das alles. Sogar eine Art von Fort, wie sie im vergangenen Jahrhundert die US-Cavalry im Indianergebiet zu bauen pflegte. Am 8. Juni 1977 berichtete »Die Welt« in einer Meldung:
Bei Eisleben in der Magdeburger Börde sind die bisher ältesten Überreste einer befestigten Siedlung auf mitteleuropäischem Boden entdeckt worden: Das 7000 Jahre alte Haus – Grundriß 12 mal 7,6 Meter – war von sechs Meter tiefen Gräben und Palisaden in einer Länge von 2400 Meter umgeben.

Ein Fort in Deutschland um 5000 vC. Wer hätte das gedacht? Wer hätte gedacht, daß bereits im vierten Jahrtausend vC eine kleinasiatische Stadt – Mersin, heute das türkische Yümük Tepe – seine voll ausgebauten Stadtmauern hatte? Also lange vor den Sumerern und Hethitern. Die Sumerer, die ja bereits gegen Ende des vierten Jahrtausends vC Kriegswagen kannten, kannten auch gewaltige Stadtmauern. Und da sie vom Handel lebten, bauten sie auch entlang der Handelsstraßen Hunderte von Forts und schickten die ersten von Truppen geleiteten Konvois auf die Reise.

Die Ägypter bauten in der Mitte des zweiten Jahrtausends vC an ihrer Grenze gegen Nubien Festungsanlagen wie die Festung Buhen mit neun Meter hohen und fünf Meter dicken Wällen, die bereits mit Schießscharten ausgestattet waren. Schon im 17. Jahrhundert vC hatten sie den Flußverlauf des Nil nach Nubien hinein – und somit ihren Handels- und Nachschubweg – durch zahlreiche Festungen und Besatzungstruppen gesichert. Allein zwischen Elephantine und Semna werden in einem Bericht 14 Festungen erwähnt.

Erwähnen wir als kleine Kurisosität am Rande auch noch eine karthagische

Variante der Fortifikationskunst, die an die deutschen U-Boot-Bunker im Zweiten Weltkrieg erinnert. Für ihre wertvollste Waffe bauten die Karthager genau das gleiche. Die Archäologen fanden unterirdische Bunker mit Stallungen für 3000 Kriegselefanten!

Welche Überraschungen mögen aus der fernen Vergangenheit in den nächsten Jahrzehnten noch auf uns zukommen? Aber allein das, was wir heute schon wissen könnten, wenn Schulbücher sich nicht immer am vorgestrigen Stand der Geschichte festklammerten, allein das sollte schon Anlaß sein, unsere Vergangenheit mit etwas anderen Augen zu sehen. Ich meine, daß es sich heute schon lohnt, den Wissensstand der Menschen – auch der Menschen in Europa – vor fünftausend Jahren höher einzuschätzen als den Wissensstand der Völker vor fünfhundert Jahren. Und was die sogenannte fortschrittliche Entwicklung anbelangt, da sollten wir wohl alle ein wenig umdenken lernen.

Aspekte

Atlantis

Nach allem, was hier nun an neuen Forschungsergebnissen vorliegt, bieten sich auch neue Gesichtspunkte und Lösungsmöglichkeiten für Rätsel und Probleme an, die uns seit langem beschäftigen und trotz aller intensiver wissenschaftlicher Bemühungen bisher nicht befriedigend geklärt werden konnten. Zum einen haben wir da die Frage, was an der Uralt-Überlieferung des untergegangenen Erdteils Atlantis dran sein könnte. Zum anderen die Frage nach der Herkunft und der Urheimat der Indogermanen, jenem prähistorischen Großvolk, das uns die indoeuropäischen Sprachen vermittelte.

Wenden wir uns zunächst einmal dem Thema Atlantis zu. Hier ist als erstes eine Überfülle von Material zu sortieren. Seit der Grieche Plato (427 bis 347 vC) in seinen 349/348 vC entstandenen Dialogen „Kritias" und „Timaios" nach den Erinnerungen seines Vorfahren Solon (640 bis 560 vC) die Geschichte des versunkenen Kontinents erzählte, haben mehr als 25 000 Veröffentlichungen sich mit diesem Thema beschäftigt. Lassen wir einmal all jene Deutungsversuche beseite, die nach heutigem Wissensstand zu sehr an einer möglichen Realität vorbeigehen – Atlantis in Nordafrika, Atlantis auf dem Hochland von Peru, Atlantis im Pazifik –, so schälen sich unter den von ernst zu nehmenden Wissenschaftlern oder Amateurforschern angebotenen Lösungen vier heraus, die entweder durch die Systematik der miteinander in Übereinstimmung zu bringenden Indizien, durch die Logik der Schlußfolgerungen oder durch die Persönlichkeit des Forschers in den letzten Jahrzehnten Aufsehen erregten.
Erstes Lösungsangebot: Atlantis ist Tartassos (Tartessos). Diese These wurde 1922 von dem deutschen Archäologen Adolf Schulten aufgestellt,

der sich durch jahrzehntelange Forschung um die Aufhellung der spanischen Frühgeschichte verdient gemacht hat. Sein wesentlichstes Argument: Die von Plato für den Untergang von Atlantis angegebene Zeit um 8500 vC kann nicht zutreffen, weil Plato gleichzeitig von Eisenbearbeitung, Streitwagen und hochseetüchtigen Schiffen berichtet, Dingen also, die es nach bisheriger Auffassung erst in den letzten zwei Jahrtausenden vor der Zeitenwende gegeben haben soll.

Wenn dieses Argument zutreffen würde, müßten auch die Schiffe von Noah und Ziusudra in den Stürmen der Sintflut untergegangen sein. Richtig daran ist lediglich, daß tatsächlich erst wieder eine Hochseeschiffahrt möglich war, nachdem die Völker sich die Fähigkeit der Eisengewinnung und -bearbeitung zurückerworben hatten. Wir müssen jedoch nach dem uns heute vorliegenden Material annehmen, daß gerade diese Kenntnisse vor der im neunten Jahrtausend vC erfolgten Weltkatastrophe bei einem Kulturvolk vorhanden waren.

Viel wichtiger aber erscheint mir, daß Tartassos in geschichtlicher Zeit gegründet und zerstört wurde. Schulten akzeptierte von Platos Atlantisbericht weder die Zeitangabe, noch die Ortsangabe („ein Kontinent, so groß wie Kleinasien und Libyen zusammen, vor den Säulen des Herakles"), noch Art und Umstand des Untergangs, noch die Schilderung der imperialen und kolonialen Machtentfaltung der Atlanter auch im Mittelmeerraum; er baut seine These lediglich auf den Erzvorkommen und mehr oder weniger auf dem Reichtum und der Bedeutung der Handelsstadt Tartassos im vorchristlichen Jahrtausend auf. Und das ist mir zu wenig. Vor allem wenn wir berücksichtigen, daß Tartassos zu Zeiten des Solon, der den Katastrophenbericht vom Untergang des atlantischen Kontinents überlieferte, noch in voller Blüte existierte, wird Schultens These bei aller Wertschätzung seiner Persönlichkeit und seiner wissenschaftlich systematischen Arbeit völlig unhaltbar.

Zweites Lösungsangebot: Der Vulkanausbruch auf der Insel Thera/Santorin habe die kretisch-minoische Kultur zerstört. Da die alten Griechen noch gar nichts vom Atlantik gewußt hätten, sei für sie das Mittelmeer der Ozean und Kreta Atlantis gewesen. Bei dieser These wird mit reinem

Wunschdenken gearbeitet. Menschen, die noch die Kugelgestalt der Erde beschreiben (wie Plato) und berechnen, die Handelswege nach Amerika eröffnen (wie die Kelten und Karthager), die Afrika umsegeln (wie die Phönizier), die schon regelmäßige Schiffsverbindungen nach Indien und Ostafrika unterhalten (wie schon 3000 vC die Sumerer), haben auch – zumindest in den Kreisen ihrer Staatsmänner (Solon) und Philosophen (Plato) – eine realistische Vorstellung der Welt. 17 Jahre nach Platos Tod umsegelte der griechische Forscher Pytheas England, erreichte Skandinavien und berichtete als erster über die gotisch-germanischen Völker des Nordens. Die Behauptung, Plato habe noch gar nicht gewußt, wo die Säulen des Herakles später lokalisiert würden, ist angesichts dieser Tatsachen einfach albern.

Dazu kommt, daß der Mannheimer Archäologe Professor Wolfgang Schiering und der Tübinger Mineraloge Professor Hans Pichler jetzt bei gemeinsamen Forschungen auf Kreta herausfanden, daß die minoische Kultur nicht durch den Vulkanausbruch auf Santorin zerstört wurde, sondern mehr als hundert Jahre später. Kreta aber versank nie im Meer. In seinem Buch „Funde auf Kreta" schreibt Schiering, daß die minoische Kultur auch nach dem Vulkanausbruch noch in voller Blüte stand. Jetzt erst entstand zum Beispiel in Knossos der berühmte Thronsaal mit Greifenfresken. Auch diese These kann also zu den Akten gelegt werden.

Drittes Lösungsangebot: Atlantis lag bei Helgoland. Pastor Jürgen Spanuth bietet im Gegensatz zu Schulten, aber wie die Anhänger der Thera-These eine eigene Katastrophe an: schwere Sturmfluten in Nordeuropa im 13. Jahrhundert vC. Spanuths Verdienst liegt jedoch mehr darin, die Züge der jütländischen und norddeutschen Auswanderer verfolgt und bis zu ihrem Erscheinen als Nordvölker im Mittelmeerraum enträtselt zu haben, als in der Entdeckung von Atlantis. Wir finden bei seinen Germanen die gleichen Indizien, die gleichen „atlantischen" Erbstücke wie auf Kreta, wie in Spanien, wie in Nordafrika, ja wie bei den Sumerern und in Anatolien. Ähnliche Dinge, die sich auch jenseits des Atlantik vereinzelt nachweisen lassen.

Der Grund hierfür ist wahrscheinlich, daß die Überlebenden der atlantischen Hochkultur gewisse Bräuche, Kenntnisse und Vorlieben, gewisse religiöse und politische Vorstellungen nach der Katastrophe in ihrer jeweiligen neuen Heimat weiter pflegten. Wäre Rom mit ganz Italien zur Zeit Cäsars im Mittelmeer versunken, die Archäologen der kommenden Jahrtausende könnten manche französische oder deutsche Stadt versuchen als Rom zu identifizieren. Genauso gut aber könnten sie behaupten, Rom in Palästina oder Nordafrika entdeckt zu haben. Das Problem der Spanuths, Marinatos' und Schultens ist, daß sie nachatlantische Spuren fanden, während sie Atlantis suchten.

Das vierte Lösungsangebot geht hier einen anderen Weg. Diplom-Ingenieur Muck tastete wie mit einer Sonde die geologischen, klimatischen, meteorologischen und geographischen Gegebenheiten der Vergangenheit ab, bis er auf ein – zusätzlich astronomisch fundiertes – Datum stieß, das die Möglichkeit einer Weltkatastrophe und damit den Untergang eines atlantischen Kontinents wahrscheinlich sein läßt. Seine Schlußfolgerungen, die Atlantis in der Gegend des mittelatlantischen Rückens (Azoren) vermuten lassen, waren bisher nicht zu widerlegen. Da er den Zeitpunkt der Katastrophe für das neunte Jahrtausend vC errechnete, die Wissenschaft heute aus anderen Beobachtungen und aufgrund anderer Forschungsergebnisse den gleichen Zeitraum für eine Erdkatastrophe benennt (Verlagerung der Erdachse um 25 Grad) und zudem Plato selbst den Untergang von Atlantis in die Zeit um 8500 vC datiert („Als die Sonne ihre Bahn verließ"), scheinen wir mit Mucks These der Wahrheit heute am nächsten zu kommen.

Indogermanen

Niemand kennt das Volk der Indogermanen. Seine Heimat zu lokalisieren blieb bis heute vergeblich. Bis zur Mitte dieses Jahrhunderts ließen Wissenschaftler Völker aus dem Norden bis nach Indien ziehen, um die sprachlichen Ähnlichkeiten zu erklären. In den 50er und 60er Jahren wurde es dann modern, einen umgekehrten Weg zu beschreiten und die Indogermanen aus dem Osten kommen zu lassen.

Das Problem ist folgendes: Seit Anfang des 19. Jahrhunderts weiß die Wissenschaft, daß ein deutlicher Zusammenhang zwischen den europäischen (den slawischen, germanischen und lateinischen), sowie den iranisch-indischen Sprachen (insbesondere dem altindischen Sanskrit) besteht. Wanderne Töpferkünste und Begräbnissitten und sich nach der einen oder anderen Richtung ausbreitende Moden und Lebensgewohnheiten ließen die Archäologen Völkerwanderungen vermuten. Die Wissenschaft wußte um die Jahrhundertwende noch kaum etwas von den Sumerern, geschweige denn von deren „Welthandel". Die Thraker waren bis zur Mitte dieses Jahrhunderts relativ unbekannt und niemand ahnte, welches Netz von Handelsstraßen sich schon im dritten Jahrtausend vC von Skandinavien bis Indien, vom Atlantik bis zum Kaukasus erstreckte.

Die Schlußfolgerung aus diesem Nicht-Wissen drängte sich förmlich auf: Wenn im dritten und zweiten Jahrtausend vC dauernd Völker zwischen Indien und Skandinavien, zwischen Kaukasus und Atlantik hin- und herzogen, dann muß darunter auch das Volk der Indogermanen gewesen sein. Und weil die anderen, seßhafteren Völker seine Sprache übernahmen, muß es ein Herrenvolk gewesen sein. Das Herrenvolk der Arier.

So entstand in den zwanziger Jahren der Aberglaube vom arischen Herrenmenschen.

Wir wissen nun, daß die Völker damals lange nicht soviel herumzogen, wie die Archäologen seinerzeit dachten. Aber der eigentliche Haken war ein ganz anderer: Sie mochten die „indogermanische Urheimat" je nach Geschmack oder zufälligen Funden beliebig nach Ost oder West, Süd oder Nord verlegen, sie bewegten sich auf ihrer Suche nach den Ur-Indogermanen in einer völlig falschen Zeit. Schon um 3000 vC nämlich ist „die ursprünglich vorhandene indoeuropäische (indogermanische) Grundsprache bereits in starker Aufspaltung in Einzelsprachen begriffen“ (Stein); oder um es noch deutlicher zu sagen: Es gibt sie, die gemeinsame Ursprache, längst nicht mehr. Ein Mann aus Jütland hätte sich schon um 3000 vC mit einem Arier aus dem iranischen Hochland genausowenig sprachlich verständigen können wie heute.

Herbert Kühn (London) schrieb bereits 1932, daß eine indoeuropäische Grundsprache und ein entsprechendes Urvolk nur im Paläolithikum existiert haben könnte. Also auf keinen Fall nach 5000 vC, eher sehr viel früher. Das hinderte natürlich die Fachkollegen nicht daran, bis in die sechziger Jahre hinein weiter ihre altgewohnten Völkerwanderungsspiele zu betreiben. Wobei sie einfach die Tatsache ignorierten, daß sich anhand von Fluß- und Bergnamen wie auch durch anthropologische (menschenkundliche) Untersuchungen die Kontinuität der Völker und Sprachen zum Beispiel in Mitteleuropa nördlich der Alpen bis weit in die Altsteinzeit hinein nachweisen läßt. Die alteuropäische Gewässer-Namengebung zum Beispiel ist „aus echt indogermanischem Sprachmaterial aufgebaut“ (Hans Krahe 1949).

Das heißt also: Seit jenen Tagen, da die Menschen von den Bergen herunter den Flußtälern entlang dem weichenden Eis nach Norden folgten, wurden in Europa von den Alpen bis Skandinavien keine anderen als indogermanische Sprachen gesprochen. Namen erhalten sich nämlich über Jahrtausende und alle wechselnden Völker hinweg. Noch in 10 000 Jahren werden die Amerikaner den einen oder anderen Fluß mit jenem indianischen Namen benennen, den ihm vor einigen hundert Jahren irgendwelche längst vergessenen Prärieindianer gegeben haben.

Im iranischen Hochland bietet sich das Gegenbeispiel: Dort haben sich bei Gewässernamen neben den jüngeren indogermanischen auch ältere Sprachrelikte erhalten. Hier wurde also eindeutig vorhandenes älteres Sprachgut durch Einwanderung indogermanisch sprechender Menschen überlagert.

In Anatolien war es umgekehrt: Die Hethiter und die Galater (Kelten) waren indogermanisch sprechende Völker. Später wurde das Land von Turkvölkern sprachlich neugeprägt. Meines Wissens hat noch niemand untersucht, ob sich bei den Gewässer-, Berg- oder Landschaftsnamen indogermanische Sprachrelikte – oder noch ältere? – nachweisen lassen. Dabei erscheint mir gerade Anatolien nach allem, was wir über seine Geschichte wissen, auch in sprachlicher Hinsicht besonders interessant.

Wenn wir nun aber davon ausgehen, daß sich im Europa der Nachsintflutzeit, also seit 8000 vC, die Formen der späteren indogermanischen Sprachen bereits in Gewässernamen festsetzten, dann könnten wir vielleicht auch ohne allzugroße geistige Klimmzüge zu der Schlußfolgerung kommen, daß die anderen indogermanischen Sprachstämme ähnlich alt sein müssen. Natürlich ist es reine Spekulation, jetzt zu vermuten, die Urform des Indogermanischen habe ihre Heimat dort, von wo die Überlebenden der Weltkatastrophe um 8500 vC, soweit sie einer versunkenen und vergessenen Hochkultur angehörten, über die noch bestehenden Teile der benachbarten Kontinente versprengt wurden.

Erinnern wir uns in diesem Zusammenhang an das Beispiel des untergegangenen Rom und seiner Kolonien? Und erinnern wir uns daran, daß Plato den Mittelmeerraum als koloniale Einflußsphäre von Atlantis beschreibt? Die Gedanken, die sich hier entwickeln, sind nicht ganz neu. Schon der amerikanische Politiker und Schriftsteller Ignatius Donelly wies um die Jahrhundertwende auf den möglichen Zusammenhang zwischen Atlantis und den indogermanischen Sprachen hin.

Damals war es zweifellos noch zu früh, diesen Gedanken aufzugreifen. Aber vielleicht ist die Zeit heute allmählich reif dafür.

Zeittafel

Die groben Zeiteinteilungen

(der Jahrtausende vor der Zeitenwende)

Eolithikum	bis 600 000
Paläolithikum (Altsteinzeit)	600 000 – 5 000
Mesolithikum (Mittlere Steinzeit)	9 000 – 4 000
Neolithikum (Jungsteinzeit)	5 000 – 2 000
Megalithikum (Großsteinbauzeit)	4 000 – 1 500
Chalkolithikum (Kupferzeit)	3 000 – 2 000
Bronzezeit	2 000 – 1 000
Ältere Eisenzeit	1 000 – 500
Jüngere Eisenzeit	500 – 1

Die Kulturen der Steinzeit

(und ihre ungefähren Datierungen, die sich je nach Fundgebieten oft wesentlich überschneiden)

Abbevillien	600 000 – 350 000
Clacton (Nordwesteuropa)	500 000 – 200 000
Challéen	500 000 – 350 000
Acheuléen	400 000 – 120 000
Levallois	350 000 – 80 000
Tayac	180 000 – 160 000

Moustérien	150 000 – 50 000
Jayacéen	130 000 – 110 000
Aurignacien	60 000 – 30 000
Capsien (im Mittelmeergebiet)	60 000 – 8 500
Solutréen	30 000 – 20 000
Magdalenien	20 000 – 9 000
Azilien	8 500 – 5 000
Tardenoisien	8 500 – 6 000
Campinien (Nord- und Westeuropa)	7 000 – 5 000

Die folgenden Zeitangaben besagen in den meisten Fällen nicht, daß die angegebenen Fähigkeiten, Kenntnisse oder Künste nicht schon vorher bekannt waren oder angewendet wurden, sie zeigen lediglich den Zeitpunkt, zu dem sie nach dem Stand der gegenwärtigen Forschung erstmalig nachweisbar sind.

Die abgerundeten Jahreszahlen (z. B. 10 000 oder 3500) geben ungefähre Zeitansätze wieder. Alle folgenden Zeitangaben verstehen sich (wenn nicht besonders durch das Zeichen nC gekennzeichnet) vor Christi Geburt.

100 000	Relativ einheitlicher Lebensstil im eisfreien Europa bis 40 000 vC
80 000	Außer der Steinbearbeitung beherrschen die Menschen auch andere Künste wie z. B. Holz- und Hornbearbeitung, Gerben und Färben
60 000	Höhlenbilder in Südwest- und Westeuropa bis 9000 vC
30 000	Zauberer, Magier und Schamanen
20 000	Der Bumerang erscheint als Jagdwaffe in Europa
–	In den Alpen südwestlich von Turin lassen sich Landkarten auf Stein erkennen
10 000	In West- und Südwesteuropa ersetzen Symbolzeichen die Bilderschrift

9 000 –	7000 vC primitive Feldbestellung, Übergang von reinen Jäger- und Sammlerkulturen zu Ackerbau und Viehzucht (Neolithische Revolution)
–	Das Eis weicht nach Norden zurück, Menschen aus Mitteleuropa besiedeln Skandinavien
8 500	Die Erdachse verlagert sich um 25 Grad: Erdkatastrophe, in die Überlieferungen der Menschheit als Sintflut eingegangen. Diplom-Ingenieur Muck errechnete Planetoiden-Einschlag am 5. Juni 8498 vC
–	Entvölkerung Europas. Zwischen Atlantik und Ural, Eisgrenze und Kaukasus überleben nicht mehr als 630 000 Menschen
8 498	Beginn A des Maya-Kalenders. Beginn B: 3372 vC oder 3113 vC
8 000	West- und Mitteleuropa: Symbole in Form von Schriftzeichen
7 800	Entstehung der Stadt Jericho mit Rundhäusern aus Ziegelmauerwerk
7 500	Catal Hüyük: eine Stadt in Pueblo-Bauweise in Anatolien
7 000	Die Einwohner von Jericho errichten einen Turm aus Stein
–	Die Einwohner von Catal Hüyük bestatten ihre Toten in Hockerstellung (teilweise mit rotem Ocker bemalt); zeichnen Stadtlandschaften und andere Wandbilder; schleifen Obsidianspiegel mit perfekter Politur (bis heute nicht zu erklären); beherrschen die Technik des Spinnens, Webens und Färbens; verwenden bereits Metall
–	In Anatolien wird Kupfer und Blei gehämmert und geschmolzen
–	In Europa und Nordafrika werden bis 1000 vC Fels- und Höhlenbilder geritzt und gemalt
6 500	Die Stadtvölker Anatoliens, die Chattis oder Hattis, bauen weitere Siedlungen; sie beherrschen die Techniken des Stoffdruckes und Teppichknüpfens und kennen feingewebtes Tuch
5 700	In Hacilar (Anatolien) werden die ersten zweigeschossigen Häuser gebaut
5 200	Die Einwohner von Mexiko betreiben Maisanbau
5 000	Unterägypten: Erste steinzeitliche Siedlungen und Webtechnik
–	An den dänischen Küsten ernten die Menschen der Kjökkenmöddinger-Kultur die Austernbänke ab
–	Bei Magdeburg Haus und Palisaden-Befestigung

–	Balkan: Ethnische Einheit der Thraker (deutlich verwandt mit den mittel- und westeuropäischen Kulturen)
4 750	Beginn des Städtebaus in Mesopotamien
4 500	Rind, Schaf und Hund in Europa als Haustiere
–	Im Nildelta: Nahrungsmittelüberfluß. Getreide wird in eigens angelegten Silos gelagert
–	An die Stelle des Feuersteins tritt in Ägypten jetzt vermehrt Kupferwerkzeug
4 221	Beginn des ägyptischen Kalenders
4 000	Oberägypten wird besiedelt
–	In Syrien benutzen die Stadtbewohner Zahlzeichen
–	Europa: Der Holzpflug löst den Pflanzstock ab
–	Mit den Handelswaren kommt auch der Geister- und Gespensterglaube aus Kleinasien und Mesopotamien nach Europa
–	Westeuropa: Beginn der Megalith-Kultur (3900 vC erste Dolmen in der Bretagne)
3 900	Ägypter schmelzen Metall und verwenden Meteoreisen
3 700	Das Zweistromland (Euphrat-Tigris) wird von Flutkatastrophe heimgesucht
3 500	Schriftzeichen der Thraker
3 300	Die Sumerer kommen aus dem Bergland nach Mesopotamien. Sie bauen Städte, Kanäle und Bewässerungssysteme, betreiben den Ackerbau im Kollektiv, verwenden die Töpferscheibe. Ihre Kunst der Goldbearbeitung ist ohne Beispiel
3 200	Die Sumerer entwickeln eine Schrift, aus der später die assyrisch-babylonische Keilschrift wird
3 000	Der Goldschatz von Varna zeigt sumerische und thrakische Goldschmiedekunst
–	Die Sumerer errichten entlang ihrer Handelswege Straßenforts. Ihr wichtigstes Handelsobjekt: Metall. Sie rechnen mit 15stelligen Zahlen. Überseehandel mit Ostafrika und Indien.
–	In Europa, Kleinasien und Nordafrika perfekte Metallbearbeitung. Waffen, Geräte und Schmuck (vorzugsweise aus Kupfer). Die Ägypter praktizieren Landvermessung und entwickeln die Hieroglyphenschrift. Ägyptische Landkarte und erste Bauten aus behauenen Steinen

–	Die Malteser führen auf ihrer Insel Obsidian-Stein ein, schneiden in ihren felsigen Boden Schienen und transportieren Riesensteine auf „Kugellagern“
–	Die indogermanische Grundsprache hat sich in Einzelsprachen aufgespalten
–	Erste Siedler lassen sich auf dem Boden des späteren Troja nieder
–	Beginn der kretisch–minoischen Kultur
2 900	In Oberschwaben: Pfahlbauten, Wagenräder, Bohlenwege
–	Der Tempelturm – Ziggurat – von Uruk (Sumer)
–	Ägypten: I. Dynastie unter Pharao Menes
2 750	Sumer: Der historische Gilgamesch ist König von Uruk
2 700	Ägypten: Bau der großen Pyramiden
2 650	Chinesischer Kaiser Hwang Ti schreibt medizinisches Lehrbuch
2 600	Sumer: Astronomie, Mathematik mit Wurzelziehen, festgelegte Zeit- und Längenmaße, Kalender
2 500	Mesopotamien: Töpferscheibe und Töpferofen
–	Ägypten: Bronze und Chirurgie
–	Sumer und Thrakien: Leichtmetallegierung Elektron
–	Indien: Die großen Städte der Induskultur entstehen
–	Kupfer auf Jütland
2 000	Europa: Weizen- und Hirseanbau. Das Pferd ist Haustier. Steinbeil-Fabriken in England. Mond- und Sonnenheiligtum Stonehenge entsteht bis 1800 vC. MY = Megalith Yard als einheitliches Längenmaß vom Atlantik bis Westpreußen. In England auch Ellipsen und pythagoreische Dreiecke
–	Babylon: Inhaltsberechnung von Rechteck, Dreieck, Trapez, Kreis und Zylinder. Münzgeld und Wechsel
–	Ägypten: Medizin als Priestergeheimlehre stützt sich auf sechs überlieferte Bücher. Vorläufer des Suezkanals verbindet Nil mit Rotem Meer
2 000	Anatolien: Bronzene Beile
–	Vom Kaukasus-Vorland bis Norddeutschland: ein ausgedehntes Netz von Handelswegen
–	Europa und China: Bronze tritt vermehrt an die Stelle des Kupfers
1 900	Babylon: Gebrauch von Eisen. Priester berechnen Mondumlauf auf 0,4 Sekunden genau

– Hölzerne Fässer der Gallier (Kelten) verdrängen bis 100 vC griechisch-römische Weinkrüge

400 Leichtmetallegierung der Kelten: Produzieren aus Kupfer und Zinkspat eine Art Messing. Fabrikartige Herstellung hochentwikkelter Eisenwerkzeuge

– Regelmäßiger Handelsverkehr der Kelten und Phönizier über den Atlantik nach Amerika

379 Plato erwähnt in seiner Schrift „Phaidon" die Kugelgestalt der Erde. Ebenso Eudoxos von Knidos (356 vC) und Herakleides (350 vC). Um 250 vC berechnet Eratosthenes den Erdumfang fast genau. Aber schon Aristoteles (384–322 vC) stellt sich in vielem gegen seinen Lehrmeister Plato, so gegen den Katastrophenbericht von Atlantis, und so auch gegen das heliozentrische Weltbild. Er beeinflußt die Entwicklung abendländischer Geistes- und Naturwissenschaften über das Mittelalter hinaus. Aristarchos von Samos (270 vC) berechnet die Umlaufbahnen der Planeten um die Sonne und versucht das heliozentrische System zu verteidigen, vermag sich jedoch gegen die Autorität des Aristoteles nicht durchzusetzen. So kann Ptolemäus 170 nC die Erde endgültig als flache Scheibe fixieren

332 Karthagische Seefahrer auf Neuguinea

264 Beginn der kriegerischen Auseinandersetzungen Rom–Karthago. 216 vC Hannibals Sieg bei Cannae. 146 vC Karthagos Ende (von 500 000 Einwohnern überleben 50 000 als Sklaven)

250 Alexandria ist Mittelpunkt griechischer Wissenschaft. Bibliothek (285 vC gegründet) mit 500 000 Buchrollen wird bei der Auseinandersetzung zwischen Cäsar und Pompeius 47 vC zerstört

– Algonkin-Indianer übernehmen Teile der ägyptischen Sprache und Hieroglyphen

– Karthager und Keltiberer verwenden Mäh- und Dreschmaschinen

– Apollonius von Perga berechnet in Alexandria die Kreiszahl Pi = 3,1415926536 . . ., bereits 2700 vC beim Bau der Cheopspyramide fälschlich als Verhältniszahl Höhe:Grundlinie angewandt. In der abendländischen Mathemathik erst eingeführt durch den Holländer Ludolf van Ceulen (1540–1610 nC). Nach ihm Ludolfsche Zahl genannt

100 Mittelamerikanische Priester-Astronomen berechnen das Sonnenjahr um 8,64 Sekunden genauer als der Gregorianische Kalender

46 Julianischer Kalender, eingeführt durch Cäsar, bestimmt das Sonnenjahr mit $365^1/_4$ Tagen (alle vier Jahre ein Schalttag). Erst Ende des 16. Jahrhunderts fiel auf, daß dieses Sonnenjahr um 0,0078 Tage zu lang ist. Reform des Kalenders dann 1582 nC durch Papst Gregor XIII. Durchschnittliche Jahreslänge des Gregorianischen Kalenders jetzt 365,2425 Tage (erst nach 3000 Jahren ein Tag Abweichung vom Sonnenjahr)

7 Geburt des Jesus von Nazareth. Fehlberechnung des Abtes Dionysius im 6. Jahrhundert nC verschob das Geburtsdatum um sieben Jahre und bestimmte damit den heutigen Tag 0 als Tag und Jahr der Geburt Christi

Literaturhinweise

für interessierte Leser

Bauer, Hans, Wenn einer eine Reise tat. Koehler und Amelang, Leipzig

Bamm, Peter, Alexander der Große. Droemersche Verlagsanstalt, München 1968

Bibby, Geoffrey, Faustkeil und Bronzeschwert. Rowohlt Verlag, Reinbek 1972

Bumester, Heinz, Mit der Pamir um Kap Horn. Gerhard Stalling, Oldenburg 1974

Burney, C./Lang, D. M., Die Bergvölker Vorderasiens. Kindler Verlag, München 1973

Ceram, C. W., Götter, Gräber und Gelehrte. Rowohlt Verlag, Reinbek

Ceram, C. W., Enge Schlucht und Schwarzer Berg. Rowohlt Verlag, Reinbek 1966

Ceram, C. W., Der erste Amerikaner. Rowohlt Verlag, Reinbek 1972

Charroux, Robert, Phantastische Vergangenheit. F. A. Herbig, München

Curas, Hilmar, Universal Historie, Berlin 1722

von Däniken, Erich, Erinnerungen an die Zukunft. Econ Verlag, Düsseldorf 1968

von Däniken, Erich, Beweise. Econ Verlag, Düsseldorf 1977

Derolez, R., Götter und Mythen der Germanen. Suchier und Englisch, 1974

Döbler, Hannsferdinand, Kultur- und Sittengeschichte der Welt. Bertelsmann Verlag, München 1972

Donelly, Ignatius, Atlantis – The Antediluvian World. London 1882

Donelly, Ignatius, Atlantis – Die vorsintflutliche Welt. Oskar Ziegler & Co., Marktredwitz 1950

Eggers, Hans Jürgen, Einführung in die Vorgeschichte. R. Piper, München 1959

Faber, Gustav, Die Normannen. Bertelsmann Verlag, München 1976

Frank, Bruno, Cervantes. Rowohlt Verlag, Reinbek 1952
Frischauer, Paul, Es steht geschrieben. Droemersche Verlagsanstalt, München 1967
Frye, Richard, Persien. Magnus Verlag, Essen 1975
Gadow, Gerhard, Der Atlantis-Streit. Fischer Verlag, Frankfurt a. M. 1973
Genzmer, Felix, Die Edda. Eugen Diederichs Verlag, Düsseldorf
Gööck, Roland, Die großen Rätsel unserer Welt. Bertelsmann Verlag, München
Herm, Gerhard, Die Phönizier. Econ Verlag, Düsseldorf 1973
Herm, Gerhard, Die Kelten. Econ Verlag, Düsseldorf 1975
Heyerdahl, Thor, Expedition »Ra«. Bertelsmann Verlag, München 1970
Keller, Werner, Und die Bibel hat doch recht. Econ Verlag, Düsseldorf 1955
Keller, Werner, Denn sie entzündeten das Licht. Droemersche Verlagsanstalt, München 1970
Laaths, Erwin, Geschichte der Weltliteratur. Droemersche Verlagsanstalt, München 1953
Lehmann, Johannes, Die Hethiter. Bertelsmann Verlag, München 1975
Lissner, Ivar, So lebten die Völker der Urzeit. Walter-Verlag, Olten 1958
Lissner, Ivar, Die Rätsel der großen Kulturen. Walter-Verlag, Olten 1961
Lissner, Ivar, Wir sind das Abendland. Walter-Verlag, Olten 1966
Mandel, Gabriel, Das Reich der Königin von Saba. Scherz Verlag, München 1976
Mason, J. Alden, Das alte Peru. Magnus Verlag, Essen 1975
Mayer, Anton, Das Reiterbuch. Rheinische Verlagsanstalt, Wiesbaden
Mendelssohn, Kurt, Das Rätsel der Pyramiden. Gustav Lübbe Verlag, Bergisch-Gladbach 1974
Mikoletzky, Hanns Leo, Der Weg aus dem Gestern. Carl Ueberreuter Verlag, Wien 1962
Moscati, Sabatino, Die Phöniker. Magnus Verlag, Essen 1975
Muck, Otto, Alles über Atlantis. Econ Verlag, Düsseldorf 1976
Müller, Gottfried, Dramaturgie des Theaters, des Hörspiels und des Films. Konrad Triltsch Verlag, Würzburg 1954
Paturi, Felix R., Zeugen der Vorzeit. Econ Verlag, Düsseldorf 1976
Pörtner, Rudolf, Die Wikinger-Saga. Econ Verlag, Düsseldorf

Prause, Gerhard, Niemand hat Kolumbus ausgelacht. Econ Verlag, Düsseldorf 1966

Proske, Rüdiger, Auf der Suche nach der Welt von morgen. Olde Hansen Verlag, Hamburg

Rahn, Otto, Kreuzzug gegen den Gral. Hans E. Günther Verlag, Stuttgart

Roth, Günter, 3000 Jahre Soll & Haben. Econ Verlag, Düsseldorf 1969

Schmökel, Hartmut, Das Gilgamesch Epos. W. Kohlhammer Verlag, Stuttgart 1966/1974

Schott, Albert/Soden, Wolfram von, Das Gilgamesch Epos. Reclam, Stuttgart 1958

Siegert, Heinz, Wo einst Apollo lebte. Econ Verlag, Düsseldorf 1976

Spanuth, Jürgen, Atlantis – Heimat, Reich und Schicksal der Germanen. Grabert Verlag, Tübingen 1965

Stein, Werner, Kultur-Fahrplan. F. A. Herbig, Berlin 1946

Stucken, Eduard, Die weißen Götter. Paul Zsolnay Verlag, Hamburg

Stuttgarter Jubiläumsbibel. Stuttgart 1937

Thiel, Rudolf, Altmeister deutscher Strategie. Paul Neff Verlag, Berlin 1942

Thiel, Rudolf, Männer gegen Tod und Teufel. Paul Neff Verlag, Berlin 1943

Thompson, J. Eric S., Die Maya. Magnus Verlag, Essen 1975

Uhlig, Helmut, Die Sumerer. Bertelsmann Verlag, München 1976

Ungnad, Arthur/Greßmann, Hugo, Gilgamesch Epos. Jena/Berlin 1911

Velikovsky, Immanuel, Oedipus und Echnaton. Europa Verlag, Zürich 1960

Wegener, Günther S., 6000 Jahre und ein Buch. J. G. Oncken, Kassel 1958

Wendt, Herbert, Ich suchte Adam. Rowohlt Verlag, Reinbek 1965

Wolf, Walter, Das alte Ägypten. dtv Deutscher Taschenbuch Verlag, München 1971

Zedtwitz, Franz Graf, Der Untergang des Sonnenreiches. Buchmeister, Berlin 1939

Bei den in kursiv gesetzten Textteilen handelt es sich um Zitate aus den hier aufgeführten Werken.

Register